Für Nina und Daniel

edition zweihorn GmbH & Co. KG
Riedelsbach 46
D-94089 Neureichenau
Tel: +49 (0) 8583 2454, Fax: +49 (0) 8583 91435
E-Mail: edition-zweihorn@web.de
Internet: www.edition-zweihorn.de

Eduard Dohmeier

Der Morgen, an dem ich die Milch holte

Eine Jugend 1945

Inhalt

Teil I

Die Flucht

„Macht endlich los!"

Otto brüllt vom Bock unseres Wagens nach hinten. Schwingt die Peitsche. Knallt. Die Pferde stampfen und schnauben. „Spätestens morgen früh um acht müssen wir an der Warthebrücke in Obornik sein!"

Wie Stunden erscheinen uns die Minuten, die wir am Nordausgang von Pobiedziska warten. Es schneit. Langsam fällt die Dunkelheit ein.

Endlich. Der Wagen, auf den wir gewartet haben, erscheint am Ende unseres kleinen Trecks.

„Transuse!"

Seitdem die Russen am 12. Januar 1945 am Baranow-Brückenkopf zur Großoffensive angetreten sind, haben wir keine Nachrichtensendung am Radio ausgelassen, immerzu zwischen Bangen und Hoffen. Bis zur endgültigen Gewissheit an diesem Nachmittag: Der Vormarsch der Roten Armee ist unaufhaltsam.

Vater beugt sich von der Straße aus über die Brüstung unseres Wagens, nimmt uns immer wieder in die Arme, einen nach dem anderen. Mama weint.

„Worauf warten wir denn noch?", ruft Otto.

„Die russischen Panzer sollen schon in Gnesen sein", ruft uns Fleischermeister Sanders vom Wagen vor uns zu.

„Deshalb müssen wir ja über Obornik", gibt Otto zurück. „Auf Schleichwegen die Nacht durch."

Eigentlich hätten wir schon längst Pobiedziska verlassen müssen. In Erwartung des russischen Angriffs ist auch meine Schule in Posen schon vor einigen Tagen geschlossen worden. Aber die Kreisleitung war bisher nicht bereit, Pobiedziska freizugeben.

Bis zu diesem 20. Januar.

Der Treckführer gibt das ersehnte Zeichen. Ein Ruck geht durch den Zug. Der Schnee knirscht unter den Rädern.

„Na endlich!"

Vater bleibt zurück. Mit einigen Männern steht er am Rande der Straße und winkt, gebeugt mit hochgeschlagenem Mantelkragen, den Hut tief im Gesicht. Er darf nicht mit uns fahren, weil sie ihn noch in letzter Minute zum Volkssturm eingezogen haben.

Wollen er und diese alten Männer dieses Nest tatsächlich gegen die Rote Armee verteidigen? Mit einem halben Dutzend Panzerfäusten? Und umringt von einigen Tausend polnischen Einwohnern?

Die Pferde legen sich ins Geschirr und Vater ist bald in Schnee und Dunkelheit eingehüllt. Noch lange winken Werner und ich ihm zu, während Mama unaufhörlich weint.

Zu fünft sind wir hinten auf dem Wagen. Mir gegenüber Mama mit dem dreijährigen Dieter. Seine blaue Pudelmütze hat er tief unter die Nase in den Rotz gezogen. Und Richard, zwei Jahre älter, mit seinem dicken, grünen Schal um den Hals.

Neben mir Werner, neun Jahre alt. Seine Sommersprossen sehen von der Seite wie schlafende Punkte aus. Vor einigen Tagen sind sie ihm noch glühend durchs Gesicht gehüpft, als wir meinen dreizehnten Geburtstag feierten.

Erst im Kriege sind wir zu Vater nach Pobiedziska gekommen. Zuvor hatten wir im fernen Westen gewohnt, in Wilhelmshaven, wo Vater auf einem Zerstörer der Kriegsmarine gefahren und dann wegen einer Kriegsbeschädigung entlassen worden war.

Mit vierzig hatte er sich noch zu jung gefühlt, um das Leben eines Pensionärs zu führen. Daher hatte er in Pobiedziska die Verwaltung eines kleinen, ehemals polnischen Fuhrgeschäfts übernommen. Seine Kenntnisse von Pferden aus jungen Jahren kamen ihm dabei zugute.

Mama hatte Bedenken gehabt, mitten im Krieg mit vier Kindern in den Osten zu ziehen. Aber Vater hatte gemeint, dass wir dort sicherer vorm Bombenkrieg seien. Nun hat Mama doch recht behalten.

Ob wir es schaffen werden, in den Westen zurückzukehren? Achthundert Kilometer mit diesem Pferdewagen? Zurück nach Wilhelmshaven, wo wir alle aufgewachsen sind, zu Oma und

Opa und den Freunden? Wenn wir wenigstens noch ein Verdeck überm Kopf hätten. Aber in diesem offenen Wagen?

„Mach die Lampe an!", rüttelt Otto mich auf.

Ich entzünde die Petroleumlampe und hänge sie an das Seitenbrett.

Seitdem Ottos Frau verstorben ist, hat er sich uns ein wenig angeschlossen und vor einiger Zeit angeboten, im Falle einer Flucht unseren Wagen zu fahren. Da er herzkrank und über sechzig ist, zieht man ihn nicht mehr zum Volkssturm ein. Wie waren wir heute Nachmittag froh, als er mit seinem Gepäck schon früh zu uns kam.

„Passt auf euch beide auf!", ermahnt uns Mama. In dem fahlen Schein der Lampe erkenne ich nur undeutlich ihren auffordernden Blick unter dem Kopftuch.

„Machen wir", sagen Werner und ich fast gleichzeitig. Richard und Dieter legt sie eine weitere Decke um, denn der Frost wird schärfer durch leicht aufkommenden Wind.

Ich ziehe mir die Ohrenschützer runter und Mama nestelt an ihrem Mantelkragen aus Kaninchenfell.

Energisch treibt Otto Jan und Anton an, die beiden besten Pferde aus unserem Stall, die kraftvoll über den schneeverwehten Weg stapfen. Ihren starken Hufen geben Stollen einen zusätzlichen Halt.

Sieben Sack Korn hat Vater für sie mitgegeben, Futter genug auch für eine Reise in den fernen Westen. Es geht aufwärts. Die Beine der Pferde stemmen sich in den Schnee.

„Ist hinten alles fest? Dass mir ja nichts über Bord geht, Edo!"

„Alles fest", melde ich an Otto zurück. Auf dem nun steiler werdenden Weg richten sich die Gäule im Geschirr auf. Werner und Richard haben sich flach auf den Boden des Wagens gelegt, während sich Dieter an Mama festhält.

„Nach links!", schreit Otto nach vorn zu den Sanders. Die Hinterachse des Wagens vor uns ist zum abschüssigen Straßenrand hin ausgeschwenkt. Sanders zieht kräftig die Zügel an und lenkt den Wagen wieder auf die Mitte des Weges.

„Alles klar!" Endlich erreichen wir die Kuppe des Hügels.

„Bind die Räder zusammen, Edo!"

Otto hält an und ich springe vom Wagen und löse die Kette aus. Dann arretiere ich die Räder mit der Kette an der Hinterachse, sodass sie unbeweglich sind. Das hat mir Vater mal beigebracht.

„Hüüüüühhh!"

Langsam schleifen Jan und Anton das ächzende Gefährt die abschüssige Bahn hinunter.

„Brrrrr!"

Als wir unten ankommen, binde ich die Kette wieder los. Bald geht es erneut einen Hügel hinauf und alsdann wieder hinab. So erleben wir noch eine Zeit lang dieses Auf und Ab, bis schließlich der Wagen in flaches Land rollt und ich mich endlich in Ruhe an einen Kornsack lehnen und ausruhen kann.

Irgendwann hört es auf zu schneien und der Mond tritt hinter den Wolken hervor. Die Ebene glitzert im fahlen Licht. Erschöpft nicke ich ein.

Rrrrrssschchchaaaschschsch!

Ich schrecke auf. Metallisches Rasseln wie von Panzerketten ertönt aus Süden, wo Posen liegen muss. Der Lärm hallt über die Ebene und bohrt sich in meine Ohren. Sind das etwa schon die russischen Panzer, die aus Gnesen gemeldet worden sind?

„Bitte, lieber Gott, sag mir, dass sie es nicht sind", bete ich mit zitternden Händen.

Schreckliche Bilder tauchen vor mir auf: die eines zusammengeschossenen Eisenbahnzugs auf dem Bahnhof in Pobiedziska. Vorn Flüchtlinge aus Westpreußen, eng zusammengedrängt, hinten Waggons mit durchlöcherten Wänden und Türen. Fenster mit zerfetztem Glas, der letzte Wagen ausgebrannt vom überraschenden Panzerangriff der T 34

Plötzlich hört das metallische Rasseln auf. Stille.

Nur der gleichmäßige Schritt der Pferde ist zu hören und das beruhigende, surrende Schnarchen von Werner neben mir, vergraben unter schützenden Wolldecken, während Otto in konzentrierter Gemächlichkeit den Wagen lenkt.

Habe ich eben nur geträumt oder wirklich russische Panzer gehört? Sollten es Panzer gewesen sein, so könnten diese rasenden

Ungetüme schon in einer Woche an der Oder sein und uns den Weg nach Westen versperren. Oh, mein Gott!

***

„Obornik!"

Ich wische mir den Schlaf aus den Augen. Eine Brücke im Morgennebel mit vielen Verstrebungen. Jan und Anton mühen sich den Weg hinauf.

Nach dieser Nacht habe ich das Gefühl, mein Körper sei vor Kälte gestorben. Am schlimmsten ist es in den Füßen, in denen ich weder Zehen, Fußsohlen noch Fersen spüre. Nur ein leichtes Zittern in den Händen deutet auf ein wenig Leben hin.

Als mich die tief stehende Morgensonne mit ihrem weißen Licht auf der Warthebrücke blendet, recke und strecke ich mich. Unten im Fluss treiben Eisschollen.

„Das Schlimmste ist überstanden", freut sich Fischer auf dem Wagen nach uns, als der Treck hinter der Brücke hält. Fischer ist einer unserer Nachbarn aus Pobiedziska.

„Sie werden sich noch wundern", entgegnet Otto müde. „Wir müssen schon großes Glück haben, wenn uns die Russen nicht einholen."

Er klopft sich sorgfältig den Reif von seiner langen Kutscherjacke.

Ich reiche Werner einen Futtersack vom Wagen. Jan und Anton wiehern, als er ihnen das Korn in die Eimer schüttet.

Dabei fällt seine Skimütze runter. Rot leuchten seine Haare, als sie von einem Sonnenstrahl getroffen werden.

„Der einzige Farbfleck weit und breit", frotzelt Sanders, der Fleischermeister vom Wagen vor uns.

Mit Mühe gelingt es mir, Wasser für die Pferde aus dem vereisten Brunnen eines nahen Bauernhofes zu schöpfen. Zum Nachtisch gibt Richard Jan und Anton einige Stückchen Würfelzucker. „Das haben sie wirklich verdient."

Frau Sanders verteilt Wurst, die sie noch aus ihrem Laden in Pobiedziska mitgebracht hat. Sie steht neben der Rückwand ihres Wagens, auf dem sich ein Emailleschild mit der Darstellung eines rosa Schweinchens befindet.

9

„Deinem Hund würde ich auch gern etwas geben", spricht sie mich an. „Aber den hast du ja nicht mitgenommen."

„Vater hat gesagt, dass wir Cilla zurücklassen sollten. Bei Stacho ist er in guten Händen."

Cilla ist ein junger Schäferhund. Der braucht viel Bewegung und freien Auslauf, der hätte es hier im Wagen nicht ausgehalten.

„So einen guten Hund! Den kann man doch nicht einem Polen anvertrauen", sagt Frau Sanders.

„Cilla und Stacho mögen sich", gebe ich zur Antwort. „Niemand kann so gut mit dem Hund umgehen wie Stacho. Auf Stacho lasse ich nichts kommen."

„War ja nicht so gemeint."

Dumme Kuh. Die ist auch in ihrem Fleischerladen immer so ruppig mit den Polen umgegangen.

Die Wurst von Frau Sanders hat mir Appetit gemacht. Ich greife zu, als Mama Schnittchen verteilt. Natürlich sind die noch aus Pobiedziska. Als ich hineinbeiße ist es, als ob ich ein Stück Eis im Munde habe.

„Das ist ja zum Kotzen", spucke ich um mich.

Die Brüder lachen.

Irgendwann komme ich darauf, das gefrorene Brot mit Speichel zu vermischen, um es dann ganz langsam hinunterzuschlucken. Kein Genuss, aber es füllt den Magen.

„Wir müssen weiter!", ruft eine Stimme von vorn.

„Nach Bomblin!" Es ist der Treckführer.

Der Wagen ruckt an, als Otto die Pferde anspornt. Hinter dem Zug sehe ich noch einmal die Brücke über die Warthe. Bald verschwindet sie aus dem Blick.

Schade. Oben auf der Brücke war für einen Augenblick so gute Stimmung gewesen, als Fischer gemeint hatte, das Schlimmste sei jetzt überstanden, wo wir doch über den Fluss waren.

Jetzt schaut er ängstlich aus seinem hochgeschlagenen Kragen heraus in die Ferne, als ob er eine bergende Heimstatt suche. Seine Frau hat sich an seinen rechten Arm geklammert und drückt ihren Kopf an seine Schulter. Ihr Sohn Siegfried liegt hinter ihnen in tiefem Schlaf.

Sicher ist auch Fischer besorgt über die Nachricht, d
unserem Halt an der Brücke von einem Bauern gehört
Russen seien südlich Posen durchgebrochen.

Auf einmal habe ich den Eindruck, dass der Treckführer das
Tempo beschleunigt.

***

In Bomblin versorgt uns irgendeine Organisation mit einer warmen Mahlzeit, die erste seit Pobiedziska. Dann geht es weiter.

„Nimm die Zügel", sagt Otto.

Er wirkt müde und abgespannt, befühlt mit der linken Hand sein Herz, während er mir die Zügel mit der rechten übergibt. Die Nacht fast ohne eine Pause ist zu viel für ihn gewesen. Er legt sich hinter den Bock und schläft sofort ein, derweil ich die Pferde ansporne. Einen Wagen habe ich bei Vater schon öfter gelenkt.

Werner übernimmt jetzt meine Arbeit. Befestigt und löst die Kette an der Hinterachse, je nach Auf und Ab. Gelenkig klettert er rauf und runter. Kurz vor einer Anhöhe bricht plötzlich ein Pferd vor uns aus, sodass sich Sanders' Fahrzeug quer über die Straße stellt. Jan und Anton scheuen, und auch unser Wagen wird zur linken Straßenseite hinübergezogen. Ich schaffe es kaum, die Pferde zu halten – aber da hilft mir Otto, aufgeschreckt aus dem Schlaf, und greift von hinten in die Zügel.

Bei diesem Ruck ist einer unserer Koffer aus dem Wagen gefallen und tief die Böschung hinuntergestürzt. Mit lautem Knall ist er auf dem Rad eines liegen gebliebenen Flüchtlingswagens zerplatzt – neben einem toten Pferd.

Kleidungsstücke sind herausgeflogen. In der einsetzenden Dämmerung erkennen wir schwach einen roten Fetzen.

„Das ist mein Pulli", jammert Richard und zeigt nach unten. „Der rote."

Mama zieht Richard die Decke über den Kopf, drückt den Jungen an sich. „Wenn wir wieder zu Hause sind, bekommst du einen neuen."

„Und wann sind wir zu Hause?" Mama streichelt ihm über das Gesicht.

Otto sitzt längst wieder auf dem Kutschbock. Er treibt die Pferde an und folgt den anfahrenden Wagen vor uns.

Mit der anbrechenden Dunkelheit spüre ich, wie Beine und Füße langsam wieder zu Eis werden. Ich ziehe die Wolldecke fester an den Körper und frage mich, ob wir jetzt eine zweite Nacht durchfahren werden. Sorgen mache ich mir vor allem um Otto und die Pferde, die von uns allen am ehesten Ruhe brauchen.

Ein tief hängender Kiefernzweig schlägt mir ins Gesicht und lenkt meine Gedanken auf die Straße, die jetzt in ein kleines Dorf hinein führt.

Die Strecke wird abschüssig und ich befestige wieder einmal die hinteren Räder mit der Kette.

Da hören wir Schreie von der gegenüberliegenden Straßenseite. Auf Polnisch. Eine Gruppe von Jungen nähert sich unserem Wagen, kaum erkennbar im Schein der Petroleumlampe. Währenddessen rutscht unser Gefährt langsam auf dem Eis der abschüssigen Straße hinunter. Schritt für Schritt.

„Deutsche Schweine!", rufen sie. Und schlittern neben dem Wagen mit uns nach unten. Gestikulieren. Rufen Worte, die wir nicht verstehen. Einer beginnt an unseren Kornsäcken zu zupfen.

Ein anderer beugt sich hinter dem Wagen blitzschnell nach unten, macht sich an der Hinterachse zu schaffen. Will er etwa die Kette lösen?

Otto knallt mit der Peitsche und versetzt die Pferde in einen solchen Schrecken, dass sie einen riesigen Satz machen. Der Junge an der Hinterachse kann gerade noch zur Seite springen. Als er stürzt, entgeht er mit knapper Not den Pferdehufen und Rädern des nachfolgenden Wagens der Familie Fischer.

„Deutsche Schweine", rufen sie uns nach. „Kommt nie wieder zurück!"

Wir hören sie noch, als wir schon längst unten sind und ich die Kette löse.

„So, wie die behandelt werden", knurrt Otto, „muss man sich nicht wundern, wenn die jetzt aufmucken. Oft nur ein paar Pfennige in der Lohntüte. Und viele als Fremdarbeiter im Reich."

„In Pobiedziska hatten wir immer Angst, dass mal was passiert", sagt Mama.

„Natürlich haben uns die Polen in unserem kleinen Nest nicht gern gesehen, um es mal vornehm auszudrücken", meint Otto. „Aber einen Aufstand wie im vorigen Jahr in Warschau hätte es bei uns wohl nie geben können."

Nur mit Stacho und Cilla, dem jungen Schäferhund, gab es richtige Freundschaft. Freundlich waren auch die Polen bei uns im Haus und in der Nachbarschaft. Freundlich, aber auch immer sehr wachsam.

„Haaaaalt!"

Mama hat laut aufgeschrien und reißt mich aus meinen Gedanken. Otto ist auf dem Bock zusammengesunken, die Zügel sind ihm aus der Hand geglitten. Er gibt ein leises Stöhnen von sich. Ich greife zu, bringe den Wagen zum Stehen und höre schon, wie Fischer und Sanders sich mit lauten Rufen unserem Fahrzeug nähern.

„Können wir helfen?"

„Es geht schon wieder", seufzt Otto leise, „das war nur die Müdigkeit, nicht das Herz."

Er scheint wirklich nur eingeschlafen gewesen zu sein.

„Führ du die Pferde", sagt Sanders zu mir. „Setz dich auf den Bock. Wird nicht lange sein, wir machen sowieso bald Rast."

Otto wehrt sich, doch mit sanftem Druck bugsieren ihn Sanders und Fischer auf den freien Platz hinter dem Bock. Hier kann er sich ausstrecken. Behutsam decken sie ihn zu.

Die Fahrt auf der ebenen und fast eisfreien Straße geht leicht vonstatten. Auch Werner braucht mit der Kette kaum zu helfen.

Als in der Dunkelheit irgendwo zwischen Obersitzko und Wronke schemenhaft ein Gebäude auftaucht, das wie ein Gutshof anmutet, halten die Wagen endlich.

Wir fahren hinein, stellen unsere Fahrzeuge auf dem Platz zwischen Wohnhaus, Scheunen, Stallungen und Gesindehaus ein.

„Pferde füttern!", ruft Otto. Er ist wieder zu Kräften gekommen. Jan und Anton schnalzen und stampfen, als Werner und ich mit unseren Beuteln kommen und sie, gefüllt mit gutem Korn, unseren beiden Freunden um den Hals hängen.

Nachdem wir ihnen Wasser gegeben haben, legen wir ihnen wärmende Decken über den Rücken. Im Gutshaus empfängt uns Kachelofenwärme. Eine Frau begrüßt uns, als ob wir alte Freunde des Hauses wären. Gar nicht wie fremde Flüchtlinge, die auf der Suche nach einem Obdach sind.

Sie geleitet uns in ein großes Zimmer. Flüchtlinge sitzen auf Strohdecken und Matten. Kinder kriechen vor uns auf dem Boden. Ein kleiner Junge hält mir ein Stück Holz entgegen. Als ich es berühre, lächelt er.

Vor einem alten, wuchtigen Schrank aus dunklem Holz mit Schnitzereien drauf finden wir noch einen Platz.

An der Wand gegenüber hängen Gemälde, die wohl noch aus einem früheren Jahrhundert stammen: Portraits von Männern mit großen, breiten, schwarzen Hüten, in altväterlicher Kleidung. Mit selbstbewussten Gesichtern und freundlichem Blick zwischen goldenen Rahmen.

„Was sind das für Onkels?", fragt Richard.

„Die haben hier früher mal gelebt", antwortet Mama.

„Die sehen aber komisch aus."

„Du siehst auch komisch aus", sagt Werner.

„Vor allem schmutzig", mahnt Mama.

Unter dem Licht des Kronleuchters aus edlem Kristall erkennen wir, wie schäbig wir aussehen. Zwei Tage und zwei Nächte auf dem Wagen haben unser Äußeres verändert.

„Komm, wir gehen uns mal waschen. Da drüben …"

Mama wird unterbrochen durch eine Frau, die uns Terrinen mit Graupen und Fleisch bringt. Wie das duftet! Welch kostbares Geschirr! Porzellan mit einem Wappen drauf.

„Ein feines Haus", räuspert sich Otto. „Genießt das mal schön. Vielleicht kampieren wir ab morgen nur noch im Wald oder in Baracken, wo wir froh sind, wenn es eine Wassersuppe gibt."

Ich schlürfe die Suppe in mich hinein. Mir wird endlich warm. Erstmals seit Pobiedziska fühlen sich alle geborgen, auf der Strohmatte vor dem alten, ausladenden Schrank unter den behütenden Blicken der gutsherrlichen Ahnen.

Als die Frau erneut mit einer Terrine Suppe kommt, nehme ich sie nur noch im Dahindämmern wahr.

„Jetzt hat er seine Suppe verschüttet", höre ich Mama noch sagen. Dann muss ich eingeschlafen sein.

Am nächsten Morgen machen wir uns früh auf den Weg.

„Lassen Sie's gut sein", sagt die Frau vom Gutshof, als Mama sich bedankt. „Wer weiß, wann wir selber von hier fortmüssen."

Als wir an der Ahnengalerie vorbeigehen, scheint es, als ob die Vorväter uns gute Wünsche mit auf den Weg geben. Ein wohlwollendes Lächeln liegt auf ihren Zügen. Ob dieser dritte Tag gut wird?

***

Zwei Stunden später geschieht, was wir immer befürchtet haben.

Der Wagen von Fischers legt sich mit lautem Krachen auf die rechte Seite. Das hintere Rad bricht nach innen ein, Gepäck und Futtersäcke rutschen auf die Straße. Ein feiner Kornstrahl rieselt aus einem Sack auf das Eis, ganz langsam.

„Achsenbruch!", schreit Fischer, springt vom Bock und schlittert ein wenig auf der Straße dahin.

Von mehreren Fahrzeugen eilen Männer herbei.

„Nicht mehr zu reparieren", sagt Sanders und schlägt den Fischers vor, ihren Wagen stehen zu lassen und mit ihm, Sanders, weiterzufahren.

„Eure Pferde binden wir bei uns hinten an", fährt er fort. „Bringt euer Gepäck schon mal her."

Jetzt kommt auch der Treckführer von vorn und blickt erschrocken auf Fischers Unglücksfahrzeug.

„Schlimm", sagt er. „Aber machen können wir hier nichts. Ich fahre jetzt mit den anderen weiter. In Birnbaum oder Landsberg sehen wir uns dann wieder."

Frau Fischer macht ein sorgenvolles Gesicht. „Ist denn bei Sanders auf dem Wagen überhaupt noch Platz für uns?", fragt sie.

„Natürlich", sagt Frau Sanders. „Wir rücken halt zusammen."

„Siegfried kann bei uns mitfahren", schlägt Otto vor. Siegfried ist der zehnjährige Sohn der Fischers.

„Wir haben noch etwas Platz."

Frau Fischer ist unentschlossen, zuzustimmen. Frau Sanders aber scheint der Vorschlag zu gefallen.

„Keine Angst", verspricht Otto. „Wir bleiben immer ganz dicht hinter Ihrem Wagen. Sie werden Ihren Sohn immer im Blick haben."

Zögernd willigt Frau Fischer ein. Und Siegfried verschanzt sich hinter dem Bock von Otto und lächelt seinen Eltern zu, die hinten auf Sanders' Wagen Platz gefunden haben, oberhalb der Planke mit dem rosa Schweinchen auf dem Emailleschild.

Da ziehen schon die wenigen Fahrzeuge vom Schluss unseres Trecks an uns vorbei. Ihnen folgen fremde Wagen, die es offensichtlich sehr eilig haben, so sehr drängeln sie. Ein gummibereifter Fleischerwagen rutscht an unser linkes Vorderrad. Jan und Anton scheuen.

Mit Mühe schaffen wir es, Fischers Wagen an den Straßenrand zu schieben. Nur ein Haufen Korn bleibt auf dem Fahrweg zurück.

Wir hängen uns an das Ende des vorbeiziehenden Trecks und kleben dicht am vor uns herziehenden Wagen der Sanders. Immer wieder winkt Siegfried seinen Eltern zu. Mehrere Stunden lang genießen wir eine fast friedliche Fahrt.

Spät am Nachmittag ertönt plötzliches lautes Motorengeheul von hinten.

„Platz da!", schreit ein Offizier von einem Lastwagen aus. Er steht auf dem Trittbrett neben dem Fahrerhaus, rudert mit den Armen, als ob er uns beiseite schieben will. Eine endlose Schlange von Wehrmachtsfahrzeugen kommt heran, drängt sich gewichtig an uns vorbei.

Schon schiebt sich der erste Lastwagen im Slalom durch den vor uns fahrenden Treck hindurch. Mit dem brüllenden Offizier am Fahrerhaus überholt er mal rechts, mal links. Die Flüchtlingswagen werden an die Straßenränder gedrängt und sind immer in Gefahr, in die Gräben zu stürzen.

Otto hat längst angehalten. „Saubande", höre ich ihn fluchen.

„Wo sind meine Eltern?", ruft Siegfried voller Angst.

Schon seit einiger Zeit haben wir sie im Gewühl von Wehrmachts- und Flüchtlingsfahrzeugen aus den Augen verloren.

„Keine Angst", sagt Mama. „Wir werden deine Eltern schon wieder einholen." Otto nickt zustimmend. Aber als sich nach Einbruch der Dunkelheit das Durcheinander vor uns entwirrt hat, findet er doch nicht mehr den Anschluss. Der Treck scheint sich in der Finsternis aufgelöst zu haben.

Vorsichtig fahren wir weiter. In jedem haltenden Fahrzeug glauben wir, den Wagen von Sanders mit Fischers hinten angebundenen Pferden zu erkennen. Immer wieder werden wir enttäuscht.

„Wir werden sie finden, Siegfried", sagt Mama ein über das andere Mal.

Immer einsamer wird die Landschaft, die wir durchfahren. Wir begegnen keinem Fahrzeug mehr. Gedämpfte Stille herrscht weit und breit, sodass wir umso lauter den Tritt der Hufe von Jan und Anton hören.

Als wir an einem Waldrand ein Haus erkennen, schlägt Mama vor, dort anzuhalten.

Otto bringt unseren Wagen am Eingang zum Stehen. Neben dem Haus befindet sich noch ein kleines geducktes Gebäude mit allerlei Brettern und Holzfässern an der Wand. Mit klammen Gelenken steigen Otto und ich vom Wagen herunter.

Wir klopfen an die Tür.

Als die Tür nach einer Weile geöffnet wird, schaut uns ein alter Mann durch den Türspalt an. Ich bin ein wenig geblendet von dem Licht hinter dem Alten. Otto gibt mir ein Zeichen, den Mann anzusprechen.

„Können wir hier übernachten?", frage ich. „Wir sind Flüchtlinge mit kleinen Kindern."

Der Mann antwortet nicht. Als ich schon annehme, dass er die Tür wieder zuschlagen wird, schlurft er heraus.

„Da ist ja unser Opa", ruft Dieter, als der Alte vor uns steht.

Der Alte schaut erstaunt auf unseren Jüngsten und greift nach seiner Hand. Sie verschwindet in seiner mächtigen Pranke.

„Ich kann euch aber nur die Tischlerwerkstatt geben", sagt er und lässt Dieters Hand langsam los. Er streichelt ihm über den Kopf. Dann weist er auf das kleine Gebäude nebenan.

„Vielen Dank", ruft Mama vom Wagen. Wenig später finden wir uns im Schein einer Gasleuchte in der Werkstatt wieder. Das trübe Licht wirft nur einen matten Schimmer auf unser Nachtlager aus Heu und Wolldecken.

In der ungeheizten Werkstatt erwärmen wir uns ein wenig an dem Tee, den uns eine alte Frau bringt. Richard erbricht sich, da er das gefrorene Brot, das noch aus Pobiedziska stammt, nicht verträgt. Irgendwann schlafen wir alle erschöpft ein.

In der Nacht höre ich ein leises Wimmern. „Nun haben wir Mama und Papa doch nicht wiedergefunden", jammert Siegfried.

„Morgen fahren wir ganz früh ab", tröste ich ihn. „Dann holen wir Sanders' Wagen ein. Die haben doch hinten das rosa Schweinchen drauf. Das soll unser Glücksschwein sein."

Stunden später wache ich zitternd auf. Die Kälte lähmt meinen ganzen Körper. Durch die Eisblumenscheiben scheint erstes Frühlicht.

Da klappert es irgendwo.

Ich erkenne im diffusen Lichtschimmer, wie Mama hochschreckt. Verstört sieht sie sich um und reibt sich den Schlaf aus den Augen.

„Wo ist Dieter?", fragt sie und schaut ins Halbdunkel. „Er war doch die ganze Nacht neben mir."

Wieder ein Geräusch.

„Das kommt dort aus der Ecke."

„Da steht ein Sarg", sagt Werner, der inzwischen auch wach geworden ist.

„An der Wand daneben sind noch mehr."

„Wir müssen aber gestern Abend müde gewesen sein, sonst hätten wir die doch gesehen."

„Und Angst gehabt. Ich wäre dabei nicht eingeschlafen."

„Quatscht nicht so viel," mischt Otto sich ein. „Was meint ihr, wie viel davon gebraucht werden, wenn die Russen kommen? Da kann einer von Glück sagen, wenn er überhaupt in so eine Holzkiste kommt."

„Aber, wo ist Dieter?" Mama ist außer sich.

„Dieter!", rufen Werner und ich fast gleichzeitig. „Dieter!" Keine Antwort.

„Draußen ist er auch nicht", sagt Otto, nachdem er kurz zur Tür hinausgegangen ist.

Wieder das Geräusch in der Ecke.

„Da ist er ja!"

Richard hat ein Brett über dem Sarg entfernt.

Dieters Kopf erscheint.

„Lass das Brett drauf", ertönt es aus dem Sarg. „Das ist so schön warm hier drin."

„Du kommst da sofort raus!" Mama ist sauer. Aber als Richard seinen kleinen Bruder herausgezogen hat, nimmt sie ihn zärtlich in die Arme.

„Warum hast du dich denn nicht gemeldet?"

Dieter verzieht das Gesicht.

„In unserer Jugend konnten wir uns solche Frechheiten nicht erlauben", brummt Otto ungeduldig. „Schon gar nicht in so einer Situation."

„Aber ohne Dieter hätten wir hier doch gar nicht übernachten dürfen", entgegnet sie wütend. „Wenn er gestern Abend den alten Tischlermeister nicht mit ‚Opa' angeredet hätte, dann hätten Sie die Nacht im Schnee verbracht", fährt sie fort.

„Ist ja schon gut", murmelt Otto beschwichtigend.

„Und wenn wir jetzt nicht bald fahren, holen wir meine Eltern nie wieder ein", mosert Siegfried, angesteckt durch die allgemeine Aufregung. Als wir alle im Wagen sind, berichten der Tischlermeister und seine Frau, dass russische Panzer an Posen vorbeigestoßen sind. Das wäre eben im Radio durchgegeben worden.

„Wir packen jetzt auch unsere Sachen", sagt der alte Meister traurig und umfasst noch einmal Dieters Hand.

***

Schon drei Stunden sind wir nach unserem Aufbruch aus der Tischlerei unterwegs. Dichtes Schneetreiben umhüllt uns an diesem vierten Tag.

„Komisch, dass wir heute noch kein einziges Fahrzeug gesehen haben", wundert sich Otto.

„Hoffentlich haben wir nicht den Anschluss verloren", sagt Mama mit Angst in der Stimme.

Die Pferde stapfen tapfer durch den hohen Schnee. Gestern war die Straße glatt gefahren durch die vielen Fahrzeuge vor uns. Da hatten Jan und Anton es leicht. Aber jetzt müssen sie sich quälen, als ob es stets bergauf ginge. Tiefe Spuren hinterlassen die Räder hinter uns im Schnee.

Von Zeit zu Zeit ist der Wagen vollgeschneit.

Richard, Dieter und Siegfried lehnen wie verhüllte Schneemänner an den Kornsäcken. Wie erstorben erscheinen sie mir. Nur ihre Augen bewegen sich gelegentlich, während Werner und ich einander abwechselnd den Schnee hinausschaufeln.

„Wollen wir uns nicht irgendwo im Wald unterstellen?", fragt Otto. „Man sieht ja nicht weiter als zwei Pferdelängen."

„Dann werden uns bald die Russen kriegen", antwortet Mama. Ich spüre wieder ihre Angst.

Wir sind in eine gottverlassene Gegend geraten. Schon lange haben wir weder einen Menschen noch Häuser oder Dörfer gesehen, nicht einmal von fern eine Kirchturmspitze.

Wohin mag uns diese Route noch führen?

Otto hält jetzt öfter an, um den schwer atmenden Pferden eine Verschnaufpause zu gönnen.

Da! Am frühen Nachmittag hören wir von ganz weit hinten Motorengeräusche. Einen singenden Ton. Langsam wird er lauter.

„Ob das schon die Russen sind?", erschrickt Mama.

„Panzer klingen dumpfer", erläutert Otto.

„Und die rasseln auch richtig", gebe ich meinen Senf dazu.

„Klugscheißer", bemerkt Otto bärbeißig.

Da wühlt sich ein graues Etwas an uns vorbei durch den Schnee. Ein Lastwagen der Wehrmacht.

Wir atmen erleichtert auf.

Neben dem Holzgasgenerator hocken einige vermummte Gestalten

„Haaaaalt!", ruft Otto ihnen zu. Hebt beide Arme mit den Zügeln in die Höhe. Sicher will er sie nach dem Weg fragen, oder danach, wo die Russen sind. Die Vermummten heben nur müde den Arm zum Winken. Sie verstehen Otto nicht. Dann verschwinden sie in einer Wolke von Weiß.

„Armleuchter", flucht Otto.

Da! In der Dämmerung tauchen am Rande der Straße die Umrisse eines Heuschobers auf.

„Wir müssen die Pferde schonen", sagt Otto. Vorsichtig lenkt er den Wagen hinein. Der Schober ist von zwei Seiten offen, umstanden von hohen Tannen. Mühsam klettern wir vom Wagen, spannen die Pferde aus und binden sie an einen Pfosten. Dann geben wir ihnen Futter.

Ich stelle die Petroleumlampe auf den Boden. Von dort wirft sie ihr mattes Licht auf unser Nachtlager im Heu. Der Magen zieht sich mir zusammen, als ich das kalte Wasser aus der Feldflasche trinke. Wie schön war's noch gestern Abend, als uns die Frau des Tischlers heißen Tee brachte.

In der Nacht wache ich auf. Meine Füße schmerzen. Schon am Morgen hatte ich heftiges Ziehen in Zehen und Ballen gespürt. Werner hatte am Nachmittag geklagt und Otto hatte von Frostbeulen gesprochen.

Der Schnee ist bis an die Körper der am Boden liegenden Pferde geweht. Mama murmelt im Schlaf etwas, was ich nicht verstehen kann. Irgendwann schlafe ich ein.

Als am Morgen das Schneetreiben nachlässt, prüft Otto Hufe und Stollen der Pferde und spannt an. Bald machen wir Fahrt.

„Da ist einer im Pferdeschlitten!"

Werner hat ihn als Erster entdeckt. Ein Bauer kommt uns entgegen. Er ist erstaunt darüber, uns hier zu finden.

„Dort drüben links rein", antwortet er auf die Frage, welcher Weg nach Birnbaum führt. „Dann seid ihr in einer halben Stunde auf der großen Chaussee."

Wir sind erleichtert. Da sind wir also vorgestern im Dunkeln von der Route abgekommen.

„Meine Schuld", bekennt Otto.

„Was soll's", sagt Mama. „Wir haben doch alle mitgeguckt. Wir alle sind schuld."

Bald sehen wir sie: Pferdewagen an Pferdewagen auf der Chaussee. Sie ziehen, drängeln und schieben.

Mit einigem Druck verschafft Otto unserem Wagen einen Platz mittendrin und schon drückt es von vorn und hinten, den ganzen langen Tag über, bis wir spätabends im dunklen Birnbaum im Gewühl auf einen großen Platz gedrängt werden, an dem sich Gott sei Dank eine Turnhalle befindet. Aus deren geöffneter Tür ruft im matten Lichtschein ein Mann im lang gezogenen Tonfall: „Notaufnahmelager!" „Hier bleiben wir für heute", bestimmt Otto.

Die ganze Nacht über dringt Lärm von draußen in die Halle. Trotzdem falle ich immer wieder in den Schlaf. Gegen Morgen rüttelt jemand an meinem Arm. „Das ist die Reichsstraße von Posen nach Landsberg", höre ich Otto sagen. „Die müssen wir lang bis zur Oder."

Draußen gelingt es Otto nur mit Mühe, uns in eine Lücke auf der Reichsstraße einzufädeln. Dieser sechste Tag unserer Flucht fängt turbulent an. Schon werden wir auf die Mitte der Straße geschoben. Plötzlich sind wir eingekeilt zwischen Wehrmachtsfahrzeugen auf der linken Straßenseite mit Lastwagen, Kübelwagen, Motorrädern, Fahrrädern und hin und wieder einem Geschütz und auf der rechten Seite durch Flüchtlingswagen, die dicht an dicht voranstreben.

Ein entgegenkommendes Fahrzeug hätte keine Chance, gegen diese Flut in Richtung West anzukommen.

„Wir finden meine Eltern nie wieder", jammert Siegfried und starrt verwirrt auf diese Masse von Flüchtlingswagen.

„Wir werden alle aufpassen", tröstet Werner. „Immer auf das rosa Schweinchen hinten an Sanders' Wagen achten."

„Und wenn wir sie gefunden haben", verspricht Mama, „dann kommst du auch auf Sanders' Wagen zu deinen Eltern. Ihr sollt euch nie wieder verlieren."

„Wirklich?" Siegfrieds Augen leuchten. „Aber ist es auf dem Wagen von Sanders nicht zu voll?"

„Du kriegst deinen Platz. Verlass dich auf mich."

Siegfried legt seine Arme um Mamas Hals und küsst sie mit einem lauten Schmatz.

„Macht, dass ihr an die Seite kommt! Nicht zwei Pferdewagen nebeneinander! Rechts ran an den Straßenrand! Wir brauchen Platz für die Fahrzeuge der Wehrmacht!" Ein Oberleutnant steht in der Mitte der Straße und brüllt Otto an: „Rrreeeeechts rrrannnnn!" Er streckt seinen linken Arm aus und weist auf den Straßenrand.

„Rrreeeeechts rrrannnnn!" Ich springe vom Wagen und greife ins Zaumzeug, versuche die Pferde an die Seite zu ziehen, in die Lücke zwischen zwei treckenden Wagen. Da schlägt Jan aus, trifft mich am Unterschenkel. Ich stürze.

Otto ist sofort vom Bock. Hilft mir auf. Zerrt die Pferde kraftvoll an den Straßenrand. Ich humple zum Wagen. Werner und Siegfried ziehen mich hinauf.

„Zeig mal", sagt Mama besorgt. Ich krempele die Skihose hoch. Ein roter Fleck an der Wade.

„Tut's weh?"

„Nee. Ist ja nichts gebrochen." Der Oberleutnant ist an den Wagen gekommen. Grinst.

„Das ist ja noch mal gut gegangen."

„Arschloch", murmelt Otto, als der Offizier wieder auf die Mitte der Straße geht.

Unaufhörlich rauscht die Flut der Militärfahrzeuge auf der linken Straßenseite weiter an uns vorbei.

„Die haben es aber eilig", sagt Mama. „Die flüchten ja schneller als wir."

Fassungslos blickt sie auf die davonhastenden Fahrzeuge der Wehrmacht in Richtung West.

„Da hätte Vater ja gar nicht beim Volkssturm in Pobiedziska bleiben müssen, wenn selbst diese jungen Leute türmen. Soll er denn als Kriegsbeschädigter mit ein paar Rentnern das armselige Nest verteidigen?"

„Vielleicht wollen die ja nur zu ihrer nächsten Auffangstellung", werfe ich ein. „Damit sie uns besser beschützen können."

Das Wort „Auffangstellung" habe ich aus den Wehrmachtsberichten im Radio. Immer, wenn die Rückzug meinen, sprechen sie davon, dass die Soldaten in eine vorbereitete „Auffangstellung" zurückgehen. „Plangemäß" natürlich.

„Du glaubst doch nicht mehr an den Weihnachtsmann", bemerkt Otto bissig. „Du hast doch Augen im Kopf. Das hier kannst du ruhig als eine heillose Flucht bezeichnen. Und die ist nicht geplant."

Wenn die Soldaten sich weiterhin so schnell davonmachen, werden wir Flüchtlinge bald deren Nachhut sein und die russischen Panzer im Nacken haben. Verkehrte Welt.

Abends finden wir einen Unterschlupf in einer Scheune vor Schwerin an der Warthe. Der Lärm der flüchtenden Wehrmacht auf der Reichsstraße rauscht die ganze Nacht über in meinen Ohren.

***

In der Frühe des siebten Tages gelangen wir nach Schwerin an der Warthe. Wir werden auf ungewöhnliche Weise empfangen. Menschen stehen am Straßenrand und bieten uns Muckefuck und Brothappen an. Sie laufen neben dem Wagen her und reichen die Sachen herauf.

„Großer Bahnhof", staunt Otto. „Fehlt nur noch der rote Teppich vorm Wagen."

„Probier mal", sagt Richard und steckt mir ein Stück Brot zu. Eine Frau hat es ihm gegeben. Vorsichtig beiße ich hinein. Ich bin gewarnt. Tagelang habe ich auf gefrorenem Brot aus Pobiedziska herumgekaut, mit Speichel durchmischt und habe dann Magenschmerzen bekommen und immer wieder die Scheißeritis.

„Schmeckt das nicht gut?", fragt Richard. Ich kaue auf einem Bissen mit Leberwurst. Genieße. „Gut, nicht?"

„Hast du noch mehr davon?"

„Nee. Die Frau mit der Wurst ist weg."

Als wir die freundlichen Leute hinter uns lassen, fällt uns auf, dass uns keine Fahrzeuge der Wehrmacht mehr überholen.

„Sind die etwa alle schon über die Oder?"

„Was meinst du denn", antwortet Otto „warum die es so eilig hatten? Jetzt sind wir die Nachhut. Und haben vielleicht bald die T 34-Panzer hinterm Treck."

Ich erschrecke. Schon habe ich wieder diesen Zug mit Flüchtlingen aus Westpreußen vor Augen, den ich am Bahnhof in Pobiedziska gesehen hatte, von russischen Panzern zusammengeschossen.

Da hören wir Lärm vor uns! Am Ende von Schwerin stoßen wir in eine Menge ineinandergeschobener Flüchtlingswagen.

Dazwischen eine Traube von Menschen. In ihrer Mitte gestikuliert ein Mann in Parteiuniform.

Siegfried fasst mich am Ärmel.

„Sieh mal", ruft er. „Das ist doch …"

Ich packe ihn gerade noch am Arm, bevor er vom Wagen runterspringt. Da hat er sich schon losgerissen. Er knallt auf die vereiste Straße, verletzt sich aber nicht und kommt wieder hoch.

„Papa", schreit er. „Papa!"

Die Leute aus der Gruppe der Flüchtlingswagen schauen herüber. Der Parteimann unterbricht einen Augenblick seine Rede. Scheint verärgert.

„Siegfried", ruft eine Frauenstimme aus der Menge.

Die Frau läuft auf die Straße.

Das ist ja Siegfrieds Mutter!

Schon liegen sich beide in den Armen. Mitten auf dem Fahrdamm.

Nun kommen auch Siegfrieds Vater und die beiden Sanders hinzu. Otto fährt unseren Wagen langsam an den Straßenrand. Welch ein Wiedersehen!

Siegfried hält seine Mutter umschlungen. Sein Vater fährt ihm zärtlich übers Gesicht.

„Jetzt lasst ihr mich doch nicht mehr allein?", schluchzt Siegfried.

„Du steigst gleich auf unseren Wagen um", sagt Frau Sanders. „Da rücken wir dann eben etwas zusammen."

Siegfried wischt sich die Tränen aus den Augen.

„Als wir euch bei Wronke verloren hatten", sagt Fischer, „da haben wir auf euch gewartet, bis die Autos der Wehrmacht vorbei waren. Dann haben wir in einem Schuppen übernachtet. Erst am nächsten Morgen sind wir dann weiter, nachdem wir unsere Pferde von Sanders' Wagen abgebunden und einem Bauern übergeben haben."

„Und wir haben das rosa Schweinchen gesucht", sagt Siegfried. „Hinten auf Sanders' Wagen."

„Dass es nicht wieder vorkommen darf", brüllt der Parteimann hinter uns „dass eure Wagen quer über die Straße fahren und sich nicht einordnen. Wenn ihr jetzt nach Landsberg reinkommt, heißt es Disziplin wahren …"

„Jawohl!", ruft irgendjemand dazwischen.

„… damit unsere tapfere Wehrmacht den Gegenangriff führen kann. Denn es ist der unabänderliche Wille unseres Führers, die bolschewistischen Horden aus dem Osten ein für alle Mal …"

„Lasst uns weitergehen", sagt Fischer und bahnt uns einen Weg durch die Menge.

„Vorhin hat er gesagt", berichtet Sanders, „dass die Russen vor drei Tagen Posen eingeschlossen hätten. Die Wehrmacht würde die Stadt heldenhaft verteidigen."

„Und der Volkssturm aus Pobiedziska?", fragt Mama in Sorge um Vater. „Ist der auch in Posen?"

„Davon haben wir leider nichts gehört."

„Es sollen Panzer vor Birnbaum gesehen worden sein", sagt Frau Fischer.

„Lasst uns sofort nach Landsberg aufbrechen." Sanders strebt zu seinem Wagen. „Dann sind wir heute Abend dort."

***

In Landsberg kommen wir in einer Schule unter. In der Ecke eines überfüllten Raumes finden wir noch Platz.

Bei der Wärme unter den vielen Menschen spüre ich die Frostbeulen an den Füßen. Ich ziehe die Schuhe aus. Mit einer Salbe von Mama reibe ich die blauroten Zehen ein. Werners Füße sind noch schlimmer dran. Beim Gehen knickt er bei jedem Schritt ein.

Nach dem Eintopf aus einer Gulaschkanone holt Otto eine Flasche aus einem Beutel. Er hält sie an den Mund und trinkt in schnellen Zügen. Es scheint eine Flasche mit klarem Schnaps zu sein.

Nun singt er: „Wir wollen unseren alten Kaiser Wilhelm wiederhaben. Aber den mit 'nem Bart. Aber den mit 'nem Bart."

Nach einigen Strophen erhebt er sich umständlich von der Matte und beginnt zu torkeln. In der Menge ringsum aber fällt das kaum auf.

Immer lauter grölt er das Lied von dem alten Kaiser. Er genießt es, unter den vielen Menschen zu sein. Hoch schwenkt er die Flasche. Aber kaum einer beachtet ihn.

Die Strapazen auf dem Wagen mit den Pferden im Schnee scheinen vergessen. Sein Gesang wird zum Lärm.

Da bahnt sich ein junger Leutnant seinen Weg durch die lagernden Flüchtlinge.

„Was soll das Gejohle?", schreit er Otto an. „Lassen Sie Ihren Kaiser Wilhelm dort, wo der Pfeffer …"

„Nun aber mal ganz ruhig, junger Mann", fällt ihm Otto ins Wort. „Sagen Sie mir lieber, wann euer Führer seine Wunderwaffen einsetzt. Damit wir endlich aus dieser Scheiße rauskommen."

Schwankend tritt er näher an den Leutnant heran.

„Möchtest du auch einen, hick, Schluck?" Er hält ihm die Flasche unter die Nase.

„Mann! Sind Sie wahnsinnig geworden? Ich werde veranlassen, dass Sie sofort …"

Aber weiter kommt er nicht. Mama ist aufgestanden und steht jetzt neben Otto.

„Dieser Mann hat uns bei Tag und Nacht durch Eis und Schnee gefahren", belehrt sie den Offizier. „Oft kriegte er keinen Schlaf. Und krank ist er auch. Sehen Sie denn nicht, dass er fix und fertig ist? Der hat ein Recht darauf, sich zu entspannen."

Mama hat sehr laut gesprochen. Jetzt werden auch die anderen Flüchtlinge um uns herum aufmerksam.

„Aber muss er denn gleich …"

„Der wird schon wieder aufhören. Wenn Sie ihn nur in Ruhe lassen. Oder trinken Sie beim Militär nicht auch mal einen übern Durst? Da kenn ich die Soldaten aber anders."

Irgendjemand lacht.

Der Leutnant läuft rot an. Was wird er tun?

„Lassen Sie es mal gut sein für heute", sagt Mama. „Morgen früh sind wir sowieso wieder auf der Straße."

Da dreht sich der Offizier um und strebt zum Ausgang. Otto sinkt wieder auf die Matte und führt langsam die Flasche zum Mund.

„Ja, ja", lallt er. „Die jujujungen Etappenhengste."

Am nächsten Morgen entschuldigt sich Otto bei Mama wegen seiner Trinkerei. Er habe uns auch noch etwas anderes zu sagen. Wir schauen ihn erwartungsvoll an.

„Ich kann leider nicht mehr weiterfahren mit den Pferden", bringt er heraus. „Ich habe mich in den letzten drei Tagen schlecht gefühlt. Hab Angst gehabt, es nicht mehr bis Landsberg zu schaffen."

Gebeugt steht er vor uns. Dunkle Schatten hat er um die Augen.

„Ich fahre mit dem nächsten Zug vom Bahnhof weiter."

Wir sind überrascht und erschrocken. Otto erkennt, in welche Angst er uns versetzt hat.

„Fahrt ihr doch auch mit der Bahn", sagt er.

Mama wird sehr nachdenklich. Schließlich dankt sie Otto mit leiser Stimme für seine Hilfe und stimmt zu.

„Otto hat recht", sagt sie. „Wir fahren auch mit der Bahn. Wer soll denn die Pferde führen, wenn Otto nicht mehr mit uns ist? Edo kann das zwar schon gut. Wir wissen aber nicht, was noch alles geschehen wird. Die Bahn ist sicherer."

„Und schneller", ergänzt Otto.

Fischers kommen hinzu. Auch sie wollen mit dem nächsten Flüchtlingszug vom Bahnhof aus weiterfahren. Sie berichten, dass sich Sanders jedoch anders entschieden haben. Sanders seien schon in der Frühe mit ihrem Fahrzeug aufgebrochen und wollten versuchen, noch vor den Russen über die Oder zu kommen.

„Die Pferde und den Wagen solltet ihr bei dem Amt gegenüber der Schule abgeben", sagt Otto.

Ich kann es immer noch nicht fassen. So schnell Abschied nehmen von Jan und Anton? Die uns so geholfen haben! Ob es wirklich sicherer ist, mit der Bahn zu fahren? Der zerschossene Zug in Pobiedziska geht mir wieder durch den Kopf.

Wenig später sind wir auf dem Schulhof. Jan und Anton wiehern uns entgegen. „Wie schön sie sind", sagt Werner. „Die haben sich in den letzten beiden Tagen richtig erholt."

Ich habe ein Würgen im Hals, als der Beamte auf der gegenüberliegenden Seite uns den Empfang von Pferden und Fahrzeug bescheinigt.

Wir bleiben noch eine Weile dort. Traurig geben wir den beiden die letzten Stücke Zucker und sagen ihnen, dass wir sie nie vergessen werden. Dann führt man sie fort.

Auf dem Bahnhof gibt es eine schlechte Nachricht: Wir können erst morgen mit dem Zug fahren. „Das hat die Kreisleitung so angeordnet", sagt der Beamte. Er verkauft Mama Karten nach Berlin. Dort würde man uns weiterhelfen.

„Flüchten auf Fahrkarte?", fragt Mama.

„Ordnung muss sein", antwortet der Beamte.

„Und wenn die Russen morgen kommen sollten?", fragt sie weiter. „Wer erstattet mir dann das Fahrgeld?"

Der Mann am Schalter schaut Mama an, als habe er einen Fahrkartenknipser verschluckt.

„Heil Hitler!", ruft sie ihm zu. „Jetzt müssen wir aber zur Schule."

Schon auf dem Hof kommt uns Werner entgegen.

„Dieter ist krank. Er scheint Fieber zu haben. Und die ganze Zeit hat er gehustet."

Dieters Gesicht ist knallrot. Der Schleim läuft ihm aus Mund und Nase. Das Fieber schüttelt ihn. Mama fühlt Stirn und Puls. Liebevoll reinigt sie sein Gesicht. Sie zieht ihm das letzte Zeug an, das sie noch für ihn hat. Jetzt fehlen die Sachen aus dem verlorenen Koffer vom Pferdewagen. Sie hüllt ihn in Decken ein.

Dann fällt er in tiefen Schlaf. Es sind noch mehr Flüchtlinge eingetroffen. Gegen Abend ist der Raum überfüllt. Sie alle warten auf den Transport nach Westen am nächsten Morgen.

„Ich möchte am liebsten von Berlin aus gleich weiter nach Wilhelmshaven fahren", sagt Mama nach der abendlichen Erbsensuppe. Sie hält Dieter im Arm. Sein Fieber ist weiter gestiegen.

„Der Arzt, der vorhin hier war, konnte nicht helfen", klagt sie. „Wer weiß, was noch alles auf uns zukommt. Da kommen wir doch in Wilhelmshaven am besten zurecht."

Aber dann hat sie Bedenken. Gleich von Berlin aus nach Wilhelmshaven? Wo sollen wir denn wohnen in dieser ausgebombten Stadt? Oma und Opa haben keinen Platz für uns. Und es gibt immer wieder neue Luftangriffe. Da sei es doch wohl besser, zunächst irgendwo im Brandenburgischen unterzukommen.

„Am besten auf dem Lande", sagt Otto. „Da ist es am sichersten."

Am nächsten Morgen wartet am Bahnhof eine riesige Menschenmenge. Es sind nicht nur Flüchtlinge von weit her wie wir. Auch die Landsberger dürfen die Stadt verlassen. Die Russen müssen nahe sein. Als Flüchtlinge aus der Ferne lässt man uns als Erste in die Eisenbahnwagen. Die Einheimischen an der Sperre blicken neidvoll auf uns, als wir an ihnen vorbeigehen. Angst ist in ihren Augen. Am Eingang zum Bahnsteig knipst ein Beamter unsere Fahrkarten. Ordnung muss sein.

Im Zug sehen wir aus der dicht gedrängten Menge für einen Augenblick die Fischers in einiger Entfernung. Herr Fischer hebt Siegfried über die Köpfe der Menschen hoch und wir winken einander zu. Ich freue mich, diesen Jungen, der einige Tage voller Angst mit auf unserem Wagen war, noch einmal gesehen zu haben, bevor er in der Menge verschwindet.

Mama hat einen Sitzplatz ergattert, nimmt den keuchenden Dieter auf den Schoß und setzt Richard neben sich. Vor mir im Gang steht Otto in seiner Kutscherkleidung, neben ihm eine Frau in Schwarz. Hinter uns sprechen Männer über ihre Erlebnisse im Ersten Weltkrieg.

Werner hockt auf dem Fußboden unter einem Fenster zwischen zwei Bänken. Sein Sommersprossengesicht leuchtet hinter einem Koffer hervor, auf dem zwei kleine Mädchen sitzen. Ab und zu greifen sie in seine roten Haare. Er grinst dann jedes Mal.

Endlich: Der Pfiff der Lokomotive. Langsam setzt sich der Zug in Bewegung. Holpert über die Geleise. Bald sind die letzten Häuser von Landsberg hinter uns. Es folgen schneebedeckte Felder und Wiesen zu beiden Seiten. Otto dreht sich um: „Das ist doch ein ganz anderes Tempo als mit Jan und Anton. Endlich geht's voran."

„Die Pferde brauchen aber keine Schienen. Man kann überall mit ihnen hin", gebe ich zu bedenken.

„Glaub mir, mit dem Zug sind wir schneller an der Oder. Wer weiß, wie nah die Russen schon sind."

„Hat Friedrich der Große hier nicht eine Schlacht verloren?"

„Wie kommst du denn jetzt darauf?"

„Das zeigten sie in der Jugendfilmstunde"

„Keine Ahnung. Goebbels hat neulich auch vom Alten Fritz geredet", brummt Otto vor sich hin.

„Der soll im Siebenjährigen Krieg schon mal am Ende gewesen sein. Dann hat er doch noch gewonnen."

„Das hat Goebbels auch gesagt und gemeint, auch bei uns würde der Endsieg nicht mehr fern sein."

„Und was glaubst du, Otto?"

„Der Führer in seiner Weisheit wird's schon richten."

Einer von den Weltkriegerzählern wirft einen missgünstigen Blick auf Otto. Der aber kümmert sich nicht drum. Dieter liegt zusammengesunken auf Mamas Schoß, mit dem Pudelmützenkopf gegen das Fenster gelehnt. Dahinter bewegt sich das verschneite Land eilig vorbei. Das rhythmische Rumpeln der Wagen wird schneller. Wir rasen auf die Oder zu, als ob der Zug die T 34 der Russen auf den Schienen hinter sich habe. Mir wird schwindelig. Ich suche nach Halt.

„Die Oder!"

Ein Raunen geht durch den Wagen. Ich schiebe meinen Kopf zwischen die Schultern der beiden alten Weltkriegskameraden, um einen Blick auf den vor uns liegenden Fluss zu werfen. Sie aber drängen mich zurück, sodass ich mich noch ein wenig gedulden muss.

Erst allmählich erkenne ich hinter Dieters Kopf den breit hingelagerten Fluss. Die träge fließende Strömung mit ihren glitzernden Eisschollen und den weit in den Fluss ausgreifenden Buhnen der zugefrorenen Ufer.

Da! Die Pfeiler der Brücke. Die geschwungenen Verstrebungen. Der Zug fährt jetzt ganz langsam und kriecht in das Brückenwerk hinein. Stille.

Die Frau in Schwarz vor mir beugt sich tief über ihre gefalteten Hände. Sie betet.

Irgendwo plärrt ein Säugling.

Hoch über uns ertönt das böse Brummen eines Bomberverbandes, wie ich es so oft im Luftschutzkeller gehört habe. Mama

hat recht: Wir sollten von Berlin aus nicht gleich nach Wilhelmshaven fahren.

Aus dem Rumpeln der Räder ist ein langsames, gleitendes
Schwingen geworden.

Ich versuche, die Luft zwischen zwei Takten anzuhalten. Der
Zug schleicht zwischen den Riesenverstrebungen der Brücke
hindurch, im Kriechgang auf die Mitte des Stromes zu.

Laaangsaaaaam. Laaangsaaaaam.

Von der Westseite robbt eine Buhne heran.

„Die Pfeiler!"

Unter uns das westliche Ufer. Otto sieht mich an. Seine Augen
leuchten.

„Jetzt kann uns nichts mehr passieren."

Ein lang gezogenes Pfeifen der Lokomotive. Ein Ruck geht
durch den Zug.

Werners Rotschopf kommt hinter dem Koffer hervor. Richard
ist auf seinen Sitz gestiegen. Schwenkt seinen grünen Schal.
Mama lächelt. Dieter schnauft in ihrem Arm. Die alten Männer
mit ihren Erlebnissen aus dem Weltkrieg reißen die Arme hoch.
Die Frau in Schwarz weint.

***

„Kauf dir einen bunten Luftballon", summt die Dame im elegan-
ten Pelzmantel. „Halt ihn fest in deiner Hand …"

Als ich sie überrascht anblicke, verstummt sie. Wir sind in der
S-Bahn. Irgendwo zwischen Charlottenburg und Grunewald.
Mama hat Dieter auf dem Schoß und schaut aus dem Fenster in
die Trümmerlandschaft. Wir andern stehen im Gang. Erstmals
ist unsere kleine Familie allein unterwegs. Otto hat uns gestern
verlassen. Nach Rathenow ist er gefahren, dorthin, wo er als
junger Mann gelebt hatte. Eine Schwester von ihm wohnt dort.
Vorgestern sind wir in Berlin angekommen. Nach der Fahrt über
die Oderbrücke war der Zug mehrmals auf offener Strecke liegen geblieben. Von fern sahen wir die Bomber über der Stadt
durch geballte Wolken von Rauch fliegen. Irgendwo im Norden
sind wir nachts in einem Notaufnahmelager untergekommen.
Man drückte Mama einen Zettel mit dem Namen einer kleinen

Stadt im Brandenburgischen in die Hand, wo wir uns melden sollen.

„Kauf dir einen bunten Luftballon …"

Die Frau im Pelzmantel beginnt wieder zu summen.

„Es war wirklich ein Traum", sagt sie zu einer alten Schachtel neben sich. „Ich hab den Film schon zum dritten Mal gesehen."

„Ich kenne ihn auch", säuselt die Schachtel.

Der Duft feinen Parfums steigt mir in die Nase, ein ungewöhnlicher Geruch. Ich niese. Dieter kriegt einen Hustenanfall. Er prustet, japst und keucht wie so oft in den letzten Tagen. Mama wischt ihm den Schleim aus den Mundwinkeln. Fieber scheint er nicht mehr zu haben. Gott sei Dank.

„Da fehlt ein Knopf", sagt Werner.

Er greift in das obere Knopfloch meines Mantels. Was ist denn in den gefahren? Der abgerissene Knopf meines Mantels hat ihn noch nie gestört!

„Und du hast eine kaputte Manteltasche", antworte ich.

„Ätsch! Werner hat ein Loch in der Tasche", geifert Richard. Schon fährt seine Hand in Werners Tasche. Sein Zeigefinger schnippt aus dem Loch heraus.

„Hör auf damit", schimpft Mama und nimmt Richards Arm aus Werners Tasche. Die Situation ist ihr peinlich.

Die Frau im Pelzmantel hat alles beobachtet. Sie lehnt sich zurück. „Schmuddelkinder" sagt ihr Blick. Die Schrulle neben ihr guckt blöd.

Dieters Husten lässt nicht nach. Mama hält den Kleinen mit der Hand umfasst. Mit der anderen versucht sie ihr Kopftuch über dem Kaninchenfellkragen zurechtzurücken.

Abschätzig schaut der Pelzmantel herüber. Dämliche Tante. Sitzt hier in feinen Klamotten und hat nur Kintopp im Kopf, während wir seit Wochen auf der Straße liegen. Wen schert da ein abgerissener Knopf oder ein Loch in der Manteltasche?

Die hätte mal bei uns auf dem Pferdewagen sein sollen. Der hätten wir die Fresse mit gefrorenem Brot gestopft. Das Lied vom Luftballon wäre ihr im Hals stecken geblieben und stattdessen hätte das gefrorene Brot in ihrem Darm die Musik gemacht.

Dieter hört auf zu husten.

Da fängt sie wieder an: „Kauf dir einen bunten Luftballon …"

Die Scharteke an ihrer Seite wippt mit dem Fuß.

Ich bin heilfroh, als wir aussteigen.

„Krieg ich auch einen Luftballon?", fragt Richard auf dem Bahnsteig.

„Wenn wir wieder ein Zuhause haben, bekommst du einen Flieger, der noch höher steigt als ein Luftballon", gebe ich ihm zur Antwort.

„Und was ist das?"

„Ein Drachen. So einen, wie wir ihn in Wilhelmshaven hatten. Der fliegt bis in die Wolken."

„Den möchte ich haben."

„Kriegst du im Herbst. Dann gibt es den richtigen Wind."

Wir mühen uns eine Treppe hoch. Werner und ich schleppen die Koffer. Mama führt die beiden Kleinen behutsam an der Hand.

„Mein Kopf ist kalt", keucht Dieter, als wir oben sind. Heute Morgen hat unser Jüngster seine Pudelmütze verloren.

„Nimm diese", sagt Werner. „Sonst wirst du deinen Husten nie los."

Mit Werners Skimütze sieht Dieter aus wie ein kleiner Pimpf vom Jungvolk.

Die Ankunft

Das Haus in der kleinen Stadt, in dem die Familie Reinhardt wohnen soll, befindet sich ganz nahe am Bahnhof inmitten von Gärten. Die kahlen Äste der Obstbäume drohen gespenstisch in der Dunkelheit. Mama, Dieter und ich gehen hinein. Werner und Richard bleiben vor der Haustür bei den Koffern. Im Hausflur begegnen wir einer Frau mit einem Schneeschieber.

„Frau Reinhardt?", fragt Mama.

„Reinhardts wohnen oben. Die haben das ganze Stockwerk für sich. Ich heiße Lehmann und wohne hier im Erdgeschoss gegenüber von Frau Krause."

Blumenmuster befinden sich im geschnitzten Treppengeländer und auf den alten Kacheln an den Wänden. Ein kunstvoll geformter Leuchter hängt unter der Stuckdecke. „Reinhardt" steht auf dem goldenen Namensschild neben der Wohnungstür.

„Ein feines Haus", sagt Mama, als wir im ersten Stock sind. Ich drücke auf den Knopf. Ein tiefer Glockenton antwortet.

Der große, blonde Mann mittleren Alters, der die Tür öffnet, trägt einen gut geschnittenen dunklen Anzug mit dem blinkenden Parteiabzeichen am Revers. Erstaunt schaut er auf uns herunter, als ob er annähme, dass wir uns in der Tür geirrt hätten.

Als er sie wieder schließen will, bricht es aus Mama heraus: „Wir kommen von der Frauenschaft am Bahnhof …"

„Mit der habe ich nichts zu tun", fällt er Mama ins Wort. „Und jetzt …"

„Ich hab hier einen Zettel." Mama kramt in ihrer Manteltasche. Dabei verrutscht ihr Kopftuch und fällt hinter die Türschwelle, Herrn Reinhardt direkt vor die Füße. Reinhardts Bein zuckt, als ob er das Tuch mit dem Fuß hinausbefördern will. Er beherrscht sich aber. In diesem Augenblick kriegt Dieter einen Hustenanfall. Mama kniet nieder und hebt seine Arme hoch, klopft ihm auf den Rücken. Langsam ebbt der Husten ab.

„Was wollen Sie denn eigentlich?", fragt Reinhardt und will sich schon wieder hinter die Tür zurückziehen.

„Wir sind Flüchtlinge", sagt Mama und zieht den zerknüllten Einquartierungszettel aus ihrer Manteltasche. Sie gibt ihn dem Reinhardt. Sie habe den Zettel von Gudrun erhalten, einem Mädchen von der Frauenschaft hier am Bahnhof. Zwischen vielen Flüchtlingen hatte sie lange darauf warten müssen. Und Gudrun hatte gesagt, dass dies das letzte Zimmer sei, das sie heute am späten Abend vergeben könne.

„Das ist ein Irrtum", sagt Reinhardt. Ein erneuter Hustenanfall von Dieter erstickt seine weiteren Worte. Empört will er Mama den Einquartierungszettel zurückgeben, doch die wendet ihm den Rücken zu, weil sie sich um Dieter kümmert. Da drückt er mir schroff das Papier in die Hand und schließt die Tür mit einem leichten Knall. Plötzlich ist es ganz still. Nur von draußen hören wir die kratzenden Geräusche eines Schneeschiebers.

„So ein Unmensch", sagt Mama leise und tastet sich Schritt für Schritt die Treppe hinunter.

„Haben Sie ihre Kinder denn ganz vergessen?", fragt Frau Lehmann vorm Hause, keuchend vom Schneeschieben. Werner und Richard sitzen verfroren auf den Koffern. Richard hat seinen grünen Schal um den Kopf gewickelt. Mama erzählt, was oben geschehen ist.

„Das sieht ihm wieder ähnlich", murmelt Frau Lehmann. „Kommen Sie", sagt sie dann. „Jetzt gehen wir mal zusammen rauf."

Sie steigt die Treppe hoch und wir folgen ihr. Dann klingelt sie.

„Ich hab Ihnen doch gesagt …", schallt es uns aus der noch kaum geöffneten Tür entgegen.

„Ach, Sie sind es!", entfährt es Reinhardt erstaunt, als er Frau Lehmann vor sich sieht.

„Tut mir leid, dass ich mich da einmische. Aber so geht es wirklich nicht. Helfen Sie doch dieser armen Frau mit ihren vier Kindern. Wo soll die denn heute Abend noch hin? Ich selbst habe ja alles belegt."

Frau Lehmann scheint etwas älter zu sein als Reinhardt. Sie ist eine Frau mit scharfen Gesichtszügen, strähnigen Haaren und einem schmalen Mund. Als sie mich einmal ansieht, habe ich das Gefühl, als ob zwei graue Augen mich durchbohren.

„Vier Kinder?" Reinhardt gerät aus der Fassung. „Vorhin waren es doch nur diese beiden hier."

„Die beiden anderen warten draußen mit dem Gepäck", sagt Mama.

„Elsa, komm bitte mal her!", ruft Reinhardt aufgeregt nach hinten. Er ist völlig verändert. Fahrig umschließt seine Hand den Türgriff. Unruhig wandern seine Blicke zwischen Frau Lehmann und Mama hin und her. Frau Reinhardt kommt an die Tür. Aus einem straffen Gesicht schauen graublaue Augen. Wie eine Krone sitzt ein Knoten auf ihrem blonden Haar. Erstaunt schaut sie in die Runde.

„Heil Hitler", sagt sie mit schneidender Stimme. Ich reiche ihr den zerknüllten Einquartierungszettel. Stumm blickt sie drauf.

„Ich habe der Frauenschaft gesagt", tönt Reinhardt, der sich wieder gefangen hat, „dass wir höchstens für zwei Personen Platz haben. Und nur im äußersten Notfall."

„Dies ist ein Notfall", widerspricht Frau Lehmann. „Wir können die Frau mit ihren Kindern doch nicht vor der Haustür erfrieren lassen!"

Die Reinhardts blicken erstaunt auf die grauhaarige Frau, die sich eine Strähne aus der Stirn wischt.

„Das wäre nicht im Sinne unseres Führers", fügt Frau Lehmann leise hinzu. Es klingt wie eine Mahnung. Dabei huscht ein Lächeln über ihr Gesicht. Eigenartig. Als die Reinhardts immer noch abwehrend blicken, sagt sie ganz ruhig: „Ich nehme die beiden großen Jungen mit nach unten", und fügt nach einer Pause hinzu: „Die beiden können bei mir für eine Nacht im Flur schlafen. In der guten Stube habe ich ja schon Flüchtlinge. Und Sie nehmen die Frau und ihre beiden kleinen Kinder. Für eine Nacht wird das wohl gehen. Morgen sehen wir dann weiter, abgemacht?"

Die beiden Reinhardts sind immer noch sprachlos. Aber die Lehmann scheint zu wissen, wie man mit ihnen umgehen muss. Frau Reinhardt, die sich als Erste wieder fasst, gibt mir wortlos den Einquartierungszettel zurück.

„So", ruft die Lehmann, während sie bereits die Treppe hintersteigt. „Jetzt holen wir erst einmal die Kinder und das Gepäck von draußen rein."

Steif gefroren kommen Werner und Richard in den Hausflur. „Die sind aber schön", sagt Richard, als er die Blumen an der

Wand sieht. Oben starrt Frau Elsa auf unser Gepäck, als ob ich Flöhe und Läuse in ihr Reich trage. Sie findet immer noch keine Worte. Ihr Mann hat sich ins Innere der Wohnung verdrückt.

„Schlaft gut", sagen Werner und ich. Hinter Mama und den beiden kleinen Brüdern schließt sich die Tür.

„Dann kommt mal runter", fordert uns Frau Lehmann auf und schiebt uns vom Flur in ihre Küche.

„Den beiden Parteigenossen da oben muss man gelegentlich mal klarmachen, was es heißt, eine Volksgemeinschaft zu sein", sagt sie, als wir am Tisch sitzen. „Sonst wäret ihr jetzt noch vor der Tür."

Dann macht sie sich am Ofen zu schaffen und serviert kurzerhand eine Pfanne Bratkartoffeln. Ein Genuss, an den wir uns kaum noch erinnern können.

***

Am Morgen führt Elsa Werner und mich wortlos in das kleine Zimmer, in dem Mama und die beiden Kleinen übernachtet haben. Sie warten schon auf uns.

„Das Zimmer ist auch für uns alle groß genug", meint Mama. „Mit den drei Betten kommen wir aus."

Elsa, wie ich sie jetzt bei mir nenne, schüttelt den Kopf und blickt abschätzig auf unsere schäbigen Koffer vor dem Ofen. Als ich meine Hand auf seine Kacheln lege, spüre ich Eiseskälte.

„Sie wissen ja, dass Sie hier nicht bleiben können."

Ihre Stimme erinnert mich an die einer Krankenschwester. Das war damals im Marinelazarett in Wilhelmshaven, als ich Angst vor der Spritze hatte. Da hatte sie gesagt: „Ein deutscher Junge zittert nicht."

Elsa scheint ähnlich unbarmherzig zu sein.

„Das möchte ich doch einmal klären", antwortet Mama gereizt. „Ich geh mal eben zur Frauenschaft am Bahnhof. Die Kinder bleiben so lange hier."

Und schon schlüpft sie in den Mantel mit dem grauen Kaninchenfellkragen und bindet ihr Kopftuch um. Es dauert keine fünf Minuten, da ist sie wieder zurück. Gudrun, das Mädchen von der Frauenschaft ist bei ihr.

„Wie schön", sagt die Reinhardt. „Jetzt wird sich der Irrtum aufklären."

„Das ist kein Irrtum", antwortet Gudrun. Sie spricht wie eine BDM-Führerin beim Appell vor einer Mädelgruppe. Laut, energisch, unmissverständlich.

Elsa hat nicht erwartet, von dieser Göre, die ihre Tochter sein könnte, so zurechtgewiesen zu werden.

„Sie haben für sich selbst genug Räume", klärt Gudrun auf. „Küche, Schlafzimmer und Stube. Dazu ein Zimmer für Ihre Tochter. Mehr brauchen Sie nicht."

„Das muss ich erst mit meinem Mann besprechen …"

„Das wird Ihnen nicht helfen", unterbricht Gudrun. „Sie müssen sogar damit rechnen, dass wir Ihnen die Stube auch noch beschlagnahmen, wenn weitere Flüchtlinge kommen."

Elsa ringt nach Luft und blickt auf den Fußboden. Dort hat sich eine Wasserlache vom aufgetauten Schnee an Mamas und Gudruns Schuhen gebildet.

„Und Sie können das Zimmer auf unbestimmte Zeit haben", sagt Gudrun zu Mama.

„Danke."

„Bad und Küche dürfen Sie natürlich auch benutzen. Wenn es Ärger gibt, kommen Sie zu mir. Ich spreche dann direkt mit der Kreisleitung."

Elsa stöhnt auf. Ihr Blick richtet sich wieder auf den Fußboden. Die Wasserlache ist noch größer geworden.

„Bleiben wir jetzt hier wohnen?", fragt Richard.

„Sei still!", fährt Mama ihm über den Mund. „Ja, wir bleiben hier. Und das hier ist dein Bett."

Elsa scheint außer sich.

„Ich muss wieder zum Bahnhof", sagt Gudrun. „Da warten viele Leute auf mich."

Dann stürmt sie hinaus. Einige Stunden später treffen wir Frau Lehmann. Sie räumt frisch gefallenen Schnee vorm Haus weg. „Wie war's denn?", fragt sie neugierig. Sie hat natürlich mitbekommen, dass Gudrun im Hause war. Mama berichtet, dass wir hierbleiben dürfen, und dankt noch einmal für Frau Lehmanns Hilfe.

„Die Gudrun hat also mit der Kreisleitung gedroht", sinniert sie. „Da kriegt Reinhardt kalte Füße. Der ist doch in der Partei ganz dick drin. Da kann er es sich gar nicht leisten, bei seiner großen Wohnung Flüchtlinge abzuweisen."

Als sie sich beugt und den Schneeschieber bewegt, fallen ihr die strähnigen grauen Haare ins Gesicht.

***

Die Eingangshalle im Bahnhof ist voller Menschen.

Am Fahrkartenschalter hat sich eine Schlange gebildet. Im Wartesaal schlafen kleine Kinder in den Armen ihrer Mütter auf abgenutztem Gestühl. Vor dem Zeitungsstand mit seiner bescheidenen Auslage mustert ein Soldat Landserhefte, die „Berliner Illustrierte" und den „Völkischen Beobachter".

Werner und ich sind zum ersten Mal seit unserer Ankunft in dieser kleinen Stadt wieder am Bahnhof. Wir haben auch Richard bei uns.

„Da ist sie ja!" Werner hat Gudrun am Stand der Frauenschaft entdeckt. Flüchtlinge aus einem eben angekommenen Zug scharen sich um sie. Ein älterer Mann steht vor Gudrun und hebt bittend die Hände, während sich hinter ihm zwei Frauen und mehrere kleine Kinder zusammendrängen.

„Hoffentlich geht's denen nicht so wie uns bei den Reinhardts."

„Hallo, Gudrun!", ruft Werner. Sie ist umringt von Menschen, die auf sie einstürmen. Kein Wunder, dass sie uns nicht sieht.

„Wir können uns ein andermal bei ihr bedanken", sage ich. „Die hat heute keine Zeit."

Da ertönen laute Rufe von draußen.

„Schnell, schnell, Iwan. Sonst tret ich dir in den Arsch!"

Wir sind neugierig.

Vom Bahnhofsplatz führt zwischen dem Ende des Bahnhofsgebäudes und der gegenüberliegenden Wehrmachtsbaracke eine Straße zum kleinen Güterbahnhof. „Ladestraße" steht auf dem Straßenschild. Gerade wird ein Güterwagen mit Munitionskisten beladen. Mühsam schleppen Fremdarbeiter und russische Kriegsgefangene die schweren Behälter.

„Schneller!", brüllen die Wachleute. „Schneller!"

Richard läuft in die Gruppe hinein.

„Was ist in der Kiste drin?", fragt er einen der Aufseher.

Der nimmt den kleinen Jungen gar nicht wahr.

Richard steigt auf eine der Kisten, dann auf eine weitere hinauf. Als er auf der obersten angelangt ist, breitet er stolz seine Arme aus.

„Ich bin der Größte!", ruft er herunter.

„Du Vollidiot, mach sofort, dass du da runterkommst! Aber dalli, dalli!", brüllt ihn einer der Wachleute an. Werner und ich heben Richard auf das Pflaster.

„Passt doch auf, dass die kleinen Kinder nicht auf der Munition herumtrampeln! Hier ist Sperrgebiet für Zivilisten. Verschwindet!"

Im Nu sind wir auf und davon, an der Wehrmachtsbaracke vorbei zum Bahnhofsplatz. In einer Werkstatteinfahrt gegenüber dem Bahnhofsgebäude hantiert ein Mechaniker an einem alten Opel P4.

„Wilhelm Drewitz. Autowerkstatt", so steht es in blauer Schrift auf einem gelben Emailleschild über der Einfahrt. Daneben befindet sich eine alte Villa. Sie ist wohl das Wohnhaus von Herrn Drewitz.

„Hör mal, Musik!"

„Doch nicht in der Autowerkstatt."

„Aus dem Haus daneben."

„Wie schön das klingt", sage ich. „Ein Klavier. Das habe ich schon lange nicht mehr gehört."

Wir lauschen eine Weile am Zaun vor der Villa. Ein klassisches Stück. Romantisch.

„Die Musik ist doof", mault Richard.

„Wir können ja Hänschen Klein singen oder Fuchs, du hast die Gans gestohlen."

„Ich will nach Hause, ich hab nasse Füße."

„Ich auch."

Da tönen metallische Klänge aus der Werkstatt und zerfetzen die Melodie. Wie mag jetzt dem armen Pianisten zumute sein?

***

„Vier Briketts hat Frau Reinhardt mir gegeben", sagt Mama. „Die will sie aber wiederhaben. Vielleicht kriegen wir ja mal Marken für Feuerung."

„Elsa ist eine strenge Hausherrin."

Ich kaue an einem Brot mit Margarine.

„Edo, sag nicht immer Elsa. Für dich ist sie immer noch Frau Reinhardt."

„Jawohl, Mama."

Dieter steht schon seit einiger Zeit auf dem Bett am Fenster und pustet gegen die vereisten Scheiben.

„Wir helfen dir."

Nun knien wir zu viert auf der Bettdecke und keuchen uns die Lunge aus dem Hals.

„Ich sehe schon etwas."

Langsam beginnt das Eis zu schmelzen. Zuerst erblicke ich nur den verschneiten Garten vorm Haus, dann eine dicke Haube Schnee auf einem Dach.

„Das Gartenhaus gegenüber unserem Hauseingang."

„Ob da eine Hexe drin wohnt?"

„Das gehört den Reinhardts", sagt Mama. „Da hat sie die vier Briketts für uns rausgeholt."

„Das ist ein Hexenhaus", sage ich. „Passt so richtig zu Elsa. Wer weiß, wen sie da drin gefangen hält."

„Hör auf mit Elsa", grollt Mama.

Da klopft es an die Tür. Sicher ist das Elsa. Lass sie klopfen.

„Wenn die da so viele Briketts drin hat, dann muss sie uns mehr geben als bloß vier Stück", trumpft Richard auf. „Ich will nicht immer um sieben ins Bett, nur weil es hier so kalt ist."

Es klopft ein wenig energischer.

„Herein!"

Ein blondes Mädchen mit einer schwarzen Schleife im Haar tritt ins Zimmer. In der Hand hat sie ein weißes Badetuch. Sie mag vielleicht siebzehn Jahre alt sein. Ein Lächeln umspielt ihren weichen Mund und die verträumten Augen, als sie Mama das Tuch gibt.

„Danke schön", sagt Mama und scheint überrascht. Ebenso schnell, wie es gekommen ist, macht sich das Mädchen wieder davon.

„Wer war denn das?"

„Hannelore, die Tochter der Reinhardts", antwortet Mama.

„Wie schön die ist", sagt Werner

„Elsa kann doch nicht solch eine Tochter haben!"

„Töchter müssen ja nicht immer wie ihre Mütter sein."

„Die war ja richtig freundlich", sagt Werner. „Wir können jetzt auch das Bad benutzen."

„Das hat sie dir gesagt, Mama?"

„Ja, als sie vorhin hier war. Jeden Morgen eine halbe Stunde. Und auch am Freitagabend."

„Das hätte dir Elsa ja auch selber sagen können."

„Die spricht nur das Allernötigste mit mir."

War das nun der gute Einfluss von Hannelore auf die Eltern? Oder waren die Reinhardts selbst zur Einsicht gekommen, dass man uns nicht wie Aussätzige behandeln könne?

„Sie ist Lehrling in der Apotheke", fährt Mama fort. „Adolf-Hitler-Straße, im zweiten Lehrjahr. Sie hat mir auch von ihrem Freund erzählt. Klaus ist Flakhelfer in Berlin."

***

Mama und Werner sind auf irgendeinem Amt gewesen. Sie haben Bezugsscheine mitgebracht.

„Es ist nicht viel", sagt sie. „Aber für das Nötigste reicht es."

Wir schauen auf die wenigen Marken, die auf dem kleinen Tisch liegen.

„Ich hab denen erzählt, dass uns hinter Bomblin der Koffer vom Wagen gefallen ist."

„Da war auch mein roter Pullover drin, der so schön weich ist", sagt Richard erwartungsvoll.

„Leider hab ich für dich nur Strümpfe gekriegt, Richard. Dafür aber ganz warme."

„Find ich gar nicht gut."

„Und Dieter bekommt eine Pudelmütze, damit er nicht immer Werners Skimütze tragen muss. Aber nicht wieder verlieren!", sagt Mama mit erhobenem Zeigefinger. „Den Pulli für Werner haben wir gleich gekauft und schon mitgebracht."

Werner zieht seinen Mantel aus und präsentiert sich voller Besitzerstolz in einem dunkelgrünen Pulli.

„Gratuliere", sage ich. „Passt gut zu deinen Sommersprossen."

„Du bist ja nur neidisch."

„Und ich kriege nur diese blöden Strümpfe!", jammert Richard. Er fängt an zu weinen. Richard legt sich aufs Bett und vergräbt seinen Kopf in einer Wolldecke.

„Nun hör doch auf zu flennen", rügt Mama. „Ich besorge dir auch mal einen Pulli. Werner leiht dir seinen bestimmt aus."

„Der ist doch viel zu groß. Außerdem will ich meinen eigenen haben."

Richard ist nicht zu trösten.

„Und für dich, Edo, habe ich einen Bezugsschein für ein Paar neue Schuhe". Mama hebt eine der Marken hoch. „Ein Hemd konnte ich leider nicht für dich kriegen."

„Vielen Dank", sage ich und denke dabei an meine Frostbeulen an den Füßen, die langsam heilen.

„Das Hemd ist nicht so wichtig. Ich hab ja das blaue und dann das Braunhemd vom Jungvolk. In Uniform laufen ja viele herum."

„Frau Krause hat meinen Pulli auch schon bewundert." Werner zeigt wieder auf sein neues Kleidungsstück.

„Wer ist denn Frau Krause?", will ich wissen.

„Das ist die Frau im Erdgeschoss links gegenüber von Frau Lehmann, die immer Lockenwickler im Haar trägt."

„Als wir vorhin vom Amt kamen", sagt Mama, „fragte die uns im Hausflur, ob wir die Flüchtlinge bei Reinhardt seien. Sie meinte, dass die Flüchtlinge immer alles kriegten und die Einheimischen nichts."

„Die braucht doch gar nichts. Guck dir nur mal die feinen Klamotten an, in denen sie rumläuft", kommentiert Werner.

„Nicht einmal ihre Eltern hätten Bezugsscheine bekommen. Die wären in Berlin ausgebombt worden und wohnten jetzt bei ihr."

„Frau Krause wird sicher noch was in den Schränken haben. Soll sie doch davon ihren Eltern abgeben"

„Über die Schule wusste sie auch Bescheid. Die gibt es für Flüchtlinge noch nicht!"

„Find ich gut", sagen Werner und ich fast gleichzeitig.

„Das Schlimme habe ich euch noch gar nicht erzählt."

„Und?"

„Im Amt wollten sie mir keine Bezugsscheine für Heizmaterial geben. Es käme kein Nachschub aus der Lausitz heran."

„Soll es denn hier noch kälter werden?", lässt Richard sich vom Bett aus hören und blinzelt aus·der Wolldecke heraus.

„Dann müssen Reinhardts uns was geben!"

„Die haben doch selbst kaum noch Briketts."

„Und wenn wir die schöne Hannelore fragen?"

Werner macht die Tür des Ofens auf. Nur ein schwaches Glimmen ist noch zu sehen. Ein beißender Rauch zieht ins Zimmer.

Die Eisblumen an den Fenstern scheinen immer dicker zu werden.

„Zieht euch ruhig euren Mantel an", empfiehlt Mama. „Oder ihr könnt auch …"

„Ich bin ja schon im Bett", jammert Richard. „Aber ich friere trotzdem."

„Ich weiß schon, wie ich dir helfen kann", sagt Werner.

„Du hast es gut mit …"

„Ich zieh ihn ja schon aus."

Und schon zieht Werner den neuen Pulli über den Kopf. Ganz langsam und umständlich macht er das, als ob er sich kaum davon trennen könne.

Dann geht er auf Richard zu und legt ihm ebenso langsam, fast feierlich, den dunkelgrünen Pullover an, der so lang ist, dass er dem kleinen Jungen fast bis auf die Knie fällt.

„Ganz toll siehst du aus."

Richard zieht den Kragen hoch und schaut in die Runde. Alle sollen ihn bewundern. Schade, dass er sich nicht in einem Spiegel sehen kann.

Die Kälte hat er längst vergessen.

Am Bahnhof

Der Bahnhofsplatz liegt unter Schnee. Aus Drewitz' Autowerkstatt dröhnen wieder einmal metallische Schläge. Auch heute erklingt zwischendurch klassische Klaviermusik aus der Villa nebenan. Lauter aber noch ist das Gejohle einer Gruppe von Jungen, die vor der Einfahrt zur Werkstatt mit einem zerdetschten Gummiball Fußball spielen.

„Wollt ihr mitspielen?", ruft uns einer zu. Er scheint der Anführer zu sein. Zwar ist er um einen Kopf kleiner als Werner, sicher aber älter.

„Kleiner Kölber" nennen sie ihn. Die anderen Jungen sind so um die acht.

„Wir spielen mit zwei Mannschaften auf die Einfahrt zur Werkstatt. Die ist das Tor. Stellt euch rein!"

Werner und ich stapfen durch den Schnee in die Einfahrt. Ich habe die neuen Schuhe an, die Mama gestern auf den Bezugsschein gekauft hat. Endlich kriege ich keine nassen Füße mehr.

Rrrums! Der erste Schuss kommt aus einer Wolke von Schnee auf uns zu. Werner schlägt den Ball hoch in die Luft. Langsam trudelt er vor den Eingang des Bahnhofs gegenüber von Drewitz' Werkstatt.

Der nächste Schuss. Mit beiden Händen boxe ich das unförmige Gummi zurück ins dichte Gewühl der Jungen. Schnee wirbelt auf. Da kommt der Ball erneut. Pfeift an uns vorbei. Mitten zwischen Werner und mir hindurch.

Klirr!

Der Ball schlägt in eine Scheibe von Drewitz' Werkstatt ein. Scherben fallen in den Schnee. Wir stehen wie angewurzelt und starren auf das Splittergewirr im Fenster.

„Wer macht unsere Werkstatt kaputt?"

Ein großer älterer Mann mit Schirmmütze kommt aus der Werkstatt und blickt finster in den Schnee.

„Wer war das?", fragt er mit rauer Stimme.

Werner und ich stehen ihm am nächsten. Wir antworten nicht. Woher sollen wir auch wissen, wer aus dem Gewühl heraus geschossen hat?

Da tauchen zwei Jungen hinter ihm auf. Sie sind etwa fünfzehn bis sechzehn Jahre alt. Der größere ist von massiger Gestalt mit breiten Schultern und drohendem Gesicht. Wie eine
Riesenente watschelt er aus der Einfahrt heraus an Werner und
mir vorbei.

„Der Gorilla", schreit der kleine Kölber.

„Das ist der Neffe vom alten Drewitz", raunzt mir einer der
kleinen Jungen zu. „Der Rudi."

Schon hat der Gorilla den kleinen Kölber gepackt, versetzt ihm
einen Kinnhaken und wirft ihn in den Schnee. Dort bleibt er liegen
und drückt die Hände ins Gesicht. Blut quillt ihm aus dem Mund.

„Das ist für den ‚Gorilla'", kräht Rudi mit einer irren Fistelstimme. Mir schmerzen die Ohren.

Da kommt der zweite der beiden Jungen.

„Ihr gehört auch zu dieser Bande", schnaubt er uns an. „Haut
ab! Sonst geht's euch genauso."

Mit dem Unterarm wischt er sich den Rotz aus der Schnief-
nase.

„Komm, Werner", sage ich und entferne mich von der Einfahrt.

Wir helfen dem kleinen Kölber auf. Sein Gesicht ist aufge-
quollen. Einer der Jungen wischt ihm mit dem Taschentuch das
Blut aus den Mundwinkeln. Der alte Drewitz steht immer noch
in der Einfahrt. Er hat uns die ganze Zeit beobachtet. Die beiden
Gangster gesellen sich zu ihm.

„Der mit der Rotznase ist Bernd, ein Freund von Rudi", flüstert mir einer der kleinen Jungen zu.

„Und das alles wegen dieser blöden Scheibe!", rufe ich hinüber.

„Ich verbiete euch, hier noch einmal zu spielen!", brüllt der
alte Drewitz. „Flüchtlinge haben bei mir nichts verloren. Ich will
euch nicht mehr sehen. Ihr verdammten Pollacken!"

So hat uns ja noch nie jemand genannt! Werner und ich greifen
dem kleinen Kölber unter die Arme.

„Wir bringen dich nach Hause."

„Danke. Es geht ja schon wieder."

„Bist du der Einzige von hier?", fragt Werner.

„Ja. Die anderen Jungen sind Flüchtlinge."

„Und warum hat der alte Drewitz solch eine Stinkwut auf Flüchtlinge?"

„Irgendjemand aus dem Osten muss ihm was getan haben. Neulich waren welche mit einem Auto in der Werkstatt. Da muss es passiert sein. Was es war, das weiß ich nicht."

„Und die beiden Gangster? Was machen die so?"

„Rudi und Bernd helfen dem alten Drewitz manchmal bei der Arbeit."

Der kleine Kölber wohnt in der Kastanienallee, ganz in der Nähe des Bahnhofsplatzes. Auch die kleinen Jungen ziehen mit uns zu seiner Wohnung.

Es sind Flüchtlinge wie wir oder „Pollacken", wie der alte Drewitz uns genannt hat. Einer von ihnen kommt aus Rumänien und ist schon länger hier. Ihn frage ich: „Wer hat denn vorhin im Haus neben der Werkstatt so schön Klavier gespielt?"

„Das war Günter, der Sohn vom alten Drewitz. Sein Vater will, dass er in der Werkstatt mitarbeitet. Dazu hat er aber keine Lust. Er möchte Künstler werden."

Werner klingelt an der Wohnungstür.

„Ogottogott, wie siehst du denn aus?!"

Eine schmächtige Frau läuft auf uns zu, die Mutter des kleinen Kölber. Zärtlich nimmt sie seinen Kopf in die Hände.

„Das ist ja schlimm. Komm bloß rein. Ich mach dir erst einmal kalte Umschläge."

***

Es ist spät am Abend. Werner und ich steigen vorsichtig die vereiste Treppe der Fußgängerbrücke neben dem Bahnhof hinauf, Schritt für Schritt. Ich habe einen Koffer in der Hand. Bald sind wir auf der Mitte der Brücke, von wo man tagsüber Bahnhofsgebäude und Gleisanlagen gut überblicken kann.

Wir huschen durch die Finsternis bis ans Ende der Brücke. Dort wirft eine der wenigen Laternen sparsames Licht mit ihrer Verdunkelungsmaske auf das Geländer.

„Bleib hier", sage ich zu Werner. „Wenn irgendwas ist, gib mir ein Zeichen."

Ich taste mich am Geländer hinunter, hin zum Abstellgleis mit dem Schneeberg. Gleich nach unserer Ankunft hatten wir dort eine Dampflok gesehen, die schwarz glänzende Briketts bunkerte. Jetzt bin ich unten und greife hinein in den Schnee, stoße auf kleine, harte Blöcke. Schon habe ich einen in der Hand. Noch einen und noch einen und noch einen. Schnell füllt sich mein Koffer mit Briketts. Ich atme tief durch. Mit wenigen Griffen wickle ich einen Bindfaden um den Koffer, damit das alte Schloss nicht aufspringt. Derweil steht Werner wie ein kaum wahrnehmbarer Schatten oben am Brückengeländer und hält Wache. Ich schleiche zum Treppenaufgang. Werner kommt herunter.

„Hier sind nur ein paar Leute von der Kleinbahn vorbeigekommen", sagt er. „Alles ganz friedlich."

„Mann, ist der Koffer schwer!", stöhnt Werner.

„Jetzt kriegen wir endlich unsere Bude warm."

„Und können Elsa die vier Briketts zurückgeben, die sie uns geliehen hat."

„Wenn sie selber keine mehr hat, laden wir sie zu uns ein. Damit sie sich den Arsch nicht abfriert."

„Dafür bleiben wir dann morgens fünf Minuten länger im Bad."

Ächzend ziehen und schieben wir den Koffer die Treppen hoch.

„Auf der anderen Seite wird's leichter", keucht Werner, als wir oben sind. Dort lassen wir unsere Beute langsam am Geländer hinuntergleiten. Werner stemmt sich dem Koffer von unten entgegen. Mit aller Kraft. Ich halte ihn oben am Griff.

„Mist", flucht Werner. „Die Kante hat mir 'nen Knopf abgerissen."

„Den näht Mama dir wieder an."

Im Schneckentempo rutscht die Last von Stufe zu Stufe nach unten.

„Ja, so macht ihr es richtig", erschallt plötzlich eine kräftige Männerstimme aus dem Dunkel unterhalb der Brücke. Fast lasse ich vor Schreck den Koffer los. Ich höre mein Herz bis zum Hals schlagen. Werner ist eine Stufe tiefer gerutscht. Für einen Augenblick halte ich das schwere Gepäckstück ganz allein.

„Bei dem Glatteis hat es hier schon einige Unfälle gegeben", ertönt die Stimme wieder. „Schön, dass ihr so vorsichtig seid."

Wir halten bewegungslos inne. Wer mag das nur sein?

„Seid ihr die Letzten aus der Kleinbahn?"

„Ja, ja", stottere ich. „Nach uns kommt keiner mehr."

„Was habt ihr denn im Koffer? Der muss ja verdammt schwer sein."

„Weiß ich nicht. Hat Mama eingepackt."

„Und wohin wollt ihr damit?"

„Wer sind Sie denn eigentlich, dass Sie uns so ausfragen?"

„Die Fragen habe ich zu stellen."

Da tritt der Mann aus dem Dunkel hervor in den schwachen Schein der Brückenleuchte.

Schaftstiefel, Uniform und Tschako werden sichtbar. „Noch einmal: Wo wollt ihr hin?", wiederholt der Polizist seine Frage.

„Zum Wartesaal", antworte ich zögernd. Ich hoffe, dass er uns für ganz normale Reisende hält. Die lässt er sicher am ehesten ziehen. Der Koffer rutscht die Treppe hinunter und plumpst auf den Boden. Wir schauen zu dem großen Mann auf. „Lasst mal los", sagt er und nimmt den Koffer in die Hand. „Ganz schönes Gewicht für euch Knirpse."

Seine Stimme klingt weniger streng als vorhin. Oder irre ich mich?

„Soll ich euch bis zum Wartesaal helfen?" Er ist wirklich nett geworden.

„Danke schön, Herr Wachtmeister", antwortet Werner schnell. „Das schaffen wir schon. Wir sind ja zu zweit."

„Und auch stark, wie man sieht." Diszipliniert tippt er an seinen Tschako und wünscht uns eine gute Reise. Fast gleichzeitig packen Werner und ich den Griff und nehmen alle Kraft zusammen. Dem wollen wir zeigen, wie leicht es ist, das Ding zum Wartesaal zu tragen.

„Schwein gehabt", seufzt Werner erleichtert, als wir den Koffer vor dem Zeitungsstand absetzen. „Beinahe hätte er uns den Koffer hergetragen. So freundlich war er am Schluss."

„Unsere Helden in Breslau bannen die rote Flut." Die Schlagzeile des „Völkischen Beobachters", springt uns in die Augen.

Dort wird also immer noch gekämpft. Auch Posen sollen sie ja noch verteidigen, wie wir vor einigen Tagen hörten. Wir setzen uns in den kleinen Wartesaal neben ein älteres Ehepaar und einen Soldaten mit einem Heißgetränk. Uns gegenüber sitzt eine blonde Frau im Lodenmantel. Sie ist in ein Buch vertieft. „Lass uns hier warten, bis der Schupo sich verduftet hat", sage ich zu Werner hinter vorgehaltener Hand.

„Du solltest dich mal im Spiegel sehen", flüstert er. „Flecken am Mantel. Die Handschuhe schwarz. Kohlenstaub auf den Schuhen."

„Sieh dich mal selber an. Du mit deinem abgerissenen Knopf."

Die Frau im Lodenmantel gegenüber hat alles mitgekriegt. Sie schaut vom Buch auf. Ihr Blick wandert von unserem schäbigen Zeug hin zum ramponierten Koffer und bleibt dort an dem rußverschmierten Bindfaden hängen. Da sehe ich an der Wand hinter der Frau das Plakat, das ich von überall her kenne. Darauf ist wieder dieser gebeugte Mann, der einen Sack Kohlen stiehlt und deshalb „Kohlenklau" und „Staatsfeind" heißt.

Ich bekomme Angst und sehe mich schon vor dem Richter in seiner Furcht erregenden Robe. Ich schaue auf den Koffer. Ob die schwarzen Flecken uns verraten? Aber dann tröste ich mich: Bisher ist doch alles gut gegangen.

„Wohin willst du denn heute Abend noch so spät mit dem Kleinen und dem Koffer?"

Ich schrecke auf. Die im Lodenmantel hat mich angesprochen.

„Mein Bruder und ich gehen gleich nach Hause. Mama ist schon vorausgegangen." Ich versuche, betont lässig zu sein, ziehe die verrußten Handschuhe aus und lege sie neben mich auf die Bank. „Wir ruhen uns nur etwas aus."

„Und du?", wendet sie sich an Werner. „Dich hab ich doch vorhin auf der Brücke gesehen, als ich von der Kleinbahn gekommen bin. Irgendetwas hast du doch dort ausgefressen."

„Ich bin öfter auf der Brücke."

Er lächelt die Frau mit einem unschuldigen Sommersprossengesicht an.

„Ich stelle mich so gern in den Dampf einer Lokomotive", fährt er fort. „Ich mag es, wenn es zischt und qualmt."

Ich stoße Werner warnend in die Seite. Warum reizt er diese Frau? Die will uns doch ans Leder.

„Mögen Sie das auch?", setzt er noch eins drauf. Die Sommersprossen verziehen sich zu einem Grinsen.

„Willst du mich auf den Arm nehmen?", antwortet sie schrill und legt ihr Buch beiseite.

„Du Strolch! Bist du vielleicht ausgerissen? Warum treibst du dich mit deinem großen Bruder am Bahnhof herum?"

„Komm", sage ich zu Werner. „Wir gehen nach Hause."

„Hiergeblieben!"

Wir bleiben stehen, jeder mit einer Hand am Koffergriff. „Ihr seid doch von zu Hause weggelaufen. Oder? Jetzt, wo es so viele verwahrloste Jugendliche gibt. Ich könnte euch festnehmen lassen."

Sie schreit so laut, dass die Frau vom Zeitungsstand neugierig an die Wartesaaltür kommt. Die Leute neben uns haben ihr Gespräch unterbrochen.

„Lassen Sie doch die Jungen in Ruhe", macht sich der alte Mann bemerkbar. „Die haben Ihnen doch nichts getan."

In diesem Augenblick rennt Werner davon, vorbei an der Zeitungsfrau am Wartesaaleingang.

„Hab ich nicht recht gehabt?", tobt unser Gegenüber. „Ausreißer sind das. Wenn der nicht seinen schweren Koffer hätte, wäre dieser auch weggelaufen."

Ihr ausgestreckter Arm weist auf mich.

„Lesen Sie doch lieber Ihr Buch, anstatt sich aufzuregen", mischt sich der Soldat mit dem Heißgetränk ein.

„Was ist denn hier los?", ruft plötzlich eine junge Frauenstimme vom Eingang her. Gudrun von der Frauenschaft! Werner ist hinter ihr. Sie steuert direkt auf den Lodenmantel zu.

„Wenn Sie noch einmal etwas gegen diese beiden Jungen sagen, kriegen Sie es mit mir zu tun! Von wegen Ausreißer! Ich hab ihnen gerade ein Zimmer besorgt. Die sind aus dem Osten und haben lange genug auf der Straße gelegen. Die sind heilfroh, endlich ein Zuhause zu haben."

Die Frau im Lodenmantel ist aufgestanden. Ihr Kopf glüht wie ein Brikett in unserem Kachelofen.

„Man darf doch wohl noch für Ordnung …", entgegnet sie. „Jetzt, wo so vieles durcheinander ist." Sie greift nach ihrem Buch, rafft ihren Lodenmantel zusammen und läuft davon. An der Tür prallt sie fast mit der dort beobachtenden Zeitungsfrau zusammen.

„Das haben Sie gut gemacht", lobt der alte Mann Gudrun. Seine Frau und der Soldat nicken beifällig.

„Neulich hat sie einen französischen Kriegsgefangenen angeschwärzt", erzählt Gudrun. „Einen ganz armen Teufel. Der war ausgekniffen, weil seine Mutter im Sterben lag. Die rennt hier jeden Tag rum, weil sie sich für eine Art Bahnhofsvorsteherin hält. Gut, dass Werner Bescheid gesagt hat."

Langsam verlassen wir mit Gudrun den Wartesaal. Noch einmal schaut mich der Kohlenklau auf dem Plakat an, der Dieb mit dem Sack auf dem Rücken. „Bis zum nächsten Mal", scheint er zu sagen.

In der Halle bemerkt Gudrun, wie schwer wir uns mit dem Koffer tun. „Gar nicht so leicht, was? Vielleicht hat die im Lodenmantel doch recht, dass ihr damit ausreißen wollt."

Sie eilt zu ihrem Schalter. Dort warten einige Leute auf sie. Irgendwo in der Halle plärrt ein Radio. „Ich weiß, es wird einmal ein Wunder geschehen" singt eine Frauenstimme. Zarah Leander.

Auf „Lala" trällern wir mit. Draußen halten wir eine Weile inne. Von dem Polizisten am Brückenaufgang ist nichts mehr zu sehen. Werner schaut auf den Koffer mit den Briketts. „Was meinst du", grinst er mich an, „wie die in unserem Ofen brennen werden!"

Mir wird plötzlich ganz warm zumute.

***

Draußen ist es immer noch kalt und der Boden ist tief gefroren. Aber die Schneefälle haben aufgehört. Am Morgen bin ich auf der Bahnhofstraße auf dem Weg in den alten Teil der Stadt zur Adolf-Hitler-Straße, wo sich einige kleinere Geschäfte befinden.

Im Milchladen von Frau Weimann bestelle ich zwei Liter Milch. Die Inhaberin lächelt mich an, während sie die Milch in meine weißgraue Emaillekanne füllt. Deren oberer Rand ist abgesplittert und das Schwarze schimmert durch.

„Mama will heute Kartoffelbrei mit Zucker machen. Das mögen meine Brüder gern. Und ich auch. Wir könnten das jeden Tag essen."

„Dann guten Appetit."

Kaum habe ich Frau Weimanns Milchladen verlassen, da ruft jemand hinter mir her: „Da ist ja der Pollack!"

Ich erschrecke. Wer ist denn das?

Als ich mich umdrehe, sehe ich drei Jungen. Einen erkenne ich sofort wieder an seiner wuchtigen Gestalt und dem massigen, nach vorn geneigten Oberkörper. „Gorilla" hatte ihn der kleine Kölber genannt, neulich beim Fußballspiel im Schnee vor der Einfahrt zu Drewitz' Autowerkstatt. Der Rudi!

„Na, Baby", kräht seine Fistelstimme. „hast du dir was für die Flasche gekauft? Vergiss nicht, den Schnuller draufzusetzen. Bernd, sieh doch mal nach, ob da wirklich Milch drin ist."

Bernd nimmt mir die Kanne aus der Hand und öffnet den Deckel. Dann führt er das Gefäß an sein Gesicht und zieht mit schniefender Nase den Duft der Milch in sich hinein. Mit einem Ruck setzt er die Kanne ab.

„Zum Kotzen", rülpst er angewidert. „Magermilch."

„Günter, riech du auch mal!", sagt Bernd zu dem dritten Jungen. Sollte das etwa Günter Drewitz sein? Der Sohn vom Inhaber der Autowerkstatt am Bahnhofsplatz? Der lieber Künstler werden will als im Betrieb seines Vaters zu arbeiten? Ein schmaler Junge mit zartem Gesicht und Augen, die in die Ferne schauen. Welch ein Gegensatz zu den beiden Drecksäcken neben ihm. Als er die Kanne in die Hand nimmt, fallen mir seine feingliedrigen Finger auf. Sie sind zu schade fürs Montieren von Autoreifen, diese edlen Klavierspielerhände.

„Hm", sagt er nur, nachdem er geschnuppert hat. Und gibt mir die Kanne mit einem verlegenen Lächeln zurück. Mit beiden Armen drücke ich sie an mich.

„Für meine kleinen Brüder", sage ich.

Da greift Rudi zu und entreißt mir das Gefäß mit beiden Händen.

„Die behalte ich erst einmal", schnaubt er. „Du hättest eigentlich noch Prügel verdient für das Fußballspielen vor Onkel Wilhelms Werkstatt. Und für die zerbrochene Scheibe."

„Eigentlich müsste unser Milchgesicht das wiedergutmachen", schnaubt Bernd.

„Siehst du dort den Schreibwarenladen von Frau Lorenz?", fragt mich Rudi.

„Ja."

„Da gehst du jetzt rein. Auf dem Tresen sind braune Tüten. Da sind Füllhalter drin. Die waren zur Reparatur und sollen von den Kunden abgeholt werden. Du wirst uns sofort eine Tüte herbringen."

„Gib mir deinen Reparaturzettel", sage ich.

„Witzbold. Dann könnte ich das auch selber machen. Du holst den Füller ohne Reparaturschein."

„Also klauen!"

„Du bist ein sehr schlaues Bürschchen. Wusst ich's doch. Die Pollacken sind intelligente Jungs."

„Das mache ich nicht!", versuche ich mich zu wehren.

„Dann kriegst du deine Milchkanne nicht wieder. Und deine kleinen Brüder löffeln heute Mittag Wassersuppe."

Unschlüssig stehe ich vor ihnen mitten auf der Adolf-Hitler-Straße. Soll ich schreien und den Leuten sagen, dass die mich erpressen wollen?

Hilfe suchend sehe ich mich um. Da kommt ein Soldat vorbei. Der wird mir bestimmt helfen.

Rudi, der „Gorilla", bemerkt meinen Blick.

„Schrei doch nach Hilfe! Was meinst du wohl, wie lieb wir hinterher zu dir sind."

Ich werfe einen verzweifelten Blick auf Günter, den Jungen mit dem zarten Gesicht. Der hat die ganze Zeit nichts gesagt und steht schweigend neben den beiden, als ob er gar nicht dazugehöre.

Ach, der kann mir auch nicht helfen.

„Wird's bald?" Der lange Bernd versetzt mir einen Stoß.

Na wartet. Irgendwann zahle ich euch das heim! Das hier ist nicht vergessen. Dann wird es für euch ganz bitter. Das schwöre ich mir in diesem Augenblick.

„Geh endlich rein!"

Ganz langsam drehe ich mich um und bewege mich auf den Laden zu. Schritt für Schritt. Schon jetzt denke ich darüber nach, wie ich wohl an einen Füller herankomme, ohne dass es bemerkt wird. An der Eingangstür schaue ich noch einmal zurück.

Die drei haben sich in einen Hauseingang zurückgezogen. Rudi droht mit der Faust. Im Laden ist eine Frau hinterm Tresen. Das muss wohl Frau Lorenz sein. Sie bedient gerade zwei Kunden. Wo nur die braunen Tüten sein mögen? Na endlich, da ist ja gleich ein ganzer Haufen von diesen Tüten vorn rechts am Tresen. Ich bin verwirrt, als Frau Lorenz mich anspricht.

„Was möchtest du?"

„Eine Zeitung", antworte ich zögernd. Sie schaut mich fragend an. Hab ich was Falsches gesagt?

„Wir haben nur noch den ‚Völkischen Beobachter'."

Ich nicke und lege einen Groschen auf den Zahlteller. Für Mama ist das bestimmt nicht die richtige Zeitung. Na und?

„Ich möchte noch ein Vokabelheft. Das hab ich eben vergessen."

„Da muss ich hier mal nachsehen."

Frau Lorenz dreht sich um und kramt in einer Schublade.

„Nanu, wo mögen die wohl geblieben sein?", fragt sie.

Auf diesen Augenblick habe ich die ganze Zeit gewartet. Im Nu halte ich den „Völkischen Beobachter" über die braunen Tüten, greife mir eine heraus und stecke sie in die Hosentasche.

„Nein, habe ich leider nicht mehr", stöhnt Frau Lorenz hinterm Ladentisch, nachdem sie sich tief gebückt hat.

„Macht nichts."

Ich halte die Zeitung wie einen Schild vor den Körper und bin froh, als sich die Ladentür mit lautem Klingeln hinter mir schließt. Drüben stehen sie immer noch im Hausflur und schauen wie in eine dunkle Höhle hinein. Ob sie mich wohl vergessen haben? Ich traue meinen Augen nicht. Dieser Bernd ist ja ein ekelhafter Schweinigel. Da spuckt er in hohem Bogen an die Wand hinter der geöffneten Haustür neben ein Emailleschild, das er wohl treffen wollte. Ganz langsam läuft sein Qualster die Wand hinunter.

„Mach's noch einmal", grölt Rudi und reißt seine wuchtigen Arme am massigen Körper rauf und runter. Günter steht teilnahmslos daneben.

Einen Moment denke ich daran, wegzulaufen. Die da drüben sind mit ihrem Spucken so beschäftigt, dass sie es jetzt gar nicht merken würden.

Aber dann hätte ich meine Milchkanne nicht. Und die will ich auf jeden Fall wieder mit nach Hause bringen.

„Komm rüber!", schreit Bernd, als ihm der Speichel ausgegangen ist und er mich zögernd vor Frau Lorenz' Ladentür stehen sieht.

„Das hat aber lange gedauert!", brüllt Rudi und watschelt mir entgegen. „Zeig mal, was du uns mitgebracht hast."

Ich krame die braune Tüte aus der Hosentasche. Rudi reißt sie auf und hält den Füllhalter wie eine Trophäe in die Luft. Licht reflektiert auf der schwarzen Hülle.

„Ein echter Mont Blanc!", jubelt er.

„Mit Goldfeder!", jauchzt Bernd, als Rudi die Hülle abschraubt.

„Ja, unsere Pollacken! Wenn's ums Stibitzen geht, dann haben die richtig was los. Das sagt doch auch dein Vater immer. Nicht wahr, Günter?"

„Na, ja", antwortet Günter nachdenklich. „Das sagt er schon mal."

Eigenartig, dass dieser sensible Junge mit solchen Rabauken zusammen ist. Mit Rudi verbindet ihn allenfalls die Verwandtschaft. Mit Bernd wohl gar nichts. Hinter den dreien sehe ich jetzt im Hausflur ein Rinnsal an der Wand. Bernds Speichel ist zum Fußboden hinuntergeronnen. Oben an der Wand befindet sich das weiße Schild. In schwarzen Buchstaben steht darauf: „In den Hausflur spucken verboten. Der Hauseigentümer."

„Hast du wirklich fein gemacht!"

Rudi haut mir grob auf die Schulter.

„Bernd, jetzt kannst du ihm die Kanne wiedergeben. Damit seine kleinen Brüder auch ihre Milchsuppe bekommen und er selber natürlich auch."

Ich nehme die Kanne wie einen Schatz an mich und mache mich langsam davon in Richtung Bahnhof. Ich bin traurig und wütend zugleich.

„Wenn wir dich mal wieder brauchen, melden wir uns."

Rudis fistelnde Stimme nehme ich kaum noch wahr.

***

„Übst du fürs Sportabzeichen?"

Mit einem dumpfen „Wumm" hat der Feldstein in den Acker eingeschlagen. Der hoch aufgeschossene Junge hat wie ein Kugelstoßer geworfen. Jetzt federt er zurück und fährt sich mit der linken Hand durch die langen Haare.

„So 'n Abzeichen muss man nicht unbedingt haben", keucht er.

Wir befinden uns auf der gegenüberliegenden Seite des Bahnhofsgebäudes, dort, wohin die Fußgängerbrücke über die Gleisanlagen führt, am Fuße des ansteigenden Hügels. Oben auf dem Hügel ragen Funkmasten in den grauen Himmel, ein Gewirr von zartem, filigranartigem Gitterwerk. Das war uns schon am ersten Tage unserer Ankunft aufgefallen. Wir haben es bisher nur nicht geschafft, da mal raufzusteigen.

„Gratuliere" sage ich. „Das waren bestimmt acht oder neun Meter."

Diese Weite habe ich dem Jungen gar nicht zugetraut. Er ist zwar groß, aber sportlich wirkt er nicht. Er wird ein wenig älter als ich sein.

„Ich kann dir auch die Formel für die Kurve ausrechnen", erwidert er. „Mathe macht mir Spaß."

„Ich bin mehr für Sprachen."

„Dann hast du hoffentlich die richtigen auf dem Kasten. Dein Englisch kannst du bald vergessen."

„Aber Englisch ist Weltsprache."

„Fragt sich, ob das auch für uns noch gilt. Vorige Woche sind wir in letzter Minute vor den Russen aus Frankfurt getürmt. Und weil die bald hier sind, meint Mutter, sei jetzt Russisch dran. Unser Wirt paukt schon jeden Tag.“

„Als die Russen vor Pobiedziska gemeldet wurden, hat mein Vater etwas Ähnliches gesagt. Mit ‚dobrij djen‘ allein käme man bald nicht mehr weit.“

„Und ‚nje ponimaju‘ kann man auch nicht immer sagen.“

Dieser Mathefreund aus Frankfurt scheint nicht auf den Kopf gefallen zu sein.

„Dietrich“, antwortete er, nachdem ich ihn nach seinem Namen gefragt habe. Wir schlendern zur Fußgängerbrücke, von deren Stufen er gleich vier auf einmal nimmt. Ich schaffe nur drei.

Unten sehen wir die Bunkerstation der Lokomotiven mit einem frisch aufgefüllten Berg von Briketts, Nachschub für unseren Kachelofen. Wir müssen da bald mal wieder hin.

„Vorhin wollte ich in die Funkstation da oben rein“, sagt Dietrich auf der Mitte der Brücke. „Mein Vater ist nämlich Fernmeldeingenieur. Da bin ich belastet. Aber die haben mich nicht reingelassen.“

„Da ist doch schon lange alles abgesperrt.“

„Ich wollte es trotzdem versuchen. Aber die verstanden keinen Spaß. Murmelten sogar etwas wie ‚Spionage‘ und meinten, ich könne am ‚Tag der Wehrmacht‘ wiederkommen, dann dürften auch Zivilisten rein.“

An der Treppe zum Bahnhofsplatz sehen wir Drewitz’ Autowerkstatt. Ich erzähle Dietrich von Rudi und Bernd, den beiden Gangstern, die den kleinen Kölber beim Fußballspiel zusammengeschlagen und mich dazu gezwungen haben, den Füllhalter bei Frau Lorenz zu stehlen.

„Vielleicht lerne ich die mal kennen“, sagt Dietrich und schaut zur Werkstatt rüber. Die ist geschlossen. Auch Wohnhaus und Garten sind menschenleer.

„Komm mit auf unser Zimmer“, lade ich ihn ein.

Es ist das erste Mal, dass ich jemand mit hinaufnehme. Schon auf dem Flur hören wir den Krach. Richard und Dieter tummeln sich bei einer Kissenschlacht. Mama ist fort. Dietrich versteht sich sofort mit den beiden. Da er selbst keine Geschwister hat, macht es ihm wohl besonderen Spaß, mit den Kleinen zu toben.

Richard stemmt er mehrfach bis unter die Decke. Dieter setzt er auf den Kleiderschrank.

„Du musst öfter kommen", jubelt Richard.

Plötzlich wird die Tür aufgerissen.

„Was ist denn hier los?"

Elsa steht in der Tür und schaut mit großen Augen auf das Treiben. Ihre straffe Frisur lockert sich. Verblüfft sieht sie zu Dietrich auf und zu Dieter, der vom Kleiderschrank auf sie herabblickt.

„Was macht der fremde Junge hier?"

Ihre scharfe Stimme schneidet mir fast die Kehle durch.

„Wir haben uns …", will ich erklären.

„Ich gehe ja schon", unterbricht mich Dietrich und streckt seine Arme aus wie vorhin beim Kugelstoßen. Dann setzt er Dieter sanft auf den Boden.

„Ich möchte nicht noch einmal, dass Fremde …", keift Elsa.

„Tut mir leid", wird sie von Dietrich unterbrochen.

„Nächstes Mal bei uns", lächelt er mir zu. „Unsere Wirtsleute freuen sich jedenfalls immer, wenn ein Gast kommt."

Elsa läuft rot an.

Dietrich verabschiedet sich mit einem zackigen „Heil Hitler", dann geht er an Elsa vorbei zur Tür hinaus.

**

Es ist kurz vor Mitternacht. Plötzlich hören wir einen ungeheuren Lärm, der immer stärker anschwillt. Wir springen aus den Betten. „In den Keller! Tiefflieger", trommelt jemand gegen die Tür. Im Schlafanzug schnappen wir unsere Mäntel und rasen die Treppe runter mit den kleinen Brüdern an der Hand. Im Keller haben sich schon alle zusammen eingefunden: die Reinhardts mit der schönen Hannelore, Frau Krause mit Tochter Ruth und ihren Eltern aus Berlin und Frau Lehmann mit einer Flüchtlingsfamilie. Eng aneinander sitzen sie auf alten Stühlen, klapperigen Kisten und auf einem schäbigen Sofa. In dem trüben Licht der Notbeleuchtung kann ich Menschen und Gegenstände kaum unterscheiden.

„Das ist das erste Mal, dass sie ohne Vorwarnung nachts gekommen sind", seufzt Frau Krause unter ihren Lockenwicklern.

„Bald werden die Tiefflieger auch tagsüber angreifen", prophezeit Frau Lehmann. „Und niemand wird sie abwehren, wie das im Westen schon lange ist."

„Lassen Sie doch diese Schwarzmalerei", schnauzt Reinhardt Frau Lehmann an. „Hermann Göring wird schon dafür sorgen, dass das nicht geschieht."

Draußen lärmt es erneut.

„Der nächste Angriff", sagt Mama.

„Nein", widerspricht Reinhardt. „Das Geknatter kommt vom Bahnhof. Da explodiert Munition, die heute aus der Fabrik angekommen ist."

Reinhardt ist nervös.

„Ich muss wissen, was da los ist."

Hastig eilt er die Kellertreppe hoch nach draußen. Ruth Krause hat ein Buch von Nesthäkchen auf dem Schoß. Ob sie sich nicht die Augen verdirbt bei dieser Notbeleuchtung?

Eine Reihe heftiger Detonationen lassen sie zusammenzucken im flackernden Licht. Bilder aus längst vergangener Zeit kommen mir vor die Augen: Die Erinnerung an den ersten Bombenangriff auf unser Wohnviertel in Wilhelmshaven im September 1939 im Luftschutzkeller. Plötzlich bebte der Boden, die Wände zitterten, Glühbirnen flackerten und Gegenstände prasselten gegen die Hauswand wie eine Schrotladung, abgeschossen aus einer Riesenkanone. Wir wussten nicht, ob die Sandsäcke vor den Fenstern hielten. Mussten wir Gasmasken aufsetzen? Waren die auch dicht? Kinder schrien, Frauen kreischten, Soldaten stemmten sich gegen die Kellerwände und pressten die Zähne aufei-nander. Werner schlang die Arme um Mamas Hals und ich krallte mich an Vaters Arm fest.

Auch dieser Angriff heute kommt wie aus heiterem Himmel. Wie damals wird auch in dieser Nacht kein Alarm gegeben. Heute allerdings schlagen die Bomben entfernter ein. Ziel sind die Munitionszüge am Bahnhof. Elsa macht sich deshalb Sorgen um die Arbeit ihres Mannes.

„Das ist schwierig für ihn, immer rechtzeitig die Waggons für die Munitionsfabrik zu beschaffen. Und dann der Ärger mit den Leuten aus den Lagern! Die sind doch alle stinkend faul. Und jetzt geht das alles in die Luft, Munition, die unsere tapferen Soldaten so dringend brauchen."

„Sie sollten etwas mehr Mitgefühl haben", sagt da Frau Lehmann. „All die Fremdarbeiter, Kriegsgefangenen und Häftlinge müssen jetzt wieder Sonderschichten machen, damit die vernichtete Munition schnell ersetzt wird. Mein Mann hat mir oft erzählt, wie die armen Leute dann gequält werden. Bis zu seiner Einberufung hat er dort ja lange genug arbeiten müssen."

„Seien Sie bloß froh, dass mein Mann jetzt gerade draußen ist", regt sich Elsa auf. „Der würde Sie wegen Volksverhetzung anzeigen. Und beschweren Sie sich nicht darüber, wenn Ihr Mann in der Munitionsfabrik arbeiten musste. Als früherer aktiver Kommunist war das noch eine sehr milde Strafe für ihn."

Wieder sind eine Reihe von Explosionen in schneller Folge zu hören. Aller Blicke sind auf Frau Lehmann gerichtet. Sie steht auf und ihre Hand streicht eine graue Haarsträhne aus der Stirn.

„Sie können mir keine Angst machen", antwortet sie ruhig.

„Was soll mir denn noch Schlimmes passieren? Mein Sohn August ist schon früh in Frankreich gefallen und Ernie ein Jahr später auf dem Balkan. Jetzt ist auch mein Mann im Osten vermisst. Ich habe nichts mehr zu verlieren."

Nur mit Mühe vollendet sie den letzten Satz. Sie schluchzt und hält sich ihr Taschentuch vors Gesicht.

Mama ist neben sie getreten und umfasst ihre Schulter.

„Setzen Sie sich doch", sagt sie leise. Dann fährt Frau Lehmann fort: „Ich denke manchmal über die Menschen nach, die in der Munitionsfabrik arbeiten. Man sieht sie ja schon mal am Bahnhof. Gestern hat eine Aufseherin der SS eine der Frauen im gestreiften Kleid geschlagen. Das war im Sperrgebiet der Ladestraße beim Transport von Munition. Wie schlimm mag es erst bei denen im Lager hinterm Stacheldraht zugehen, wo niemand zusieht?"

Ihre grauen Augen haben jetzt den bohrenden Blick, den ich schon früher manchmal an ihr bemerkt habe. Elsa schweigt. Sie starrt auf die Kellertreppe. Schnelle, kurze Schläge draußen begleiten Frau Lehmanns letzte Sätze, unterbrochen von schrillen Pfeiftönen. Elsa macht ein versteinertes Gesicht. Gelegentlich zuckt es um ihre Mundwinkel. Die andern blicken schweigend zu Boden.

„Mir ist kalt", flüstert Richard. „Mir auch", höre ich Ruth Krause wispern. Sie drängt sich an die Schultern ihrer Mutter. Da poltert es auf der Kellertreppe. Reinhardt kommt schnaufend herunter und blickt in die verschlossenen Gesichter.

„Was ist denn hier los?", fragt er argwöhnisch.

„Was soll denn hier schon los sein?", gibt Mama zurück. „Erzählen Sie lieber, wie's draußen ist."

„Ganz schrecklich", stöhnt Reinhardt. „Eben ist auch noch der 364 für die Vierlingsflak in die Luft geflogen. Da muss ich noch heute Nacht umdisponieren, aber weitere Tiefflieger werden wohl nicht mehr kommen."

Mama erinnert sich: „Am Anfang des Krieges hatten wir solche Tieffliegerangriffe in Wilhelmshaven ohne Vorwarnung auch. Das war noch in der Zeit, als Edos Opa diese Fliegerwitze erzählte."

„Was sind denn das für Witze?", will Reinhardt wissen.

„Na, den einen kennen Sie ja alle", erklärt Mama. „Den kann man ja schon seit Jahren nicht mehr hören."

Reinhardt spitzt neugierig die Ohren. Auch die anderen schauen gespannt auf Mama.

„Erzählen Sie doch mal. Vielleicht kennen wir den noch nicht."

Mama zögert.

„Ich möchte ihn auch hören", bittet Ruth Krause. Längst hat sie ihr Buch von Nesthäkchen beiseite gelegt. Ihre blonden Zöpfe fallen lang über die Schultern.

„Sei nicht so vorlaut, Ruth", ermahnt Frau Krause ihre Tochter.

„Edo, erzähl du doch mal!", bittet Mama mich.

„Mein Opa hat damals bei jedem Luftangriff gefragt, ob er denn jetzt Meier heiße."

„Jetzt kommt aber ein ganz alter Hut", sagt Frau Krause.

Reinhardt schaut mich böse an, aber Ruth ist hartnäckig.

„Warum sollte denn dein Opa plötzlich Meier heißen?", fragt sie.

„Mit Meier war natürlich nicht Opa selber gemeint, sondern Hermann Göring, unser Luftmarschall. Der hatte mal gesagt, dass er Meier heißen wolle, wenn je ein englisches Flugzeug über Deutschland käme."

Reinhardt macht ein Gesicht, als ob er mich jeden Augenblick zusammenbrüllen wolle.

„Ruth, stell doch nicht solche dummen Fragen", sagt Frau Krause aufgebracht. Sie greift sichtlich erregt nach ihren Lockenwicklern.

„Ich versteh das nicht. Der heißt doch noch immer Hermann Göring. Obwohl …"

„Jetzt aber Schluss mit dem Blödsinn", herrscht Reinhardt mich an. „Die Sache ist viel zu ernst, um darüber auch noch Witze zu machen."

Plötzlich ist es ganz still.

„Kommt", sagt Mama. „Wir gehen nach oben."

***

Es ist wieder kälter geworden. Bei den beiden Kohlenhändlern in der kleinen Stadt gibt es kein Heizmaterial mehr. Nachschub ist nicht in Sicht. Die Leute gehen daran, Gartenzäune oder alte Möbel zu verheizen. Viele suchen Reisig im Wald.

„Woher habt ihr denn noch eure Briketts?", fragt Dietrich, dem wir damit aushelfen, weil auch seiner Mutter die Feuerung ausgegangen ist.

„Du bist der Einzige, dem wir es verraten", sage ich. „Aber du darfst es niemand weitersagen. Nicht mal deiner Mutter. Abgemacht?"

„Auf Ehrenwort."

„Wir holen uns die Briketts von der Bunkerstation der Loks hinter der Fußgängerbrücke am Bahnhof, heimlich bei Nacht und Schnee, wie der Kohlenklau."

„Wir haben auch schon unseren Wirt mit Briketts von dort beliefert", sagt Werner.

„Der Reinhardt ist doch selber bei der Reichsbahn und alter Parteigenosse. Hat der es denn nötig, sich von armen Flüchtlingen helfen zu lassen?"

„Seine Beziehungen sind wohl doch nicht so gut. Und seine eigene Reichsbahn kann er als treuer Beamter wohl nicht beklauen. Stell dir vor, er würde dabei erwischt werden!"

„Dann kommt der in den Knast", sagt Werner. „Steht doch auf jedem dieser Plakate mit dem Kohlenklau drauf."

„Weiß der Reinhardt denn, woher ihr die Briketts habt?"

„Ja", antworte ich. „Neulich habe ich mich verplappert, als er fragte, wieso es denn bei uns im Zimmer so warm sei. Seitdem weiß er, dass die Briketts von seiner Reichsbahn stammen."

„Ist der da nicht in die Luft gegangen?"

„Der hat einen wahren Affentanz aufgeführt. Das hätte er nicht von mir erwartet. Dass ich seinen Betrieb bestehlen würde. Als deutscher Beamter müsse er mich nun anzeigen. Meine Zukunft sähe düster aus. Ich war einen Tag völlig fertig und wusste nicht mehr ein noch aus."

„Und dann?"

„Du glaubst es kaum. Am nächsten Tag kam er in der Mittagspause angeschissen und rief mich in seine gute Stube, wo es eiskalt war. Dann sah er mir tief in die Augen und sagte, dass er lange über meinen Fall nachgedacht hätte. Und weil ich im Grunde ein guter Junge sei, würde er mir gern helfen, aus der Sache heil rauszukommen. Denn eigentlich müsste er mich ja anzeigen."

„Mach's nicht so spannend", sagt Dietrich voller Neugier.

„Dann wurde er wehleidig. Seine Tochter läge seit drei Tagen mit hohem Fieber im Bett. Wir hatten schon davon gehört und waren traurig darüber. Ausgerechnet die schöne Hannelore hat es erwischt. Elsa habe ebenfalls Grippe. Auch das wussten wir. Unbekannt war uns jedoch, dass sie kein Heizmaterial mehr hatten. Ihre restlichen Briketts reservierten sie für die warmen Mahlzeiten. So hielten sie sich nur noch in der Küche auf. Auch Mama hatte sich schon darüber gewundert."

„Nun sag doch endlich, wie du aus dem Schlamassel rausgekommen bist."

„Schließlich rückte er mit seiner Idee raus, wie er mir helfen wolle. Es sei ganz einfach. Ich brauche nur bei meiner nächsten Tour zum Bunkerplatz der Loks auch für ihn Briketts mitzubringen. Dann würde er mich nicht anzeigen. Und ich hätte nichts mehr zu befürchten. Das müsse aber streng geheim bleiben. Auf keinen Fall dürfe Mama davon erfahren."

„Das ist ja unglaublich."

„Ja. Zuerst dachte ich, mich träfe der Schlag. Aber dann sind Werner und ich gleich abends losgezogen und haben ihm unsere erste Lieferung in seinem Gartenhaus übergeben. Das haben wir dann noch einmal so gemacht, wobei wir natürlich auch immer Briketts für uns selbst mitgebracht haben."

„Klar."

„Gestern erzählte er dann, dass auch Hannelore wieder gesund sei. Da fühlten wir uns so richtig wie Wohltäter. Wir führten das natürlich auf die Wärme unserer Briketts zurück, die Hannelore geholfen hat."

„Und ich bin der Einzige, dem du das erzählst?", fragt Dietrich

„Ich muss dich enttäuschen. Natürlich habe ich Mama eingeweiht. Die war zuerst stinksauer. Aber dann fand sie das gar nicht so schlecht. ‚Vielleicht verbessert das ja unser Zusammenleben mit den Reinhardts', hat sie gemeint. Und dabei etwas eigenartig gelächelt."

„Der Reinhardt ist also jetzt richtig lieb zu euch?"

„Im Gegenteil. Der ist noch ruppiger als sonst, besonders mir gegenüber. Der glaubt doch jetzt, ich müsse ihm dankbar sein, weil er mich nicht angezeigt hat. Wenn der sich mal nicht täuscht ..."

„Aber irgendwie muss er sich doch erkenntlich zeigen?"

„Ja, er ist durchaus großzügig. Beim letzten Mal hat er für Werner und mich eine Mark spendiert. Wir sollten uns Kinokarten dafür kaufen. Dass ich nicht lache! Erstens gibt es für eine Mark nur eine einzige Karte und zweitens lassen die einen unter vierzehn ja so gut wie nie ins Kino rein."

Als Fremde

„Mirows Leihbücherei" steht in Sütterlinschrift auf einem Holzschild über der Eingangstür, dessen Farbe an mehreren Stellen abgeblättert ist. Ich entdecke den kleinen Laden am Ende der Adolf-Hitler-Straße gegenüber der Berufsschule. Dort mündet die Märkische Chaussee ein. Ich habe gerade Milch bei Frau Weimann eingekauft. Im Schaufenster befinden sich leicht verblichene Kriegs- und Landserhefte mit siegenden Soldaten auf den Titelseiten. Dahinter ist eine Holzwand, über die man nicht in den Laden sehen kann.

Zu Hause haben wir fast nichts zu lesen. Reinhardt gibt mir nichts. Ruth Krause hat mir neulich einen Band Nesthäkchen ausgeliehen. Dietrich hat darüber nur mitleidig gelächelt. An der Tür stoße ich fast mit einem Jungen zusammen. Er hat ein Buch in der Hand mit grün-schwarzem Einband und goldener Schrift und vorn einem Indianer drauf. Ist das nicht ein Karl May?

Herr Mirow lässt sich zunächst einmal Namen, Anschrift und Pfand geben. Dann fragt er nach meinen Wünschen.

„Möchte 'n Western. Am liebsten Karl May."

Er geht nach hinten.

Als er zurückkommt, legt er mir Bret Harte, Billy Jenkins, Tom Shark, Friedrich Gerstäcker und James Fenimore Cooper vor.

„Und Karl May?"

„Den kann ich dir nicht geben."

„Hatte der Junge in der Tür nicht eben einen Karl May in der Hand?"

„Der ist ja auch von hier."

Treuherzig sieht er mich an mit seinen flinken Augen.

„Na und?"

„Bei Fremden weiß man ja nie, ob sie die Bücher wieder zurückbringen."

„Ich hab Ihnen doch drei Mark Pfand gegeben."

„Trotzdem."

Ist das eine Frechheit! Ich bin drauf und dran, den Laden wieder zu verlassen. Aber da fällt mir die Langeweile ein, die ich hier oft habe. Ich lese ja schon Nesthäkchen, dann doch lieber Cooper und Jenkins.

Draußen geht plötzlich ein Höllenspektakel los. Mirow hält sich die Ohren zu. „Tigerpanzer", schreit er gegen den Lärm an. „Jetzt werden wir sie fertigmachen. Da können die Russen mit ihren T 34 nicht mit."

Ich drehe mich zum Schaufenster um. Was für mächtige Kolosse da vorbeirasseln. Die Scheiben im Fenster klingen, als wollten sie jeden Moment zerspringen. Nach dem fünften Panzer verebbt das Getöse.

Mirows Augen leuchten. Die Panzer haben seine Stimmung aufgehellt.

Ich blättere unschlüssig in den Büchern.

„Müssen es denn Western sein?", fragt der Mann hinterm Tresen schmeichelnd. „Sieh mal hier. Politischer Krimi aus New York. Da geht es schlimmer zu als im Wilden Westen. Hochspannung."

Er legt einen Moewig-Roman auf den Tisch. „Hab ich selbst gelesen", sagt er mit Nachdruck.

Als ich das Buch nur zögernd betrachte, hält er mir einen anderen Titel unter die Nase: „Der Wehrwolf" von Hermann Löns.

„Das ist ganz aktuell", wirbt Mirow für das Buch. „Werwölfe sollen doch den Feind hinter dessen eigenen Linien angreifen. So will es der Führer. In diesem Buch machen das unsere Vorfahren schon im Mittelalter."

Auch Reinhardt hatte neulich von den Werwölfen der Hitlerjugend gesprochen, jedoch nicht gesagt, dass ich mich dort anmelden soll. Vielleicht glaubt er, dass Flüchtlinge dazu nicht geeignet sind. Die haben ja keine Heimat mehr zu verteidigen.

Hermann Löns! Immer noch hat Mirow das Buch in den Händen. Dieser Autor erinnert mich plötzlich an Lüneburger Heide und Nordsee, an Zuhause. „Mümmelmann" hatte ich schon in Wilhelmshaven gelesen. Erinnerungen kommen in mir hoch. Mirow merkt wohl, dass ich irgendeine Beziehung zu Hermann Löns habe.

„Findest du doch auch gut?", zwinkert er mir zu.

Ich entscheide mich für beide Bücher, Politikkrimi in New York und „Wehrwolf". Den Wilden Westen habe ich im Augenblick ganz vergessen. Als ich zum Ausgang gehe … ja, da entdecke ich sie plötzlich. Die schwarz-grünen Bände mit den goldenen Buchstaben im Regal zur Linken ganz unten. Ich hatte sie bisher übersehen. Ich bücke mich und lese die Titel: „Der Schatz im Silbersee", „Old Surehand", „Winnetou I". Den „Winnetou" nehme ich aus dem Regal und lege ihn auf den Tisch.

„Kann ich nicht wenigstens diesen einen Karl May haben?"

Ich nehme alle mir zu Gebote stehende Freundlichkeit zusammen. Vielleicht lässt er sich ja erweichen. Doch seine sonst so flinken Augen werden plötzlich starr. Ein schroffes „Nein" ist seine Antwort und mir bleibt nichts übrig, als den „Winnetou" wieder ins Regal zu stellen. Mit einem Knall schlage ich die Ladentür hinter mir zu.

Draußen stehe ich noch eine Weile vor dem Schaufenster mit den angebleichten Kriegs- und Landserheften. Siegende Frontkämpfer auf den Titelseiten! So hatten wir die Wehrmacht auf unserer Flucht nie gesehen, als sie uns mit ihren Fahrzeugen überholten in Richtung West.

Was hat der Mirow gesagt? Erneut gehen mir seine Worte durch den Kopf.

„Bei den Fremden weiß man ja nie, ob sie die Bücher wieder zurückbringen."

Da sehe ich wieder den Jungen von vorhin vor mir, der den Karl May wie einen Schatz in der Hand hielt, mit dem Indianer vorn drauf und dem schwarz-grünen Buchrücken mit seinen goldenen Schriftzügen. Warte nur, Mirow. Irgendwann werde auch ich von dir einen Karl May bekommen, einen aus dem Wilden Westen. Auch wenn ich hier fremd bin.

***

Eine unübersehbare Zahl von viermotorigen Bombern kommt an diesem sonnigen Märztag auf unsere kleine Stadt zu: Amerikanische fliegende Festungen, Flughöhe viertausend. Es ist nicht das erste Mal, dass sie ihre Route für den Heimflug über uns hinweg nehmen, nachdem sie ihre Bomben in Berlin abgeworfen haben.

Es kann hier also nichts mehr passieren. Oder etwa doch? Könnte es nicht sein, dass einer von ihnen nicht doch noch eine Bombe im Schacht hat? Für den Bahnhof oder die Munitionsfabrik? Ich bin allein auf dem Weg nach Hause, ungefähr auf Höhe der Bahnhofsgasse, wo die Litfaßsäule steht. Ein neues Plakat haben sie geklebt. „Pssssst! Feind hört mit!", steht drauf mit einem Spion, der die Ohren spitzt.

Jetzt sind sie über mir. Dröhnend. Brummend. Donnernd.

„Ich habe keine Angst!", rufe ich mir zu. „Es kann gar nichts passieren!"

Vergeblich versuchen meine Hände, sich an der Säule festzuhalten. Ich starre nach oben. Mein Gott! Das sind ja noch viel mehr Maschinen als bei diesem entsetzlichen Angriff auf Wilhelmshaven, als sie mich in einen Bunkerturm in den Westen der Stadt geschickt hatten, damit ich nach dem nächsten Angriff als Melder eingesetzt werden könnte. Das alles fällt mir jetzt wieder ein: Damals sah ich zuerst die Tannenbäume am dunklen Abendhimmel, gesetzt von einzelnen Flugzeugen, die den Bomberpulks vorausfliegen wie Pfadfinder, um die Angriffsziele zu markieren. Dann wird die Bunkertür geschlossen, und die Bomben hämmern mit harten Stößen in die Erde. Der Fußboden bebt. Auf einmal beginnen meine Füße zu hüpfen. Der Turm schwankt. Einen Augenblick scheint er in den Abgrund zu stürzen und wie ein leckgeschlagenes Schiff im Orkan zu kentern.

Wimmern, Weinen, Schreien. Mütter umschlingen ihre Kinder. Es ist nicht das erste Mal, dass ich das in einem Bunker erlebe. Aber diesmal dauert es schier eine Ewigkeit. Endlich. Nach der dritten Angriffswelle wird es still. Ich zurre meine Armbinde mit dem „M" fester. Am Bunkerausgang drücken sie mir das Papier mit der Meldung in die Hand. Telefonisch kommen sie nicht durch. Ich soll zur Kreisleitung ins Zentrum.

Draußen schlägt mir ätzender Qualm entgegen. Es brennt auf der anderen Seite der Straße hinter einer Fassade, die von einer Luftmine eingedrückt und von Splitterbomben zersiebt wurde. Ein herausgerissener Fensterrahmen hängt verloren über dem Gehweg.

Ich steige aufs Rad. „Mach's gut", sagt der Bunkerwart. Die Nacht ist taghell. An der Bremer Straße strahlt mir der riesige Feuerball über der Stadtmitte entgegen hinter dem fein gegliederten Turm der Banter Kirche. Ich halte an. Über mir schwarzer Rauch. Ich huste. Muss ich wirklich weiterfahren?

Dann raffe ich mich auf und gelange schwer atmend zur Peterstraße. Die ersten Bombentrichter. Erd- und Steinbrocken, Baumfetzen, Glassplitter. Ein umgestürzter Kübelwagen. Quer über die Straße ein Telegrafenmast. Ich hebe das Rad hinüber. Hinter mir heult ein Löschfahrzeug der Feuerwehr.

Auf dem Asphalt zischt mir Feuer aus Stabbrandbomben entgegen. Phosphor. Ich bin in der Nähe unserer Wohnung. Ich traue meinen Augen nicht.

Auf unserem Haus brennt das Dach. Ich vergesse die Meldung für die Kreisleitung und rase nach oben. Drei fremde Männer kämpfen mit den Flammen auf dem Wäscheboden. Mama mit den Brüdern und die Hausbewohner sind noch im Bunker am Banter Weg. Einer hält die kleine Spritze mit dem dünnen Wasserstrahl. Ein anderer hantiert mit der armseligen Feuerpatsche. Der dritte verstreut den letzten Sand. Durch den Qualm schreien sie herüber: „Wasser!"

Eimer für Eimer schleppen wir aus unserer Wohnung aufs Dach. Dann ist es geschafft. Der Brand erstickt. Das Dach ist aufgerissen. Wir stehen zwischen verkohlten Balken, glotzen in den Himmel. Hinter dem Banter Kirchturm glüht das Rot. Es brennt auf meiner Haut.

Da knallt es metallisch hart. Schlag auf Schlag.

Eine Flakbatterie in der Nähe. Ein neuer Angriff? Etwa die vierte Welle? Nein. Nur ein Nachzügler. Da haben sie ihn schon. Grell leuchtet er auf in den sich kreuzenden Scheinwerfern über der Westwerft. Plötzlich verschwindet er im Dunkel.

Die Meldung! Fast hatte ich sie vergessen. Ich rase die Treppe hinunter. Wieder die Peterstraße entlang. Hinter der Werftstraße Bombentrichter. Grabkreuze des Banter Friedhofs sind auf den Gehweg geschleudert. An der Mellumstraße die ersten großen Häuser, die bis zum Keller eingestürzt sind. Aufgerissene Fassaden starren mich an. Geschossdecken schweben in der

Luft, suchen nach Halt. Wo es noch Dächer gibt, brennen sie. Auch aus unteren Stockwerken schlagen Flammen nach draußen.

Die Augen brennen. Tränen laufen mir übers Gesicht. Dieser beißende Rauch. Ich schnappe nach Luft. Längst habe ich mein Fahrrad in einem Hauseingang zurückgelassen. Der Vorderreifen ist platt. Ich renne in die Grenzstraße. Hier sind nur Sprengbomben runtergekommen. Es brennt wenigstens nicht. Ich kann wieder besser atmen. Die kleinen Häuser sind in einen langgestreckten Trümmerberg verwandelt worden. Endlich sehe ich Menschen. Drüben sind einige aus einem Bunker gekommen. Sie suchen nach Verschütteten unter den Trümmern. Es gibt immer noch Leute, die nicht in die Bunker gehen, sondern versuchen, sich im eigenen Haus zu schützen. Auf der Prinz-Heinrich-Straße kommt mir eine Frau mit zwei kleinen Kindern entgegen.

„Wo ist die Grenzstraße? Ich hab mich verlaufen."

„Dort drüben. Der Trümmerberg."

In der Hermann-Göring-Straße haben sie vor einem eingefallenen Haus Tote auf den Gehweg gelegt. Eine kniende Frau weint. Der Rauch wird wieder stärker, je näher ich der Hindenburgstraße komme. Immer öfter begegnen mir Löschtrupps. Es ist weit nach Mitternacht, als ich endlich die Stufen zum Eingang der Kreisleitung hinauffinde.

Durcheinander auf den Gängen. Niemand interessiert sich für meine Meldung. Schließlich finde ich einen HJ-Führer. Er reißt den Umschlag auf und liest.

„Na ja", sagt er und blickt mich an. „Ich geb's weiter. Durst? Hier hast du ein Glas Wasser. Wisch dir mal den Ruß aus dem Gesicht."

„Die Flammenstrahlbomben sind das Schlimmste!", schreit einer auf dem Gang.

„Am Schlachtschiffkai ist eine brennende Lancaster ins Hafenbecken gefallen! Am Platz der ,Tirpitz'"

Das ist genau gegenüber der Gazellenbrücke, wo Vaters Zerstörer „Paul Jacobi" gelegentlich anlegt.

RRRuuummmmmsss!

Eine gewaltige Detonation im Garten der Kreisleitung. Wir schmeißen uns hin. Glassplitter sirren uns um die Ohren.

„Zeitzünder!"

Jetzt liege ich wieder auf dem Boden. Diesmal auf der Straße an einer Litfaßsäule. Wilhelmshaven ist für mich vergessen. Der Schwarm der Bomber wummert über mich hinweg. Dicht an dicht. Es ist schummerig um mich geworden. Sonnenfinsternis.

Irgendwann lichtet sich der Himmel. Sie fliegen nur noch vereinzelt. Der Lärm ebbt ab. Endlich. Waren es fünfhundert, achthundert oder gar tausend Maschinen? Und keine Bombe haben sie geworfen. Ein silberner Streifen umspielt meine Knie. Noch einer. Der Wind treibt sie über das Kopfsteinpflaster an den Fuß der Litfaßsäule. Sie regnen vom Himmel. Glitzern auf den Tannen wie am Heiligen Abend. Warum werfen sie überhaupt noch dieses Lametta runter, wenn doch niemand mehr ihre Flugposition ortet?

Irgendwann bewege ich mich halb taub zu unserem Gartenweg hinunter. Mama, Frau Krause mit blondem Lockenkopf und Frau Lehmann sind vor der Haustür. Mama hat sich Sorgen um mich gemacht. Behutsam zieht sie mir einen silbernen Stanniolstreifen aus dem Haar.

„Das ist hier ja noch schlimmer als in Wilhelmshaven!", sagt sie. „Da konnten sie nicht so tief über die Stadt fliegen."

„Edo kann bald mithelfen, uns zu verteidigen", meint Frau Krause.

„Wie meinen Sie das denn?"

„Der Jahrgang 1929 wird jetzt eingezogen. Also die Fünfzehn- bis Sechzehnjährigen. Da wird er bald seinen Gestellungsbefehl erhalten."

„Ich bin erst dreizehn."

„Wenn Edo fünfzehn ist", entgegnet Frau Lehmann, wobei sie sich nachdenklich übers graue Haar streicht, „sind die Amerikaner längst hier. Die haben ja jetzt schon das Ruhrgebiet besetzt."

„Und die Russen sind auch schon an der Oder", füge ich hinzu, aber Frau Krause ist nicht zu überzeugen.

„Der Führer wird ihnen schon Beine machen", sagt sie. „Spätestens, wenn er seine Wunderwaffen einsetzt, wird der Sieg unser sein."

***

Zwischen Reinhardts Haus und dem Obstgarten neben Drewitz' Villa befindet sich ein Sandplatz. An dessen Rand lagern um einen ausgebrannten Wehrmachtswagen herum Metallteile und Abfälle aus den nahen Gärten. Werner und ich spielen dort Fußball mit Dietrich und den kleinen Flüchtlingsjungen aus der Bahnhofsgegend. Das Spiel wogt hin und her.

„AAAuuuuuuuhhh!"

Werner schreit auf, fasst sich an den Kopf und schlägt hin. Ein Aststück hat ihn getroffen. Zwischen den Sommersprossen auf der verschmutzten Stirn läuft eine Beule blau an. Die roten Haare hängen ihm wirr ins Gesicht.

„Wer war das?"

„Die da drüben!"

Drei Jungen stehen zwischen den Obstbäumen in Richtung der Victoriastraße.

„Der Große in der Mitte hat geworfen!", ruft der kleine Kölber. „Rudi, der Gorilla."

Er hat seinen bösen Feind erkannt, der ihn neulich im Schnee vor Drewitz' Werkstatt zusammengeschlagen hat. Wut kommt in mir hoch, wenn ich mich daran erinnere, wie dieser Gangster mich dazu gezwungen hat, den Füllhalter aus Lorenz' Schreibwarenladen zu klauen. Die andern beiden sind der lange Bernd und Günter, der Klavierspieler. Das alte Trio also. Wir helfen Werner auf. Er wischt sich mit dem Taschentuch über die Stirn.

„Es geht wieder."

Wir sind jetzt am Rande des Sandplatzes vor dem Wehrmachtswagen und dem Gerümpel von alten Metall- und Holzteilen.

„Macht, dass ihr verschwindet!", droht Rudi. Breitbeinig steht er vor dem mächtigen, alten Apfelbaum, die Arme in die Hüften des massigen Körpers gestemmt. Günter befindet sich auch dieses Mal im Hintergrund. Sicher sind ihm zarte Töne lieber als das Gebrüll hier auf dem Sandplatz.

„Wird's bald!"

Rudis krähende Fistelstimme erinnert mich an Laute, wie ich sie einmal gehört habe, als ein Eber kastriert wurde.

„Oder soll ich euch Pollacken Beine machen?"

Dietrich zuckt zusammen. Er sieht die drei zum ersten Mal. „Ich hab dir von denen erzählt", sage ich.

„Ich hab Angst", wimmert einer der kleinen Jungen und rennt ans Ende des Sandplatzes. Von dort beobachtet uns ein Mann, den wir bisher gar nicht bemerkt haben. Er trägt eine Baskenmütze. Laut bellt sein Dackel, als der Flüchtlingsjunge zu ihm läuft.

„Warum habt ihr das gemacht?", rufe ich Rudi und Bernd zu und zeige auf die Beule an Werners Stirn. Sie lösen sich von dem mächtigen Apfelbaum, schlendern grinsend auf uns zu. Günter bleibt zurück.

„Die sind uns über", sage ich zu Dietrich. „Wir sollten uns verduften."

„Warte mal ab!" Da geschieht etwas Unerwartetes. Blitzschnell beugt sich Dietrich in diesen Haufen von Schrottabfall hinter uns. Er zieht eine lange Metallstange heraus, die er wohl schon seit einiger Zeit im Auge hat.

„Alle hier anfassen!", brüllt er uns an. „Rechts und links von diesem Ding!"

Er hebt die Stange hoch und zielt damit auf Rudi und Bernd. Seine langen Haare scheinen zu fliegen. Seine Augen blitzen. So ähnlich hatte er ausgesehen, als ich ihn kennen lernte. Oben am Hügel hinterm Bahnhof, als er die Kugel acht Meter weit stieß.

„Los!", schreit Dietrich. „LLLoooooooos!"

Mit einem Ruck ziehen er und ich den Metallstab nach vorn. Hinter uns schieben die Kleinen zu beiden Seiten die Stange an. Die Spitze zielt auf den mächtigen Körper des Gorillas. Sie funkelt in der Sonne.

Rudi und Bernd sind überrascht. Wie erstarrt bleiben sie stehen.

„Haut ab, ihr Nappsülzen! Sonst werdet ihr aufgespießt!"

Dietrich reißt uns mit nach vorn.

„Das könnt ihr doch nicht machen!"

Der Mann mit der Baskenmütze und dem Dackel ist vom Platzrand herangekommen und stellt sich zwischen die beiden und uns.

„Hört auf! Ihr bringt ihn ja um!"

Aber seine Stimme ist so leise, dass sie niemand hört. Da greift Rudi nach den Armen von Bernd, zieht ihn watschelnd zurück zum alten Apfelbaum.

„Ihnen nach!"

Grob rempeln wir den Mann mit der Baskenmütze beiseite. Er fällt der Länge nach in den Sand und verliert die Mütze. Die kleinen Jungen trampeln drüber hinweg. Der Dackel kriegt einen Tritt. Laut jault er auf.

„Zicke zacke, zicke zacke, hoi, hoi, hoi!"

Dietrich und ich reißen die Stange so weit nach vorn, dass sie den Arm von Rudi berührt. „Bloß weg von hier!", schreit der auf. Seine Stimme quietscht wie fünf Minuten vorm Schlachthof. Er scheint erst jetzt zu begreifen, welche Gewalt da auf ihn zukommt. Wie schnell sich auf einmal dieser bullige Rudi bewegen kann, den Abhang zur Victoriastraße hinunter und die Metallstange im Nacken. Wenn der jetzt stolpert, gibt's ein Unglück. Bernd kann ihm kaum folgen. Sie hetzen vorbei an Günter, dem Klavierspieler, der ihre Flucht vom Rande des Obstgartens aus verfolgt.

Da schlägt Werner hin.

„Ich kann nicht mehr."

Auch die kleinen Jungen lassen die Stange fahren. Der kleine Kölber liegt am Boden, hechelt sich die Zunge aus dem Hals. Mir steht der Schaum vorm Mund. Dietrich und ich halten an.

„Das war ja wie im Märchen", kommt Werner japsend hoch. „Wie bei den Sieben Schwaben."

„Mir war's ein innerer Parteitag", schnaubt Dietrich.

Er hat die Metallstange wie eine Feldherrenstandarte in den Boden gestoßen. Ihre Spitze ragt hoch auf. Rudi und Bernd schauen aus sicherer Entfernung von der Victoriastraße aus herauf. Der Mann mit der Baskenmütze ist auf dem Weg zu ihnen. Sein Hund dackelt hinterher.

Denen haben wir es heimgezahlt. Rache für den kleinen Kölber. Rache für den Füllhalter. Rache für „Pollacken".

Zum ersten Mal hat unsere Flüchtlingsgruppe gegen Einheimische gewonnen. Wir jubeln, fallen uns um den Hals. Dem kleinen Kölber laufen dicke Tränen über beide Backen. Ohne Dietrich hätten wir das nicht geschafft. Er formt die Hände zu einem Trichter und ruft aus voller Lunge zur Victoriastraße hinunter:

„Ihr Schlappscheißer!"

Und nach einer Weile: „Bis zum nächsten Mal."

***

Gelegentlich hält mir Reinhardt auf dem Flur einen Vortrag über seine Arbeit. Heute ist es wieder mal so weit. Die Wehrmacht beschwere sich darüber, dass die Fabrik nicht genug Munition produziere. Der Bedarf sei größer geworden, seitdem Tiefflieger Munitionszüge auf unserem Bahnhof angriffen.

„Manchmal fahren meine Wagen halb voll los", klagt er. „Und die Soldaten schieben mir die Schuld in die Schuhe. Dabei bin ich bei der Reichsbahn nur für die Beschaffung der Waggons zuständig".

Er nimmt seine Arbeit sehr ernst.

„Nur weil diese Untermenschen in der Fabrik zu faul sind, kriegen unsere tapferen Frontkämpfer nicht genug Granaten. Oder weil sie Sabotage treiben."

„Was für Menschen?", frage ich.

„Untermenschen. Fremdarbeiter aus Polen. Solche Leute kennt ihr doch! Man muss ihnen immer in den Hintern treten."

„Wer ist faul?", fragt Mama hinter mir. Sie hat Reinhardt schimpfen gehört und kommt nun mit einem Besen, an dem schon einige Haare fehlen, aus unserem Zimmer.

„Die Polen", antwortet er. „Und dumm und ungebildet sind sie auch."

Wir hören ihm zu.

„Ich kenne die Polen", fährt er fort. „Hab selbst die Ostbahn mit aufgebaut. Dafür hat mir der Generalgouverneur persönlich eine silberne Medaille überreicht. In Makow-Podhalanski. Zentralschule der Ostbahn." Tief zieht er die Luft ein. „Die zeig ich dir nachher", blickt er mich dann Respekt heischend an.

„Wir kennen Polen, die sind nicht dumm und ungebildet."
Mama hat den Besen mit beiden Händen umschlossen, stemmt
ihn auf den Fußboden.

„Was denn für welche?"

„In unserem kleinen Betrieb hat der Disponent Französisch
gesprochen."

„Das ist eine Ausnahme."

„Die Buchhalterin hatte mittlere Reife."

„Dass ich nicht lache."

„Und ihr Mann war Bankbeamter. Es gab dort Leute, von denen selbst Sie noch etwas hätten lernen können."

„Da hört doch alles auf." Reinhardt ist krebsrot geworden. Er
macht einen Schritt nach vorn, als ob er auf Mama losgehen will.
Noch nie hat sie ihm so widersprochen. Sie drückt den Besen an
sich.

„Stehlen kann ich von denen lernen", poltert Reinhardt los.
„Mehr können diese Pollacken doch nicht."

Seine Stimme überschlägt sich.

„Heute Morgen hab ich es wieder erlebt. Die halbe Küche haben sie in der letzten Nacht in ihrem Lager bei der Munitionsfabrik ausgeraubt. So sind sie nun mal. Ein deutscher Mensch
stiehlt nicht."

Was sagt er da? Weiß er gar nicht mehr, wie er selber neulich …

„Haben Sie so ein kurzes Gedächtnis?", bricht es aus Mama
heraus. „Sie selbst haben doch meinen Sohn dazu angestiftet,
Briketts vom Lager der Lokomotiven zu stehlen. Von Ihrer eigenen Reichsbahn."

„Ja, aber …"

„Haben Sie das nun getan oder nicht?" Reinhardt weicht zurück, ringt mit dem Atem. Mama lässt ihn nicht aus den Augen.
Sie presst die Hände um den Besenstiel.

„Sie haben es getan, weil Sie zu feige dazu sind, selbst ein
paar Briketts zu mopsen, das mussten meine Söhne für Sie tun.
Geben Sie es doch zu."

Reinhardt greift sich an die Kehle. Zitternd öffnet er den obe-
ren Kragenknopf.

„Das war doch eine Notlage. Seit Tagen hatten wir draußen Minus 15 Grad. Und meine Tochter …"

„Waren die Polen in der Munitionsfabrik etwa nicht in einer Notlage? Die hatten Hunger. Sorgen Sie doch dafür, dass sie mehr zu essen kriegen, anstatt sie zu beschimpfen. Dann klauen die auch nicht."

Mama stößt mit dem Besen auf den Fußboden. Es gibt einen dumpfen Laut. Im nächsten Augenblick verschwindet sie hinter unserer Zimmertür. Reinhardt fasst sich an die Backe, als ob er eine Ohrfeige erhalten habe.

„Ich mache mir Sorgen", sagt er nach einer Weile. „Unsere Soldaten brauchen dringend Munition."

Seine Stimme ist tonlos. Er sieht an mir vorbei, als ob er einen Punkt in der Ferne fixiere. Hat er vielleicht Soldaten im Blick, die auf seine Munition warten? Wie wichtig er das nimmt. Der Kriegsausgang hängt doch nicht von seinen Granaten ab!

Ich spüre seine Hand an meinem Arm. Er zieht mich in seine gute Stube. An der Wand hängt ein Brett aus Eichenholz mit einer silbernen Medaille drauf.

„Für hervorragende Leistungen beim Aufbau der Ostbahn" lautet die Aufschrift.

„Das ist meine Auszeichnung vom Generalgouverneur."

Sie sieht aus wie eine Riesenmünze, fast doppelt so groß wie ein Fünfmarkstück. Edel blinkt das Metall mit seinen feinen Gravuren im trüben Licht dieses Wintertages.

„Klasse."

Reinhardt scheint mich nicht zu hören. Andächtig ist er in das Silber auf dem Eichenholz vertieft. Ich stehle mich hinaus. Im Flur bleibe ich stehen. Was hatte Frau Lehmann heute Morgen von dem Offizier am Bahnhof berichtet? Der Großangriff der Russen auf Berlin stünde unmittelbar bevor. Und wenn sie angreifen, seien sie in einer Woche hier.

Ist Reinhardt deshalb heute so nervös? Und beschimpft die Polen schlimmer als je zuvor? Hat er Angst davor, dass sie befreit werden und sich an ihm rächen? Weil er ihnen immer in den Hintern getreten hat? Die silberne Medaille auf dem Eichenbrett wird ihm dann auch nicht mehr helfen.

Gewühl auf dem Rathausplatz. Flüchtlingsfahrzeuge, Bauern, Soldaten. Ich traue meinen Augen kaum. Da sind ja Sanders. Ja, Fleischermeister Sanders und seine Frau aus Pobiedziska auf ihrem Pferdewagen mit dem rosa Schweinchen drauf.

Wir begrüßen uns erstaunt. Sie sind ebenso überrascht, mich hier zu treffen, wie ich. Von Pobiedziska bis Landsberg hatten wir ja denselben Weg gehabt. Dann waren wir in die Bahn umgestiegen, um hierher zu kommen. Ein Wunder, dass sie es geschafft haben, noch vor den Russen über die Oder zu kommen.

„In zwei Wochen sind wir in Hameln", sagt Herr Sanders. „Da wollen wir bleiben."

„Irgendetwas über Pobiedziska gehört?", frage ich.

„Einen Tag nach unserer Flucht waren die Russen dort."

„Und vom Volkssturm? Von Vater?"

„Die vom Volkssturm sind am nächsten Tag alle nach Posen marschiert. Unseren Ort hat niemand verteidigt."

„Und Posen ist vor vier Wochen von den Russen eingenommen worden. Die haben ja noch lange gekämpft. Hoffentlich hat Vater Glück gehabt."

„Das hat er bestimmt. Er ist ja ein alter Fahrensmann in Sachen Militär."

„Ihr wart ein so guter Kunde bei uns im Fleischerladen", macht sich Frau Sanders bemerkbar. „Aber du hast nur ganz selten eingekauft. Meist kam deine Mutter."

„Das tut mir leid. Um ehrlich zu sein: Ich bin auch nicht gern gekommen."

„Nanu?", die Sanders sehen mich erstaunt an. „Wir haben euch doch immer gut bedient."

„Als ich das erste Mal in Ihren Laden kam, war es für mich wie ein Schock."

Frau Sanders blickt erschrocken und ungläubig vom Wagen herab. Herr Sanders glaubt, sich verhört zu haben.

„Und was war denn da so …?" Frau Sanders bringt ihren Satz nicht zu Ende.

„Ich ging damals auf Ihr Geschäft zu und sah eine unendlich lange Schlange von Menschen vorm Eingang. Es waren so viele, dass sie nicht alle in den Laden passten. Viele standen wartend auf dem Gehweg. Von Zeit zu Zeit öffnete sich die Tür. Und draußen stehende Menschen drückten sich in Ihren Laden."

„Aber so war es oft, wenn eine Fleischlieferung gekommen war", versucht Herr Sanders zu erklären. „Da war dann immer eine lange Schlange."

„Während ich noch auf dem Gehweg stand und überlegte, ob ich mich anstellen sollte, riefen Sie mir vom Tresen aus etwas zu, als die Tür sich wieder einmal öffnete. Ich verstand Sie nicht und muss wohl einen sehr hilflosen Eindruck gemacht haben. Mich verwirrten die vielen Menschen."

Die beiden Sanders schauen mich gespannt an.

„Komm doch rein', hörte ich Sie, Frau Sanders, dann erneut rufen. ,Komm doch an den Tresen. Du wirst als Erster bedient.'"

„Was ist daran so Besonderes?", fragt Herr Sanders verständnislos. „Deutsche kamen bei uns immer als Erste dran. Die Polen hatten zu warten. Das muss doch angenehm für dich gewesen sein."

„Als Sie mich zum Tresen gerufen hatten, ging es wie ein Ruck durch die Schlange. Alle Köpfe blickten nach hinten, richteten sich auf mich. Ich bin dann zaghaft durch die Tür gegangen, an der endlosen Schlange polnischer Frauen entlang."

Die Gesichter der beiden Sanders sind starr geworden. Diesen Ausdruck hatten sie auch damals, als eine Frau mir den Weg versperrte, die mich nicht gesehen hatte.

„Es waren meist ältere Frauen", fahre ich fort. „Abgemagert und mit verhärmten Gesichtern. Einige Frauen stützten sich auf einen Stock, während ich langsam, Schritt für Schritt, auf den Tresen zuging. Sie blickten auf mich herab. Dann folgten mir ihre Blicke. Ich spürte sie im Nacken. Sie verstanden wohl kaum, dass dieser Knirps, der ihr Enkel sein könnte, als Erster drankommen sollte und das beste Fleisch in großen Portionen wegschnappte, während sie selbst nur eine karge Ration auf ihre wenigen Fleischmarken erhielten und für viele daheim sorgen mussten. Es war wie Spießrutenlaufen."

Die beiden sehen mich bestürzt an. Von klein auf hatte Mama mir beigebracht, mich hinten anzustellen. „Damit es gerecht zugeht", hatte Mama gesagt. Muss ich das den Sanders erklären?

„Aber Junge", versucht Herr Sanders zu beschwichtigen, „nimm das doch nicht so ernst", während seine Frau mich ansieht, als stünde ein weltfremder Spinner vor ihr.

„Schlimmer wurde es noch, als ich wieder hinausging. Da sah ich Frau Wawrzinek. Eine polnische Nachbarin, die meine Eltern gern mochten. Ich hab sie einfach nicht grüßen können. Und mich an ihr vorbeigedrückt, ohne sie anzusehen."

„Aber das ist ja nun alles vorbei", wirft Herr Sanders unwirsch ein und zieht die Zügel an, weil eines seiner Pferde unruhig wird.

„Darüber brauchst du doch heute nicht mehr nachzudenken. Außerdem konnten wir ja nichts dafür. War ja alles von oben angeordnet."

„Wären das Deutsche gewesen, was meinen Sie, was die Ihnen gesagt hätten, wenn Sie einen Knirps in meinem Alter als Ersten bedient hätten? Bevorzugt gegenüber allen Erwachsenen?"

„Wir haben dir doch nur Gutes tun wollen." Frau Sanders scheint beleidigt.

„Sie haben mir nichts Gutes getan", widerspreche ich. „Als ich aus ihrem Laden rausging, fühlte ich mich noch schlechter als vorher. Musste ich doch mit der großen Fleischportion an all diesen armen Menschen vorbei. Da half es mir schon, dass Frau Wawrzinek am nächsten Tag kam und mir sagte, mich träfe überhaupt keine Schuld."

„Lass uns abfahren", sagt Frau Sanders zu ihrem Mann.

„Können Sie jetzt verstehen, weshalb ich so selten in ihren Laden gekommen bin?"

„Hüh! Hüh!"

Sie sind schon halb im Wegfahren.

„Grüß schön zu Hause", ruft sie mir nach. Der Ärger in ihrer Stimme ist unüberhörbar. Das hatte sie damals auch gesagt. Als ich an der Schlange entlang der Ladentür zustrebte. „Grüß schön zu Hause."

„Hüüühh! Hüüühh!" Herr Sanders gebraucht jetzt die Peitsche. Die Pferde stemmen sich mächtig ins Geschirr. Der Wagen bahnt sich seinen Weg durch die versammelten Fahrzeuge und Menschen. Als Letztes sehe ich diesen rosa Farbfleck. Das Schweinchen, hinten auf dem Wagen.

***

„Nehmen Sie doch Platz", sagt der füllige Mann zu uns im städtischen Kraftwerk und lächelt wohlwollend hinter seinem Schreibtisch.

„Wo brennt es denn?", fragt er jovial, lehnt sich zurück und zündet sich genüsslich eine Zigarette an.

„Wir kommen von Gudrun", beginnt Mama. „Von der Frauenschaft am Bahnhof."

„Ah, Gudrun. Ein feines Mädel", strahlt der Mann. Heinrich heißt er, wie wir am Türschild gelesen haben. „Gudrun ist oft auf unseren Sitzungen in der Stadtverwaltung dabei."

Wir haben Gudrun dieser Tage erzählt, wie unangenehm das Wohnen bei den Reinhardts sei. Da hat sie uns ein Gespräch mit Herrn Heinrich empfohlen. Der habe die Verantwortung für das Kraftwerk. Ein wichtiger Mann also. Schon manches Mal habe er sich für Flüchtlinge eingesetzt. Vielleicht könne er auch uns helfen. Im Übrigen sei er ein „alter Kämpfer" in der Partei.

„Sie haben Glück", sagt Herr Heinrich, nachdem Mama unser Anliegen vorgetragen hat. „Im Dachgeschoss meines Hauses wird Ende Mai ein Zimmer frei. Nicht groß, aber freundlich."

„Und wo ist das?"

„Oben am Bahnhof in der Kastanienallee. Hinter der Autowerkstatt Drewitz."

„Da bleiben wir ja in unserer jetzigen Gegend!"

„Kommen Sie doch morgen Nachmittag zum Anschauen vorbei."

Mama ist einverstanden.

„Das Zimmer ist klein. Aber nach dem Endsieg unseres Führers steht Ihnen mit Ihren vier Jungen bestimmt eine größere Wohnung zu."

So liebenswürdig, wie er uns empfangen hat, verabschiedet er uns.

Als wir wenig später nach Hause kommen, erwartet uns eine weitere Überraschung.

Die beiden Reinhardts drängen mit wichtiger Miene in unser kleines Zimmer. Es sei wirklich etwas zu eng für uns, erklären sie ungewöhnlich freundlich.

„Wir möchten Ihnen deshalb noch eine kleine Küche anbieten", flötet Elsa so sanft, dass ich mich frage, ob dies noch unsere bisher so strenge Vermieterin ist.

„Wir haben bisher aus ganz persönlichen Gründen über diese Küche nicht gesprochen", ergänzt Reinhardt. Richtig lieb sagt er das. Ist das wirklich derselbe Mensch, der neulich im Brüllton polnische Fremdarbeiter als „Untermenschen" bezeichnet hat?

Dann führen sie uns über den Flur auf den Wäscheboden. Sie schließen eine Tür auf, bei der wir uns vorher schon gefragt haben, was sich dahinter verbirgt. Jetzt sehen wir es: eine vollständig eingerichtete Küche mit schönem Ausblick zum Garten. Wir sind sprachlos.

„Hier können Sie ab sofort Ihr Essen zubereiten. Von nun an haben Sie Ihre eigene Küche."

„Vielen Dank", stammelt Mama. Sie hat sich immer noch nicht gefasst. Wenig später sind wir allein.

„Haben die nicht immer gesagt, dass sie für Flüchtlinge keinen Platz haben?", frage ich. Die haben gelogen.

„Vielleicht wollen die uns nicht in ihrer Nähe haben", sagt Mama. „Wer weiß, was in deren Köpfen vor sich geht. Aber da mach ich mir keine Gedanken drüber."

„Dann haben wir also ab heute diese Küche und unser bisheriges Schlafzimmer."

„Eine richtige Luxuswohnung", stellt Mama fest.

„Sehen wir uns trotzdem morgen das Dachzimmer von Herrn Heinrich an?", frage ich.

„Auf jeden Fall. Was uns hier wohl noch alles bevorsteht. Ich trau dem Braten nicht."

Die Front

Im Morgengrauen hatte es begonnen. Erst lärmte es verhalten und vereinzelt, dann grollte es dumpf aus östlicher Richtung. Schließlich schwoll es an zum donnernden Gewumm. Jetzt ist es so weit: Unsere kleine Stadt ist zum Frontgebiet geworden. Nachmittags steht Dietrich vorm Haus.

„Kommst du mit rauf zur Funkstation?"

„Klar."

„Vielleicht kann man von dort sehen, was los ist."

Auf dem Weg hinauf fragt Dietrich: „Du trägst heute dein Braunhemd. Willst du zum Dienst?"

„Ich hab nur zwei Hemden", antworte ich. „Ein braunes und ein blaues. Das braune trage ich heute, weil das blaue in der Wäsche ist. Ohne Halstuch, Knoten, Schulterriemen und Fahrtenmesser am Koppel. Also nur ein Rest von Uniform. Zum Dienst gehe ich ja nicht."

„Meine Kluft ist in Frankfurt geblieben. ‚Die wirst du nicht mehr brauchen‘, hat Mutter vor der Flucht gesagt."

„Recht hatte sie", sage ich.

„In Frankfurt hat mir in der Hitlerjugend Sport am meisten Spaß gebracht", sagt Dietrich. „Die anderen Sachen kann man vergessen."

„Bei mir war die Jugendfilmstunde das Beste", sage ich, „wenn am Sonntagmorgen ein Film über Friedrich den Großen gespielt wurde und der Fanfarenzug mit Pauken, Trommeln und schrillem Blech in der ‚Schauburg‘ für Stimmung sorgte."

„Richtigen Spaß hatten wir mit unserer privaten Clique", schwärmt Dietrich. „In Onkel Theodors alter Werkstatt haben wir Swingplatten abgespielt. Die man sonst nicht hören durfte. Der Gefolgschaftsführer von der HJ war unglaublich sauer auf uns. Aber die netten Mädels von der Gruppe drei fanden das prima."

Ein rumpelndes Donnern unterbricht uns. Dumpf hallt das Echo unten von der Fassade des Bahnhofs wider. Wir bleiben stehen.

„Das klingt ja gefährlich", schüttelt sich Dietrich.

Ich erzähle von unserer Straßenclique in Wilhelmshaven. Wir fühlten uns als Seeräuber wie Klaus Störtebeker und hatten eine Fahne mit Totenkopf.

„Die haben wir aufs Dach einer Gartenlaube gepflanzt und haben damit die ‚Banter Briten‘ mit ihrer Kloppergarde genervt. Mit denen gab's um die Fahne oft eine wilde Keilerei. Das machte aber mehr Spaß als das Grölen von Marschliedern oder das Exerzieren im ‚Jörg von Frundsberg‘.“

„Wer ist denn das?“

„War irgendein Landsknecht. So nennt man auch unsere Einheit im Jungvolk, das Fähnlein vierzehn.“

„Hier reden die in der Hitlerjugend nur noch vom Werwolf“, sagt Dietrich. „Freiwillige sollen die Russen hinter ihren Linien angreifen.“

„Deshalb geh ich da nicht hin. Im letzten Moment noch verheizt zu werden? Das fehlte gerade noch.“

„Werwolf ist wie ein Selbstmordkommando. Wie Soldaten im Ein-Mann-Torpedo oder japanische Kamikaze-Flieger. Die stürzen sich auch auf den Feind und gehen selbst dabei drauf“, sage ich.

Von der Fußgängerbrücke aus steigen wir langsam den Hügel zur Funkstation hinauf. Geschützdonner aus dem Osten begleitet uns für eine Weile. Uns geht das Thema „Werwolf“ nicht aus dem Kopf.

„Heute Morgen hat ein alter Mann in Weimanns Milchladen von einem zwölfjährigen Werwolf in Schlesien erzählt“, berichtet Dietrich. „Der soll mit Panzerfäusten sieben Panzer geknackt haben. Ganz allein. ‚Wenn ich noch jung wäre‘, hat er gesagt, ‚dann würde ich da sofort mitmachen.‘“

„Soll er sich doch freiwillig zum Volkssturm melden. Die nehmen den bestimmt“, sage ich.

Vor der Funkstation fängt Dietrich an zu singen.

„Es zittern die morschen Knochen …“

Er singt doch tatsächlich dieses alte Kampflied, das wir so oft auf der Straße geschmettert haben. Ich stimme in den Refrain mit ein:

„Wir werden weiter marschieren,

wenn alles in Scherben fällt,
denn heute hört uns Deutschland
und morgen die ganze Welt.“

„Das singen die Jungen im Werwolf“, sagt Dietrich. „Wenn sie sich in den Wäldern verstecken und Angst vor den Russen haben.“

Wir streben hinunter zur Brücke.

Es beginnt zu dämmern. Weit hinten im Osten steigt eine Leuchtkugel in den dunklen Wolkenhimmel auf. Blitze folgen und brechen sich im Widerschein an der Bahnhofsfassade. Glasreste leuchten in Fensterhöhlen auf und Gebälk schwebt wie feines Gerippe über düsteren Löchern im Dach als Folge der letzten Fliegerangriffe.

„Mündungsfeuer“, sagt Dietrich.

Dann folgt eine lange Serie von Detonationen hintereinander in dichter Folge. „Stalinorgeln.“

Bald sind wir auf der Brücke. Die Gleise unter uns liegen in tiefer Finsternis. Wieder steigt eine Leuchtkugel am Horizont auf. Die Geisterstunde scheint angebrochen.

Mir ist unheimlich zumute.

***

Auf dem erhöhten Abstellgleis neben der Bahnhofstraße ist heute Morgen eine Eisenbahnflakbatterie in Stellung gegangen.

„Ihr hättet einen Tag früher kommen sollen“, sagt Dietrich zu einem Unteroffizier. „Gestern Nachmittag kamen vier Jagdbomber die Gleise der Fernbahn entlang und ballerten wie wild mit ihren Bordkanonen. An der Ladestraße sind zwei Güterwagen mit Munition explodiert.“

„Und auf dem Bahnsteig gab es Verletzte und einen Toten“, sage ich. „Da war gerade ein Zug eingelaufen.“

„Das nächste Mal werden sie es nicht so leicht haben“, meint der Unteroffizier.

Von hier aus hat man einen guten Blick auf die ganze Ladestraße. Eine Lok schiebt gerade Güterwaggons an den Straßenrand.

„Das ist Reinhardts Werk“, sage ich zu Dietrich.

„Ist schon ein Wunder, wie schnell der das immer wieder hinkriegt, seine ausgebrannten Waggons zu ersetzen."

Ein Gefreiter mit einem pfiffigen Gesicht hat mitgehört.

„Vielleicht sind wir morgen schon wieder woanders", gibt er zum Besten. „Dann müsst ihr euch selbst verteidigen."

„Und wo wollt ihr hin?", frage ich.

„Geheime Kommandosache."

„Kannst du ruhig erzählen, Erwin", ermuntert ihn der Unteroffizier. „Das weiß doch inzwischen jeder, dass der Himmler schon lange mit den Amis verhandelt."

„Seit ein paar Tagen sind die Amis an der Elbe", erklärt der Gefreite mit wichtiger Miene. „Dort warten sie darauf, mit uns gemeinsame Sache gegen die Russen zu machen."

Wir glauben, uns verhört zu haben.

„Gegen wen?"

„Ihr habt schon richtig verstanden. Gegen die Russen. Dann holen wir uns alles wieder, was der Iwan uns abgenommen hat."

„Ihr wollt uns verscheißern."

„Wenn ihr das nicht glaubt, erzähle ich euch überhaupt nichts mehr", wendet sich der Gefreite beleidigt ab.

„Ihr müsst ihm das abnehmen", mischt sich der Unteroffizier ein. „Ich hab das zuerst auch nicht glauben wollen."

„Die Amis und Russen sind doch Bundesgenossen", entgegne ich.

„Vielleicht sind sie es in diesem Augenblick schon nicht mehr."

„Die Amis müssten doch froh sein, dass Schluss ist", meint Dietrich.

„Sie haben Angst davor", doziert der Unteroffizier, „dass Europa kommunistisch wird. Mit unserer Hilfe könnten sie die Russen besiegen."

„Und warum fällt ihnen das erst jetzt ein?"

Der Unteroffizier lächelt überlegen. „Weil der Präsident Roosevelt gestorben ist. Der hatte was dagegen. Sein Nachfolger hat freie Hand."

Dietrich stößt mich in die Seite.

„Ich hab diesen Schwachsinn schon neulich bei Frau Weimann gehört", raune ich Dietrich zu, „das muss man nicht ernst nehmen."

Der Gefreite mit dem pfiffigen Gesicht kommt zurück. Er scheint nicht mehr beleidigt. „Nächste Woche geht's los", sagt er. „Der Führer setzt seine Wunderwaffen ein. Die V/III und V/IV. Dann sind die Russen erledigt."

„Weil der Führer am zwanzigsten Geburtstag hat", ergänzt der Unteroffizier.

„Ja. Es soll ein Geburtstagsgeschenk sein. Für sich und das ganze deutsche Volk."

„Und für die Amerikaner", ergänze ich. „Unsere neuen Verbündeten."

„Deshalb müssen wir schnell zur Elbe, um uns mit ihnen zu vereinigen."

„Dann lasst ihr uns ja im Stich!", sagt Dietrich empört.

„Ganz ruhig, mein Junge. Wir kommen doch wieder. Wartet nur ein paar Tage. Dann hissen wir auf eurem Bahnhof das Sternenbanner."

Es klingt, als ob der amerikanische Präsident höchstpersönlich zu uns spricht. Dietrich und ich sehen uns entgeistert an.

„Entweder sind das Irre oder Clowns", flüstert Dietrich mir zu.

„Wahrscheinlich beides", zische ich ihm ins Ohr.

Da ruft eine Stimme vom ersten Wagen: „Karasek, Reservemunition prüfen!"

„Zu Befehl, Herr Hauptmann." Der Gefreite eilt nach vorn.

„Da drüben wird auch gerade Munition verladen", sagt der Unteroffizier.

Im Sperrgebiet am Güterbahnhof werden die Waggons beladen, die vorhin eingefahren sind. Frauen in zerschlissenem Zeug schleppen Munitionskisten auf der Ladestraße.

„Die Fremdarbeiterinnen werden heute aber streng bewacht", sagt Dietrich. „Von Frauen der SS, die haben sogar Hunde dabei."

„Das sind keine Fremdarbeiterinnen, sondern Häftlinge", erklärt der Unteroffizier. „Man erkennt sie an den gestreiften Kleidern."

Eine der Frauen stürzt mit ihren Holzpantinen. Die Hunde schlagen an.

„Die könnten einem fast leid tun", sagt der Unteroffizier, „wenn man nicht wüsste, dass das Politische sind."

Die Frau ist wieder aufgestanden. Mühsam schleppt sie sich weiter. Hat Frau Lehmann nicht neulich, als wir während des Fliegerangriffs im Keller waren, von diesen Frauen aus dem Lager mit Stacheldraht gesprochen? Sie werden gequält und von ihren Aufseherinnen geschlagen. Heute sehe ich sie zum ersten Mal. Jetzt werden die Frauen verdeckt durch Sanitäter, die Verwundete vom Bahnhof in die Wehrmachtsbaracke am Eingang der Ladestraße tragen. „Da ist ein Lazarettzug auf dem Bahnhof angekommen", sagt Dietrich. „Die Baracke war bisher leer."

„Die Front rückt ja auch näher."

„Komisch, dass wir heute nicht ein einziges Mal Geschütz-donner gehört haben."

„Die greifen jetzt sicher Berlin an. Wir sind doch für die Russen unwichtig."

„Hoffentlich."

***

„Es tut mir leid. Aber ich habe zweimal angeklopft." Elsa kommt mit einem Brief in unsere kleine Küche.

„Schon gut", sagt Mama. Bei dem Lärm draußen kann man ja kaum sein eigenes Wort verstehen.

Seit dem frühen Morgen hören wir wieder Artilleriefeuer. So-eben klang es wie eine Serie von Paukenschlägen.

„Das muss in der Nähe von Warow sein", erklärt Elsa. „Dort, wo die Reichsstraße verläuft."

Sie sieht müde aus. In den letzten Tagen ist ihr Gesicht einge-fallen und spitz geworden. Seitdem sehen wir sie aber nur noch selten. Gott sei Dank.

„Mein Mann meint", sagt sie. „Wenn die Russen hier reinkom-men sollten, würde es uns ergehen wie den Leuten in Nemmers-dorf, wo alle erschlagen oder nach Sibirien verschleppt und die Frauen vergewaltigt wurden."

90

Ich hab von diesem ostpreußischen Dorf gehört. Wochenlang hatten sie im Herbst darüber berichtet.

„Wir haben alle Angst davor", fügt sie leise hinzu. Ich bin überrascht. Nie hat Elsa bisher über sehr private Dinge gesprochen, schon gar nicht über Gefühle. Aber sagt sie denn eigentlich etwas Besonderes? In diesen Tagen haben alle Angst vor der unmittelbaren Zukunft.

„Was sollen wir nur tun?", fragt sie.

Sie ist völlig verzweifelt.

Elsa erwartet bestimmt keine Antwort auf ihre Frage. „Wir haben auch Angst", seufzt Mama.

Einen Augenblick scheint es, als ob die beiden so ungleichen Frauen einander sehr nahe sind. Aber dann fasst sich Elsa wieder, gibt sich überlegen und schneidig wie eh und je und verkündet schließlich ihren unerschütterlichen Glauben an den Endsieg:

„Mein Mann ist sicher, dass die Russen hier gar nicht reinkommen können, weil die Vorsehung es mit dem Führer gut meint. Er wird das Glück haben, das auch Friedrich der Große am Ende des Siebenjährigen Krieges hatte. Das Schicksal wird sich wenden."

Da klopft es. Die schöne Hannelore bittet ihre Mutter auf den Flur. Elsa gibt Mama den Brief und geht hinaus.

„Elsa hat ja fast geweint", sagt Werner. „So kenne ich die gar nicht."

Mama ist immer noch in sich gekehrt.

„Von wem ist denn der Brief?"

„Von Oma und Opa aus Wilhelmshaven", sage ich. „Das erkennt man doch schon an Omas schöner Handschrift, der guten, alten Sütterlinschrift.

Wir sollen nach Wilhelmshaven kommen, schreiben sie. Sie befürchteten, dass die Russen demnächst Berlin angreifen würden. Dann sei es zu spät.

„Demnächst" ist gut. Ich sehe auf das Datum. Der Brief ist vierzehn Tage alt.

Im Jeverland hätten sie auf einem Bauernhof ein Quartier für uns ausgemacht, weil es in der Stadt wegen der Bombenangriffe zu gefährlich und zu viele Häuser kaputt seien. Wir sollten uns beeilen. Sie hätten große Angst um uns. Ob wir etwas von Vater gehört hätten?

„Nach Oma und Opa fahren!", jubelt Dieter.

„Gleich morgen früh!", bittet Richard.

„Da fährt doch kein Zug mehr", sage ich. „In den letzten Tagen habe ich am Bahnhof nur noch Güterwagen, Eisenbahnflakgeschütze und einen Lazarettzug gesehen. Seitdem wir das Schießen hören, ist der Personenverkehr eingestellt."

Mama ist verzweifelt. „Wir haben einen großen Fehler gemacht", sagt sie. „Wir hätten von Berlin aus gleich nach Wilhelmshaven fahren sollen, nicht erst hierher."

„Wir sind richtig in der Falle", jammert Werner. „Zwischen den Amerikanern und den Russen. Ich hab mir das gestern beim kleinen Kölber auf der Karte angesehen. Wir können hier gar nicht mehr raus."

Immer und immer wieder lese ich den Brief mit Omas schöner Handschrift aus der Kaiserzeit. Die musste ich auch noch in den ersten Schuljahren lernen, bevor wir die lateinische Schrift einübten, womit ich große Mühe hatte.

Schade, dass dieser Brief aus Wilhelmshaven so spät kommt. Selbst vor einer Woche noch hätten wir uns in den Zug setzen und nach Hause fahren können. Nach Hause. Das war unsere letzte Chance gewesen. Jetzt ist sie verpasst.

„Wir müssen in Ruhe abwarten", sagt Mama, die sich wieder gefangen hat.

„Vielleicht sind ja auch die Amerikaner eher hier als die Russen", macht sie uns und sich Mut. „Dann ist es bestimmt leichter, nach Wilhelmshaven zu kommen."

***

Ist das ein Soldat, der dort am Zaun steht, oberhalb der Böschung mit dem Abstellgleis an der Bahnhofstraße?

Dort waren noch vor wenigen Tagen die Soldaten mit den Eisenbahnflakgeschützen gewesen, die jetzt vielleicht schon an der Elbe sind, um gemeinsame Sache mit den Amerikanern gegen die Russen zu machen. Je mehr ich darüber nachdenke, desto eher glaube ich, dass die beiden Soldaten Dietrich und mich vergackeiern wollten. Jetzt bewegt sich der Soldat am Zaun. Er schiebt einen Buchenzweig beiseite, und nun entdeckt er auch mich. Er winkt mir zu und kommt auf meine Straßenseite herüber.

Ein Versprengter?

Unter einer verschmutzten Stirn blicken mich ängstliche Augen an. Die Haut ist bleich und seine Haare sind strähnig. Seine Uniform besteht aus billigem Ersatzstoff wie alle Uniformen der letzten Zeit. In einem Ärmel befindet sich ein langer Riss, der andere Arm ist von einem schneeweißen Verband umwickelt. Eine Waffe hat er nicht bei sich. Er sieht aus wie ein Junge, der noch keine siebzehn ist.

„Kannst du mir helfen?", fragt er scheu.

Ich überlege, was ich wohl für ihn tun kann. Vieles, geht es mir durch den Kopf beim Anblick dieser Elendsgestalt, die nicht größer ist als ich selbst.

„Ich möchte mich nur einmal waschen", sagt er leise, fast verschämt.

Alles andere hatte ich erwartet, nur nicht diesen bescheidenen Wunsch.

„Ich war eine Woche in dem Dreck bei Garre", bringt er stockend heraus. „Dahin hatten wir uns von Warow zurückgezogen. Da waren Scharfschützen vor uns. Von denen hab ich die Wunde. Heute Morgen war ich hier im Krankenhaus. Sie haben mir einen neuen Verband gemacht."

Rumms! Von irgendwoher donnert Geschützfeuer. Wir ducken uns. Dann ist es vorbei.

„Das kommt aus Garre", erklärt der Junge.

„Komm", sage ich. Wir gehen über den kurzen Gartenweg zu Reinhardts Haus. Mama erschrickt, als sie den Soldaten sieht.

„Wir dürfen doch hier niemand …"

„Der will sich nur mal waschen", sage ich und führe ihn ins Badezimmer.

„Das gibt Ärger mit Reinhardt", rügt Mama, als wir allein sind.

Da wird auch schon die Tür aufgerissen.

„Ist da etwa ein Fremder im Bad?", kommt Reinhardt hereingestürmt.

„Ein Soldat, der sich nur einmal waschen will. Der kommt von der Front", sage ich.

„Das ist doch hier kein öffentliches Haus!", schäumt Reinhardt.

„So ein armer Soldat, fast noch ein Kind. Müssen wir dem nicht helfen?", engagiert sich Mama.

„Ein Drückeberger ist das. Während seine Kameraden an der Front den Heldentod für Führer, Volk und Vaterland sterben, will dieser Feigling sich herausputzen."

„Sie sollten sich schämen", entgegnet Mama kühl.

Reinhardt atmet kurz und rasch. Er will antworten, aber Mama lässt sich das Wort nicht entreißen.

„Dieser Junge ist fast noch ein Kind. Mit solchen Soldaten kann der Führer den Krieg nicht gewinnen. Seien Sie doch bitte freundlich zu ihm."

„Das ist ja unerhört …"

„Das bisschen Schmutz im Bad, das der hinterlässt, mach ich schon weg."

„Schweigen Sie …"

„Das sollten Sie lieber selbst tun. Während Sie hier auf dem Trockenen sitzen, werden an der Front Kinder verheizt und die alten Männer vom Volkssturm noch einmal in den Krieg geschickt. Was tun denn Sie eigentlich für Führer, Volk und Vaterland? Sie wollen doch immer ein überzeugter Nationalsozialist sein!"

Reinhardt hechelt. Sein Atem kommt in schnellen Stößen.

„Sie …", bricht es aus ihm heraus.

Da klopft es an die Tür. Ängstlich schaut der Soldat herein. Er hat sich die Haare gewaschen. Nass liegen sie eng am Kopf. Große Augen blicken uns furchtsam an. Reinhardt mustert verstört den Verband am Arm und die schmutzige Uniform, sieht herab auf die schmächtige Gestalt.

Niemand sagt ein Wort.

Da bricht der kleine Soldat das Schweigen. „Vielen Dank", sagt er schüchtern. „Tut mir leid, dass ich Ihnen Unannehmlichkeiten gemacht habe."

Dann geht er langsam hinaus. Reinhardt blickt ihm irritiert nach, diesem Soldaten mit dem Kindergesicht und dem Arm im schneeweißen Verband, der keine Waffe bei sich trägt. Reinhardt stiehlt sich davon. Mama würdigt er keines Blickes.

Ich folge dem Jungen die Treppe hinunter. Wortlos gehen wir die Bahnhofstraße entlang. An der Bahnhofsgasse bleibt er an jener Stelle stehen, von der aus ich neulich den amerikanischen Bomberpulk beobachtet habe. Es ist die Litfaßsäule, die sie jetzt mit neuen Plakaten beklebt haben. Die von „Kohlenklau" und „Pst! Feind hört mit!" sind verschwunden. Auf einem der Plakate heißt es: „Der Gefreite Fritz Knoll ist zum Tode verurteilt worden, weil er seine Kompanie in der schwersten Stunde des deutschen Volkes im Stich gelassen hat. Dieser Wehrmachtsschädling …"

Der Junge schaut mich an.

„Ich bin kein Deserteur wie euer Hauswirt vielleicht denkt. Ich gehe jetzt zu meinen verletzten Kameraden zum Markt. Wir wollen gemeinsam zur Elbe. Vielen Dank für alles."

Er gibt mir seine unversehrte Hand. Der Verband am anderen Arm trägt bereits wieder Blutspuren.

„Viel Glück", wünsche ich.

***

Auf der Märkischen Chaussee bewegt sich ein unendlich langer Zug von Soldaten nach Westen. Die Front bei Garre hat sich aufgelöst. Erstmals schweigt das Feuer der Artillerie. Keiner der Soldaten hat eine Waffe bei sich. Abgezehrt und müde kommen sie daher. Humpelnd, hinkend, stolpernd. Schmutzig und blutig sehen sie aus, mit ihren alten Verbänden an Kopf, Armen und Beinen. Fast jeder hat Verletzungen durch Splitter von Geschossen. „So werden die Soldaten ausgesehen haben, die noch lebend aus Stalingrad herausgekommen sind", sagt Dietrich.

„Diese hier sind jünger", antworte ich. „Keiner ist über zwanzig. Viele sind wohl erst siebzehn."

Wir stehen am Krankenhaus, wo die Kastanienallee in die Märkische Chaussee einmündet. Um uns befinden sich Bewohner der Nachbarhäuser, die für die Soldaten Getränke an den Straßenrand gestellt haben. Da wird es dunkel um meine Augen. Und nun sehe ich ihn wieder vor mir, wie ich ihn am Montag nach dem Tieffliegerangriff im Wartesaal des Bahnhofs fand in seiner Landseruniform zwischen umgestürzten Tischen und Stühlen in Splittern von Glasscheiben. Seine Augen waren weit aufgerissen, der Mund offen, und eine Fliege kroch langsam über seine Oberlippe. Unter ihm befand sich eine Blutlache, die sich mit den Scherben vermischt hatte. War das nicht der Heinz Mehring aus der Zwölften in Wilhelmshaven? Mit den feinen Zügen und den Grübchen um den zarten Mund? Der Gedichte schrieb. Wie mag der gerade hierher gekommen sein?

Der war doch damals noch auf der Admiral-Scheer-Schule auf der Abschlussfeier gewesen, als Rektor Lohse der im Krieg gebliebenen Schüler gedachte, die Namen der Toten verlas und die Inschrift vom Ehrenmal zitierte: „Deutschland muss leben! Und wenn wir sterben müssen."

Jetzt liegt er vor mir, dieser stille Freund aus der Zwölften, mit dem ich seinerzeit den Schulweg geteilt hatte, der einzige Wilhelmshavener, dem ich je begegnet bin, seitdem wir von dort fort sind. Tot. Mein Gott, was hätten wir uns zu erzählen gehabt.

Da jammert neben mir eine Frauenstimme. Ich kehre zurück in die Wirklichkeit der Märkischen Chaussee mit dem endlosen Zug der Soldaten.

„Was ist nur aus unserer stolzen und siegreichen Wehrmacht geworden? Welch ein Elend! Was für eine Katastrophe!"

Die Frau ist aus einer dieser alten Villen der Kaiserzeit gekommen mit ihren spitzen Giebeln, Türmchen und Erkern. Zwischen den Soldaten tauchen immer wieder Pferdewagen mit Flüchtlingen auf. Hinten haben sie oft einen Hund angebunden. Wie zuversichtlich diese Menschen aussehen. Im Vergleich zu den abgezehrten Soldaten mit ihren Verletzungen. Zwar haben sie schon einen langen Weg hinter sich, aber wenn sie sich anstrengen, können sie in drei Tagen an der Elbe sein. Erinnerungen kommen in mir hoch an unseren eigenen Treck von Pobiedziska bis Landsberg. Mit Jan und Anton, den starken Pferden und Otto, ihrem verlässlichen Lenker. Einige Soldaten lösen sich aus dem Zug und stützen einen Kameraden.

„Danke", stöhnt er. Sie helfen ihm, sich auf eine der Munitionskisten am Straßenrand zu setzen.

„Geht mal weiter. Ich komme nach."

„Kommt gar nicht infrage, Helmut. Wir bleiben bei dir."

Die Frau aus der alten Kaiservilla hat eine Thermosflasche bei sich und schenkt dem Soldaten einen Becher heißen Muckefuck ein.

„Danke."

„Wir werden es schon schaffen, Helmut", sagt einer seiner Kameraden. „Besser nach Tangermünde an die Elbe tippeln, als sich nach Berlin durchschießen. War doch 'ne Träumerei, sich mit der neunten Armee vereinigen zu wollen, um dann gemeinsam Berlin zu entsetzen."

„Als der Wenck mit seinem Krad ganz vorn bei uns war", antwortet Helmut. „Da dachte ich einen Moment, das könnte klappen. Der hat uns richtig Mumm gemacht. Dabei sah der selber mit seinem Gipsarm ganz schön kaputt aus."

„Ja, für einen Tag hat's gereicht. Dann waren die Russen uns wieder über. Diese verdammten Stalinorgeln. Jetzt will Wenck unsere ganze zwölfte Armee in Gefangenschaft zu den Amis schicken. Der Krieg ist aus für uns. Gott sei Dank."

„Wer ist denn Wenck?", frage ich neugierig.

„Unser General."

„Den scheint ihr wohl zu mögen?"

„Das kann man wohl sagen. Der bildet jetzt hinter Brandenburg mit den andern Jungs eine Front zwischen den Russen und den Flüchtlingstrecks. Er will die Flüchtlinge und uns heil an die Elbe bringen. Zigtausende!"

„Einfach toll! Ob er das schafft?"

„Vielleicht. Die Russen haben ja genug mit Berlin zu tun. Da können sie ihn nicht so scharf verfolgen."

„Und wir gewinnen Zeit, um zu Fuß zu den Amis zu kommen", seufzt Helmut auf der Munitionskiste. „Die brauche gerade ich als Fußkranker."

Schade. Als wir mit unserem Pferdewagen zwischen Pobiedziska und Landsberg auf der Flucht waren, haben uns keine Soldaten geholfen. Die haben uns vielmehr zur Seite gescheucht, um sich selber davonzumachen. Warum gab es bei uns keinen General Wenck?

Rumms! Rumms!

Artilleriefeuer. Am Ende der Märkischen Chaussee, wo es nach Warow geht, hat es eingeschlagen. Im Nu sind die Soldaten von der Straße verschwunden. Sie schmeißen sich in die Vorgärten oder auf den Rasen vor dem Krankenhaus. Dietrich und ich liegen neben Helmut und seinen Kameraden.

Noch einige Einschläge hinterm Krankenhaus. Dann Stille. Am Ende der Märkischen Chaussee brennt es in einer alten Villa. Dichter Qualm steigt empor.

„Alles Irrläufer", stellt Dietrich fachkundig fest.

„Im nächsten Krieg kannst du ja zur Artillerie gehen", ächzt Helmut auf seiner Kiste. „Da bedienst du dann die Zielgeräte."

„Tut mir leid", antwortet Dietrich. „Im nächsten Krieg bin ich der Erste, der eine Mücke macht. In diesen Schlamassel, in dem wir hier alle stecken, möchte ich nicht noch einmal rein."

„Alles ganz furchtbar", höre ich eine Stimme hinter mir. Als ich mich umdrehe, blicke ich in das verängstigte Gesicht von Herrn Berg, dem Block- und Luftschutzwart, den ich öfter bei Reinhardt sehe.

„Macht's gut", ruft uns Helmut zu. Seine Kameraden helfen ihm von der Munitionskiste auf. Sie reihen sich in den Zug ein, der sich wieder in Richtung Westen in Bewegung setzt.

„Das soll jetzt alles zu Ende sein?" Verständnislos blickt Berg auf den Zug der grauen Masse, von dem kein Ende abzusehen ist. „Der Iwan wird uns alle umbringen."

Ein hochgewachsener Mann schiebt sich neben Berg vor. Er hat ein Buch in der Hand. Aus scharfen Brillengläsern unterm schwarzen Hut blickt er auf uns herab. „Die letzten Tage der Wehrmacht sind nicht die letzten Tage der Menschheit", sagt er. „Das Leben geht weiter. Sie gestatten, meine Herren."

Mit einer leichten Verbeugung dreht er sich um und verschwindet hinter Leuten aus den anliegenden Häusern.

„Wer ist denn das?", frage ich.

„Das ist Herr Ernst", antwortet Berg. „Der wohnt in dem Haus in der Kastanienallee, in dem sich eure zukünftige Dachwohnung befindet. Er ist so etwas wie ein Philosoph. Manche nennen ihn auch einen komischen Kauz."

„Der Führer ist tot", sage ich zu Dietrich. „Das hat mir gerade der Reinhardt erzählt. Er stand vor der Wohnungstür und hielt sich am Treppengeländer fest, als ob er Angst hätte, zu stürzen. Er hat mich wohl gar nicht richtig erkannt. Seine Augen waren so verschwommen, dass ich glaube, er hat geweint."

„Übertreibst du jetzt nicht?"

„Keineswegs. Es war das erste Mal, dass er nicht irgendetwas Politisches von sich gab oder sonst wie nörgelte. Er murmelte so Sachen wie ‚bis zum letzten Atemzug gekämpft' und ‚in vorderster Front in der Reichskanzlei gefallen'. Das sei alles durchs Radio gekommen."

„Und was hast du ihm gesagt?"

„Nichts. Ich konnte das nicht lange mit ansehen und bin schnell an ihm vorbei."

„Das musste ja mal kommen", bemerkt Dietrich. „Ich hab mir das zwar nie vorstellen können. Denn der Führer schien so etwas wie unsterblich zu sein. Aber in den letzten Jahren hat er sich ja ganz dünn gemacht. Als ob er krank sei und das nicht zeigen mag. Auch so einer muss also mal dran glauben."

„‚Führer befiehl, wir folgen dir' werden sie jetzt wohl nicht mehr singen."

„Vielleicht die vom Werwolf", meint Dietrich.

„Hast du Adolf Hitler mal gesehen?", frage ich meinen Freund.

„Nein. Aber früher habe ich ihn oft im Radio gehört, als er noch große Ansprachen hielt."

„Ich war mal bei einer Rede auf dem Rathausplatz in Wilhelmshaven dabei. Das war kurz vor dem Krieg. Ich war erst sieben und hatte Werner mit. Der war noch ganz klein."

„Und?"

„Vater hatte gesagt, geht da man hin. Der Rathausplatz ist ja nur drei Minuten von unserer Wohnung entfernt. Vater musste zum Stapellauf des Schlachtschiffes ‚Tirpitz'. Deshalb war ja auch der Führer nach Wilhelmshaven gekommen, um dann am Nachmittag die Rede auf dem Rathausplatz zu halten."

„Da bist du ja richtig zu beneiden, dabei gewesen zu sein."

„Werner und ich standen ganz vorn an der Tribüne mit den vielen roten Fahnen und den Hakenkreuzen. Wir waren nur wenige Meter vom Rednerpult entfernt. Als ich zum Führer aufschaute, hatte ich richtiges Herzklopfen. Den berühmten Mann vor mir zu sehen und all die großen Leute hinter ihm. Den Goebbels kannte ich ja schon damals. Und den Göring und einige andere auch."

„Das muss ja richtig spannend gewesen sein."

„Am Anfang war ich eher enttäuscht. Adolf Hitler fing ganz langsam an zu sprechen und ganz leise. Erst dachte ich, er wäre krank oder hätte Angst vor den vielen Menschen. Denn einhunderttausend sollen auf dem Rathausplatz gestanden haben. Und er machte ganz lange Pausen, als ob er seine Rede vergessen habe. Da hatte ich richtig Mitleid mit ihm, wie er da so allein stand und niemand ihm helfen konnte."

„Red doch nicht so 'n Scheiß. Den hab ich aus dem Radio ganz anders in Erinnerung."

„Warte mal ab. Das war ja erst der Anfang. Langsam steigerte er sich, sprach endlich schneller und lauter und wurde größer hinter dem Pult. Irgendwann verlor er alle seine Hemmungen und schrie, brüllte und krächzte mit überschnappender Stimme. Er japste und wedelte mit den Armen, als ob ihm die Luft wegbliebe. Die Haare hingen ihm wirr ins Gesicht."

„Ja. So hab ich ihn mal in der Wochenschau gesehen."

„Die Leute hättest du sehen und hören sollen. Ein ‚Sieg heil' nach dem anderen. Immer und immer wieder. Ich hab da zuerst nur so gestanden und geguckt mit meinem Bruder an der Hand. Dann hat mich einer in SA-Uniform gepackt und angeschrien, ich solle auch mal meinen Arm heben und mitrufen. Hab ich dann auch getan: ‚Ein Volk, ein Reich, ein Führer.'"

„Und dein Bruder Werner?"

„Der wollte schon am Anfang gleich wieder nach Hause. Es war ihm wohl zu langweilig. Dann aber hat er den Arm gehoben und dreimal ‚Sieg Heil' gerufen. Richtig gekräht, weil er wohl meinte, bei dem großen Platz müsse er lauter sein als sonst. Und hier dürfe er das ja auch im Gegensatz zu unserer kleinen Wohnung, wo er von Mama Schelte bekommen hätte. Man hat das ganz weit gehört, weil er gerade in einer der Pausen vom Führer schrie, ganz laut in die Stille hinein, sodass man es hallen hörte. Und der Führer hat das auch mitgekriegt. Denn als Werner krähte, guckte er richtig runter zu uns."

„Hat Werner das bis zum Schluss ausgehalten?"

„Du wirst dich wundern. Irgendwann griff der SA-Mann hinter uns nach ihm und setzte ihn auf seine Schultern, weil er ja noch so klein war und endlich auch den Führer sehen und nicht nur hören sollte. Da leuchteten Werners rote Haare über den ganzen Rathausplatz."

Ich mache eine Pause. Wird das dem Dietrich nicht zu langweilig? Nein, ihn scheint die Sache zu interessieren.

„Dann fing Werner an, von seinem Hochsitz aus zu rufen und stimmte in all die anderen mit ein: ‚Ein Volk, ein Reich, ein Führer', so lange, bis sie schließlich alle sangen: ‚Die Fahne hoch, die Reihen fest geschlossen'. Endlich reichte der Mann in Uniform ihn wieder runter. Er hatte Tränen in den Augen und sagte: ‚Dein Bruder wird mal ein guter Nationalsozialist'."

„Was hat denn der Führer in seiner Rede gesagt?"

„Ich hab nur Bahnhof verstanden. Ich glaub, er hat mächtig über die Engländer geschimpft. Die seien böse. Deshalb habe er auch das Schlachtschiff ‚Tirpitz' bauen lassen, um ihnen mal richtig zu zeigen, was Deutschland alles kann. Aber geholfen hat das ja auch nicht. Die ‚Tirpitz' ist im vorigen Jahr mit Mann und Maus abgesoffen. Vater hat erzählt, dass das Schiff von englischen Fliegerbomben versenkt worden sei, und zwar in Norwegen. Der Wehrmachtsbericht sagte nichts davon."

„Schade, dass ich Adolf Hitler nicht mal gesehen habe. Der ist jetzt wohl eine richtige historische Figur. So wie Kaiser Wilhelm."

„Opa meint immer, die Zeiten können sich schnell ändern. Dann ist auf einmal eine historische Figur, wie du das nennst, ganz klein. Auch Kaiser Wilhelm musste schließlich vom Thron runter und hackte dann Holz in Holland."

„Warum war denn dein Opa nicht mit zu dieser großen Rede?"

„Er hat etwas gegen die Partei. Die hat ihn aus der Kriegsmarinewerft hinausgeworfen, wo er in der Kesselschmiede gearbeitet hatte. Irgendetwas Politisches aus der Zeit vor 1933 haben sie ihm angekreidet."

„Armer Kerl."

„Außerdem hatte er sich darüber geärgert, dass die Rosenbeete auf dem Rathausplatz zerstört worden waren, damit man pflastern konnte, um für die einhunderttausend Zuhörer des Führers einen Aufmarschplatz zu haben. Das hat ihm nicht gepasst. Er liebt Rosen über alles."

„Dann hat er wohl auch keine Hakenkreuzfahne vors Fenster gehängt."

„Das hat er in diesem Jahr vorm Krieg nur zweimal getan. Das erste Mal, als das Memelland heim ins Reich kehrte. Darüber hat er sich gefreut, weil Memel seine Heimatstadt ist."

„Und das zweite Mal?"

„Am 20. April."

„Also zu Führers Geburtstag."

„Opa meinte, er hätte für sich selbst geflaggt. Denn auch er ist am 20. April geboren."

***

Es ist weit nach Mitternacht. Lautes Krachen weckt mich. Scheiben klirren. Glas splittert, Schritte vorm Hause, Stimmen. Ich springe aus dem Bett und lasse mit lautem Knall das Verdunkelungsrollo nach oben flitzen.

„Was soll das?", ruft Mama schlaftrunken aus ihrem Bett.

„Ich will schlafen", mault Dieter neben ihr. Rotes Licht kommt ins Zimmer. Ich reiße das Fenster auf. Feuer! Flammen schlagen aus dem Gartenhaus der Reinhardts. Qualm zieht herauf. Richard hustet.

„Da sind Brandbomben eingeschlagen", sagt Werner, als er aus dem Fenster sieht. „Und wir haben gar nichts davon gemerkt."

Am Eingang des Hexenhäuschens, wie die Brüder es nennen, erkenne ich im Halbdunkel Berg, unseren Block- und Luftschutzwart, der mit einer kleinen Spritze die Flammen zu löschen versucht.

Da donnert es an die Wohnungstür.

„Elsa! Reinhardt!", ruft jemand.

Als ich öffne, steht Frau Krause vor mir. Ihr Haar ist wirr. Die Lockenwickler haben sich gelöst und hängen wie große Ohrringe zu beiden Seiten des Kopfes herab. Sie stürmt an mir vorbei und rüttelt an der Tür zu Reinhardts. Als niemand antwortet, reißt sie die Tür auf und hetzt schreiend durch die Wohnung.

„Ellsaaa! Hooorst! Haannelooooore!"

Niemand antwortet. Völlig aufgelöst kommt sie zurück und rast die Treppe hinunter. Werner und ich folgen ihr, nur notdürftig mit einem Mantel bekleidet.

Brandrote Helligkeit empfängt uns vor der Haustür. Das Feuer hat sich ausgebreitet und Berg ist mit seiner Spritze zurückgewichen. Im Schein der Flammen ringt er an der Hauswand nach Luft. Einige Nachbarn kommen vom Gartenweg her. Auch Günter Drewitz, den ich schon lange nicht mehr gesehen habe, ist darunter. Der erschöpfte Berg drückt ihm das kleine Löschgerät in die Hand und sagt: „Mach mal weiter!"

In der Waschküche schließe ich den Schlauch fester an die Wasserleitung an und der Druck auf die Düse der kleinen Spritze nimmt zu.

„Danke", ruft Günter durch den Qualm.

„Die sind alle tot!", schluchzt Frau Krause neben mir. Sie hat die Hände vors Gesicht geschlagen und weint. Hemmungslos. Frau Lehmann versucht sie zu trösten.

„Waren die Reinhardts denn in dem Gartenhaus, als die Bombe einschlug?", fragt Mama, die inzwischen auch heruntergekommen ist.

„Bombe?", schreit Frau Krause auf. „Bombe!", schluchzt sie. „Das war keine Bombe", heult sie. „Die Reinhardts haben selbst das Gartenhaus angezündet und sich dann darin umgebracht."

Frau Lehmann schlägt erschrocken die Hände über dem Kopf zusammen.

„Die sind da drin!" Da stolpern Feuerwehrleute den Gartenweg herunter.

„Endlich", stöhne ich. „Ich bin fast blind von dem Rauch."

„Und ich fast erstickt", pustet Günter. Die Feuerwehrmänner haben einen langen Schlauch am Hydranten der Bahnhofstraße angeschlossen und gehen mit einem kraftvollen Strahl gegen die Flammen vor.

„Ich hab das schon geahnt", sagt Frau Lehmann. „Reinhardts haben in den letzten Tagen öfter alte Sachen ins Gartenhaus getragen, die gut brennen. Ihn selbst habe ich noch gestern Abend im Hausflur gesehen. Da war er total betrunken. Darüber habe ich mich gewundert, denn er trinkt sonst nie."

Günter verabschiedet sich, weil er seinem Vater Bescheid sagen will. Seine feingliedrigen Hände, die sonst mit Klaviertasten umgehen, sind schwarz vom verkohlten Holz. Wie angenehm es doch ist, Günter einmal ohne den Gorilla Rudi und den schniefenden Bernd unter uns zu haben.

„Elsa hatte immer solche Angst vor den Russen", jammert Frau Krause. „Dass sie Hannelore und ihr was antun."

„Ja, das sind Bestien", sagt Berg, der sich wieder erholt hat. Die routinierten Feuerwehrmänner schaffen es langsam, die Flammen zu ersticken, einer ist von hinten in das Hexenhaus eingedrungen und ein anderer durch eines der Seitenfenster. Auch der Kollege am Eingang bewegt sich langsam in das Innere.

„Ich begreife das alles nicht", entrüstet sich Mama. „So einfach die Familie umbringen. Ich hab dem Reinhardt manches zugetraut. Aber das denn doch nicht."

Unfassbar! Mögen doch die Eltern selbst über ihr Leben entscheiden. Aber die schöne Hannelore zu töten! Die ist doch erst siebzehn und wollte sich bald mit Klaus verloben, dem Flakhelfer aus Berlin. Noch glimmen die Funken und es knackt im verbrannten Holz. Noch ätzt der Qualm Auge und Mund. Da tragen die Feuerwehrleute sie schon auf Bahren hinaus.

Einmal, zweimal, dreimal. Und jedes Mal schreit Frau Krause laut auf.

„Was wissen Sie denn schon", greint sie Mama an. „Sie sind doch fremd hier. Der Reinhardt war so ein guter Mensch."

Einer ihrer Lockenwickler ist heruntergefallen. Ich hebe ihn auf.

„Zu uns war er nicht immer gut", antwortet Mama.

„Und zu anderen war er sogar brutal", sagt Frau Lehmann. „Wie rücksichtslos der mit Häftlingsfrauen umging, wenn er nicht genügend Waggons zum Transport hatte, habe ich selbst einmal erlebt. Da fielen an der Ladestraße Frauen bewusstlos aus dem Wagen, weil sie dieser gute Mensch so eng zusammengepfercht hatte. Die waren von weit her gekommen und sollten in der Munitionsfabrik arbeiten."

„Die hatten es wohl auch nicht anders verdient", entgegnet Frau Krause und wischt sich die Tränen aus dem Gesicht.

„Wenn die Russen Reinhardt gekriegt hätten, dann hätten sie kurzen Prozess mit ihm gemacht", erwidert Frau Lehmann und wischt sich eine Haarsträhne aus der Stirn.

War Reinhardt in den letzten Tagen deshalb so still gewesen, weil die heutige Nacht immer näher rückte? Hatte es ihm den Rest gegeben, als er den Elendszug der Wehrmacht auf der Märkischen Chaussee sah und sein geliebter Führer schließlich in den Tod ging?

Jetzt verstehe ich auch, warum er uns die Küche hinter dem Wäscheboden gegeben hatte. Er wollte uns aus seinem eigenen Wohnbereich entfernen, um ungestört den Selbstmord vorbereiten zu können.

Die Nachbarn sind längst verschwunden. Nur Berg ist noch bei uns und stützt sich auf die Luftschutzpumpe.

„Das werden nicht die Letzten sein, die sich das Leben nehmen", sagt er. „Vielleicht haben die es sogar am besten. Denen können die Russen nichts mehr antun."

***

Mit tiefem Klang schlagen die Glocken der Marienkirche. Ihr Schall zittert durch die sonnendurchflutete Stille zu mir herüber an die Märkische Chaussee. Ich zähle die Schläge. Zwölf Uhr. Aus Richtung Warow haben wir vor drei Tagen zum letzten Mal Geschützfeuer gehört. Nun steigt die Spannung von Stunde zu Stunde. Wann werden die Russen hier sein? Da gibt es immer noch Leute, die glauben, die Amerikaner könnten ihnen zuvorkommen. Vielleicht werden die Russen ja vom General Wenck mit dem Rest der zwölften Armee aufgehalten. Vielleicht.

Am Ende der Märkischen Chaussee bauen Leute vom Volkssturm eine Panzersperre ab. Sie war erst gestern errichtet worden. Jetzt soll die Stadt kampflos übergeben werden. Da höre ich Motorengeräusche von Warow her. Russen? Nein, ein deutscher Soldat auf einem Krad. Er schlängelt sich an der Gruppe vom Volkssturm und den restlichen Balken der Panzersperre vorbei und an einem Kübelwagen der Wehrmacht, der gestern von einem Jagdbomber in Brand geschossen worden war. Vor mir hält er an. Ein Feldwebel. Er will den Weg wissen, den seine Kameraden von der Zwölften durch die Stadt genommen haben. Ich gebe Auskunft.

„Ich bin der Letzte", sagt er. „Hinter mir sind nur noch Russen. Ich habe Schwein gehabt, dass ich mein Krad noch selber reparieren konnte. Die Maschine war defekt."

„Zieh dein Braunhemd aus!", ruft er mir zu. „Die Russen mögen das nicht. Die halten dich für einen Werwolf!"

Laut lässt er den Motor aufjaulen. Knatternd braust er davon.

Es wird höchste Zeit, nach Hause zu gehen. Die Kastanienallee entlang zum Bahnhof. Die Obstbäume zu beiden Seiten stehen in voller Blüte. Zur Rechten flimmert die alte Stadt im Sonnenlicht. Weiße Tücher haben sie aus den Fenstern gehängt. Über allem thront die Marienkirche. Eine lange, weiße Fahne schwebt von den Turmfenstern zum Portal herunter. An der Ecke Victoriastraße passiere ich den Laden von Markowski. „Kolonialwaren, Südfrüchte, Spirituosen".

Im verwilderten Vorgarten blühen die Kuhblumen, dahinter die alten Kastanienbäume mit ihren Kerzen.

„Wo warst du denn so lange?", fragt Mama vorwurfsvoll, als ich heimkomme. „Wir sind ganz allein im Haus. Frau Krause, Frau Lehmann und Anhang sind alle fort, sie wollen sich im Wald verstecken."

„Auch in der Kastanienallee und in der Victoriastraße sind die Häuser leer", berichte ich.

Im Haus herrscht Totenstille, Schweigen auch am sonst so geräuschvollen Bahnhof. Nur einige Spatzen schilpen vorm abgebrannten Hexenhaus der Reinhardts. Ich wechsle mein Braunhemd gegen das blaue und folge damit dem Rat des Feldwebels auf dem Krad. Nein, für einen Werwolf möchte ich von den Russen nicht gehalten werden.

„Ich habe Angst", sagt Werner. „Wenn sonst niemand hier ist, können uns die Russen überfallen, ohne dass es einer merkt."

Mama versucht, ihn zu besänftigen.

„Ihr müsst nur ruhig und freundlich sein, wenn die Russen kommen. Dann tun sie euch nichts. Das wird schon alles gut gehen."

„Aber die anderen. Sie sind doch alle abgehauen. Die haben jetzt ein schönes Versteck."

„Die haben es nicht besser. Sie können nicht ewig im Wald bleiben. Uns finden die Russen zwischen den Gärten ums Haus nicht so schnell. Und überhaupt: Sind wir nicht schon genug geflüchtet? Ganz von Pobiedziska bis hierher! Lasst uns aushalten. Es wird schon alles gut gehen."

Mir ist flau im Magen. Die Angst der Leute in den letzten Tagen! Vergewaltigen, Morden, Plündern! Die Russen bringen uns alle um! Heute Morgen war die letzte Unruhe im Hause, als Frau Krause mit dem Handwagen und der zitternden Ruth vor der Haustür aufbrach. „Kommen Sie doch mit in den Wald", hatte sie Mama beschworen. Mama war ganz ruhig geblieben. Oben hatte sie dann später gesagt: „Dass die selbst heute ihre Locken frisch gewickelt hat."

Da steht immer noch diese angebrochene Flasche Mosel. Sonderzuteilung der letzten Woche. Lebensmittelkarte Abschnitt F. Gestern Abend haben Mama und ich von diesem Gesöff getrunken. Nach einem Glas bin ich beduselt ins Bett gefallen.

„Bring die Flasche weg", sagt Mama. „Gleich in den Müll. Sonst trinken sich die Russen noch einen an."

Sind da nicht Geräusche auf dem Wäscheboden? Aufgeschreckt schleichen wir uns hin.

„Da ist nichts."

Ich öffne die Dachluke. Frühlingswärme strömt herein.

Hinten, am Ende der verlassenen Kastanienallee, liegt die Märkische Chaussee wie ein Band zwischen den Bäumen.

Die Männer vom Volkssturm haben die Panzersperre abgebaut. Die Balken gleißen in der Mittagssonne.

„Bleibt an der Luke und passt auf!", ruft Mama.

Vergeblich gucken wir uns die Augen aus dem Kopf. Ein Fernglas müsste man haben.

Teil II

Die Rote Armee

„Sie kooommen!"

Werner springt von der Leiter am Ausguck herunter und fuchtelt mit den Armen.

„Da", zeigt er hinter sich, „ein Panzer auf der Märkischen."

Mit einem Satz bin ich die Leiter rauf. Ganz langsam kriecht er dahin, immer wieder verdeckt durch die Bäume der Kastanienallee. Mit weit gerecktem Geschützrohr bewegt er sich auf das Tor des Krankenhauses zu. Ein T 34. Männer befinden sich oben drauf und hinter dem Fahrzeug. Einige tragen Uniformen, andere Arbeits- und Häftlingskleidung. Alle haben Gewehre in der Hand. Bald folgt ein weiterer Panzer, und dann ein dritter. Auch sie haben Bewaffnete auf und hinter sich. Die Stille des Mittags unter der hoch stehenden Sonne ist gebrochen. Die Kettengeräusche der Panzer dringen bösartig zu uns herauf. Aber es fallen keine Schüsse.

Plötzlich erstirbt der Lärm. Die Fahrzeuge sind hinter den ersten Häusern der kleinen Stadt mitsamt den Bewaffneten verschwunden. Die Märkische ruht wieder in tiefem Frieden. Ruhe herrscht auch in den Gärten zwischen unserem Hause und der Märkischen. Nur hin und wieder jagen einander Schwalben zwischen den blühenden Obstbäumen. Ob der Krieg schon vorbei ist? Plötzlich hören wir Geräusche von der Kastanienallee.

Werner schaut aufgeregt hinaus. „Da rütteln Männer an den Haustüren", ruft er. „Aber keiner macht auf. Die Leute sind ja in den Wäldern."

Ein Schuss. Noch einer. Stille. Wir lauschen.

Dieter wimmert. Mama nimmt ihn auf den Schoß.

Wir sitzen auf den Betten im Schlafzimmer und auch Werner ist hinzugekommen. Wir halten uns an den Händen.

„Das war auf dem Bahnhofsplatz", sagt er.

Krrraaaaach! Krrraaaaach!

Ich husche vorsichtig zum Fenster. Im Garten sehe ich zwei Männer neben dem ausgebrannten Hexenhaus von Reinhardt.

Sie dreschen mit Gewehrkolben auf den Zaun ein. Latten fallen heraus. Dann schlüpfen sie durch das Loch. Wenig später hören wir, wie sie die unverschlossene Haustür aufstoßen. Sie donnern an die Türen von Krause und Lehmann. Glasscherben klirren. Schritte auf der Treppe.

„Mach die Tür auf", sagt Mama.

Ich taste mich über den Flur und öffne die Tür einen Spaltbreit.

„Ganz aufmachen", sagt Mama hinter mir. Richard und Dieter halten ihre Hand. Werner stellt sich neben mich. Der Mann vor uns ist höchstens zwanzig. Er hat ein schmales Gesicht und eine hohe Stirn. Auf seiner Fremdarbeiterkleidung trägt er ein großes „P" über der Brust, ein Pole. Sein Gewehr in der Rechten zeigt zum Fußboden. Mit großen Augen schaut er einen nach dem andern von uns an. Zuletzt bleibt sein Blick an Dieter hängen. Da beginnt der Kleine zu weinen und drückt sich an Mama.

Sein Kollege ist auf der Treppe stehen geblieben und lehnt sich ans Geländer. An seiner Schulter hängt eine Maschinenpistole. Da zeigt der erste auf sein Handgelenk. „Uhr", sagt er mit jungenhafter Stimme. Wir schütteln den Kopf. Mama, Werner und ich strecken die Hände vor. Niemand von uns besitzt eine Uhr. Abwartend blickt er uns an. Für einen Augenblick erinnert er mich an den Kindersoldaten mit den traurigen Augen, der Reinhardts Bad benutzt hatte. Sein Kollege schlägt ihm auf die Schulter. Er sagt etwas auf Polnisch und wie auf ein Kommando poltern sie die Treppe hinunter. „Klick" macht die Haustür hinter ihnen. Im Zimmer lässt Mama sich mit Dieter aufs Bett fallen.

„Uff", seufzt sie. „Die hätten wir erst einmal überstanden."

„Die haben ja gar nicht mit ihren Gewehren geschossen", sagt Richard.

„Du hast ja auch so brav in der Tür gestanden."

Als ich zum Fenster hinausschaue, sehe ich, wie sie vom Gartenweg aus gerade in die Bahnhofstraße einbiegen.

„Wir haben Glück gehabt", sagt Mama. „Da kommen bestimmt noch andere."

Sie geht in die Küche.

„Ich habe eine Überraschung für euch", ruft sie von dort. Sie greift oben in den Küchenschrank, wo sich eine Art Geheimfach befindet, und holt eine Packung Kekse heraus.

„Ist denn heute Sonntag?", fragt Richard, weil er weiß, dass es an diesem Tage manchmal etwas Unerwartetes für den knurrenden Magen gibt.

„Eigentlich nicht", antwortet sie. „Aber es ist schon ein besonderer Tag."

„Da sind wieder Panzer", ruft Werner von der Dachluke.

Diesmal sind es nicht nur drei wie am Mittag. Jetzt scheint die Rote Armee ihre ganze gewaltige Macht zu zeigen. Endlose Kolonnen von Panzern, Geschützen, Lastwagen, Pferdegespannen und Soldaten ziehen auf der Märkischen Chaussee in die kleine Stadt. Das dauert den ganzen Nachmittag an bis zum Abend, als die Sonne orange leuchtend im Westen untergeht und die einbrechende Dunkelheit den Zug der Soldaten und der vielen Waffen verhüllt. Wir tasten uns im Mondlicht durch das Schlafzimmer. Aber wir wagen es nicht, Licht einzuschalten, denn auch bei heruntergelassenem Verdunklungsrollo könnten uns die Lichtstreifen an den Seiten verraten. Werner und ich wachen am Fenster. Draußen bewegt sich nichts. Unser Haus ist wirklich ein gutes Versteck. Niemand verirrt sich mehr hierher. Nur der Lärm auf der Märkischen erinnert uns an die nahe Gefahr.

Weit nach Mitternacht schließe ich die Haustür ab.

Als ich wieder oben bin, fragt Mama: „Wo ist eigentlich diese Flasche Mosel aus der Sonderzuteilung geblieben?"

„Die hab ich auf den Müll geworfen, wie du es mir gesagt hast. Die Russen sollten sich den ja nicht hinter die Binde kippen."

„Stimmt. Das habe ich ganz vergessen. Aber jetzt hätte ich schon einen Schluck vertragen können."

***

Zwei Tage trauen wir uns nicht nach draußen. Dann treibt uns der Hunger raus. Mama und ich gehen in die kleine Stadt. Zuvor schauen wir erstmals nach dem Tod der Reinhardts in deren Wohnung. Aber außer einigen Kartoffeln finden wir nichts Essbares. Der muffige Geruch lässt uns schnell das Weite suchen.

In der Altstadt stellt sich uns ein ungewohntes Bild dar. Überall sind Menschen, die aus den Lagern kommen. Sie tragen neue Anzüge, Jacken oder Kleider. Vergessen ist das alte Arbeits- oder Häftlingszeug.

„Die haben das Textilgeschäft nebenan ausgeräumt", sagt Frau Weimann. „Da waren große Vorräte im Keller."

„Da war ich oft drin", sagt Mama. „Auf Bezugsschein konnte man da nur selten was kriegen."

„Ging mir genauso", sagt Frau Weimann. Sie füllt schon den zweiten Liter Milch in unsere Kanne. „Die haben alles gehortet. Sie wollten die Sachen nach dem Krieg gegen gutes Geld ver- kaufen. Nun haben ihnen die Leute aus den Lagern einen Strich durch die Rechnung gemacht."

„Haben Sie nicht zu viel eingeschenkt?", fragt Mama „Ich habe doch nur Marken für einen Liter."

„Heute hab ich Milch übrig. Die meisten meiner Kunden sind noch in den Wäldern. Danach richten sich die Kühe ja nicht."

Mama bedankt sich bei Frau Weimann und zieht mich nach nebenan in den Keller des Textilladens.

Wir kommen vorbei an eingeschlagenen Schaufensterschei- ben und umgestürzten Auslagen.

Im Keller sind immer noch Leute aus den Lagern, die Klei- dung in Stapeln von Kartons suchen. Während Mama in die hinteren Räume geht, entdecke ich ein paar Strümpfe in einer Kellerecke. Ich nehme sie mit. Da höre ich französische Laute aus dem Erdgeschoss. Oben sehe ich einen Mann, der viele Zu- schauer um sich schart. „Marcel" nennen sie ihn. Er posiert vor einem großen Spiegel, der sonst den Kunden zum Anprobieren dient. Der Mann hat einen schwarzen Anzug an und trägt einen Zylinder. Das war wohl ein Ladenhüter in diesem Geschäft. Er stolziert mit einem Spazierstock auf dem Teppich herum und lässt den Stock kreisen, erst mit der rechten, dann mit der linken Hand, wirft ihn hoch und fängt ihn auch mal mit rechts, mal mit links. Dann legt er den Kopf in den Nacken und balanciert den Stock, getragen vom Nasenbein. Er verliert seinen Hut. Ein Freund greift ihn auf. Jetzt spaziert er mit dem Stock auf dem Kopf auf und ab den Teppich entlang. Er schneidet eine Grimasse, schaut ruckartig zurück in den Spiegel, wird schneller und läuft und rennt. Schließlich schlägt er der Länge nach hin auf dem Teppich, und der Stock fliegt zwischen die Zuschauer.

„Bravo, Marcel", klatschen die Umstehenden. Einer gibt ihm den Stock zurück. Ein anderer beugt sich über ihn. Ob ihm etwas geschehen sei. Drei Freunde knien nieder, um ihm zu helfen.

Da springt er urplötzlich auf die Beine und stößt einen Schrei aus. Er reißt seinen Körper herum, schaut in den Spiegel, beugt sich vor und schleudert den Stock mit größter Wucht ins Glas.

Pllliiirrrrrrrr!

Der Spiegel zersplittert in tausend Scherben. „Bravo!", rufen sie. „Bravo, Marcel!" Und während sie noch klatschen, hilft ihm ein Freund aus dem schwarzen Anzug. Und sein Häftlingshemd, die ganze Zeit verdeckt durch die Jacke, wird sichtbar. Stück für Stück. Der Wortschwall verebbt. Es wird still. Da wirft ihm der Freund ein weißes Hemd zu. Marcel zieht das gestreifte Hemd aus und zerreißt es.

„Nun mach mal deinen Mund wieder zu", sagt da ein Mann neben mir. Er hat beobachtet, wie ich dieser Szene zugeschaut habe.

„Wie Charlie Chaplin", fährt der Mann fort. „Schon lange habe ich so etwas nicht mehr gesehen."

„Wie wer?", frage ich.

„Charlie Chaplin, der große Filmkomiker."

„Kenne ich nicht. Hab ich nie im Kino gesehen. Auch nicht in der Jugendfilmstunde. Ist das so einer wie Heinz Rühmann?"

„Na ja. So ähnlich. Hm, aber anders schon. Du hast schon recht. Im Kino gab's ihn dann ja auch nicht mehr."

„Wo warst du denn die ganze Zeit?"

Mama ist wieder aufgetaucht. „Entschuldigung", sagt sie zu dem Chaplin-Kenner. „Mein Sohn."

Sie ist wütend.

„Ich suche überall nach Klamotten für dich und deine Brüder", herrscht sie mich an. „Und was machst du? Du guckst dir Theater an!"

Der Chaplin-Kenner verabschiedet sich.

Ich zeige ihr die Strümpfe, die ich in der Kellerecke gefunden habe.

„Na, wenigstens etwas."

In irgendeinem Regal hat sie ein Spitzentaschentuch mit bunten Stickereien aufgetrieben.

„Für bessere Tage", sagt sie. „Aber jetzt müssen wir noch zum Bäcker Böhme."

**

Am nächsten Tag ist es mit der Ruhe im Hause vorbei. Frau Krause und Frau Lehmann sind mit ihrem Anhang wieder aus den Wäldern zurückgekommen. Kurz nach ihrer Ankunft begegnen wir ihnen im Hausflur.

„Wie war's denn im Wald?", fragt Mama.

Die Antwort können wir uns eigentlich selbst geben. Verschmutzt, müde und abgezehrt sehen sie aus. Die sonst so gepflegten Haare Frau Krauses unterscheiden sich kaum noch von denen der Frau Lehmann. So strähnig sind sie geworden.

„Schlimm war's", berichtet Frau Krause. Sie erzählt lang und breit, wie sie im Wald ihre Tage und Nächte verbracht haben. Die letzten Tage des Krieges.

„Hier ins Haus sind nur zwei Polen gekommen", schildert Mama unsere Begegnung mit den beiden jungen Männern. „Und die wollten nichts als eine Uhr."

„Wusst ich's doch", triumphiert Frau Lehmann. „War alles nur übertriebene Propaganda. Das mit den Untaten der Russen. Wären wir bloß hiergeblieben."

Frau Krause blickt auf das ausgebrannte Hexenhaus der Reinhardts. Irgendetwas geht in ihrem Kopf herum.

„Vielleicht kommt sie ja bald ins Haus."

„Hm?"

„Na, wer wohl", lässt Frau Krause uns raten. „Die Liselotte natürlich."

„Das befürchte ich auch, dass dieses Arschloch hier einzieht", erregt sich Frau Lehmann. „Diese zackige BDM-Mieze! Ihr ‚Heil Hitler' hat man ja schon gehört, wenn sie noch am Bahnhof war."

„Sie sollten sich schämen", entgegnet Frau Krause, „so über diese Frau zu sprechen."

„Die mischt sich doch in alles ein", kontert Frau Lehmann. „Hat die nicht neulich auch ihre Ruth ausgeschimpft, weil sie immer noch Nesthäkchen liest? ‚Ein deutsches Mädel in Ruths Alter sollte darüber hinaus sein' hat sie gesagt. Was geht das denn die Liselotte an, welche Bücher Ihre Tochter liest?"

„Wer ist denn eigentlich diese Liselotte?", fragt Mama.

„Die werden Sie schon noch kennenlernen", antwortet Frau Lehmann. „Das ist Reinhardts Schwester. Die ist genau so wie ihr Bruder. Vermutlich wird sie in die Reinhardtsche Wohnung einziehen, weil sie so etwas schon lange sucht."

„Die hat uns gerade noch gefehlt. Noch einmal mit einem Scheusal wie Reinhardt eng zusammen wohnen? Entsetzlich!"

„Vielleicht lernen wir diese Liselotte ja gar nicht kennen", antwortet Mama gelassen.

Die beiden Frauen sehen Mama überrascht an.

„Und warum nicht?", fragt Frau Lehmann.

„Herr Heinrich drüben in der Kastanienallee hat uns eine Dachkammer bei sich im Haus angeboten. Wir werden dort wahrscheinlich einziehen. In seinem Büro war er sehr hilfsbereit."

„Wirklich ein netter Mann", sagt Frau Krause. „Der wird im Kraftwerk jetzt viel zu tun haben. Eben ist wieder der Strom ausgefallen."

„Früher war der aber nicht nett", korrigiert Frau Lehmann. „Das war ein ganz strammer Parteigenosse. Der hat einiges auf dem Kerbholz. Erst als ihm klar wurde, dass der Krieg verloren war, wurde er freundlich."

„Nun hören Sie aber mal auf", erregt sich Frau Krause.

„Der will sich einschmeicheln", fährt Frau Lehmann fort. „Die kleinen Leute sollen ihm helfen. Den wird man bald nach seiner Vergangenheit befragen. Da macht es sich gut, wenn er Flüchtlingen eine Dachkammer gibt, die er selbst nicht braucht. Sehr großzügig."

„Das ist gemein", platzt Frau Krause heraus.

Huuuuuuiiiiiii!

Der lang gezogene Pfiff einer Lokomotive unterbricht uns, das sanfte Gekreisch anfahrender Waggons, das Gewumm der Räder über sich kreuzenden Gleissträngen.

„Am Bahnhof arbeiten sie wieder", sagt Mama erstaunt. „Das ist aber schnell gegangen."

***

Mirows Leihbücherei haben sie genau so demoliert wie die meisten anderen Geschäfte. Vor der Tür liegen zerrissene Kriegs- und Landserhefte aus den Schaufensterauslagen. Die Scheiben sind zerschlagen. Die Holzwand dahinter ist umgestürzt. Wir kriechen durch ein großes Loch in der Scheibe der Eingangstür, stolpern über einen Bücherhaufen vor dem leeren Regal hinterm Eingang. Aus fast allen Regalen sind Bücher wahllos herausgerissen. Mirows penible Ordnung ist dahin. Ich stelle meine Tasche auf den Tisch, hinter dem sonst Herr Mirow sitzt. In der Tasche habe ich einen Möwig-Krimi, der in New York spielt, und einen Bret Harte aus dem Wilden Westen. Die Leihfrist war bereits vorgestern abgelaufen.

„Herr Mirow", rufen wir. Einmal, Zweimal. Keine Antwort. „Miiirooooow!"

Komisch, sonst ist er zu dieser Zeit immer hier. Aber eigentlich ist es gut, dass Werner und ich allein sind. Da können wir uns endlich die Karl Mays ansehen, die Mirow uns nicht ausleihen will. Da sind sie ja schon, die grün-schwarzen Buchrücken mit goldener Inschrift. Gleich drei stecken in dem großen Bücherhaufen neben der Eingangstür. Drei echte Karl Mays. Hat dieser Mirow nicht immer gesagt: „Karl May kann ich dir nicht geben. Die sind zu wertvoll. Du bist ein Fremder. Da weiß man ja nie, ob du die Bücher überhaupt zurückbringst. Nein. Karl May kann ich dir nicht geben!"

„Warte nur, lieber Mirow. Jetzt werde ich es dir heimzahlen", fluche ich vor mich hin. Werner hilft mir, die Karl Mays aus dem Bücherhaufen herauszusuchen und ins Regal zu stellen. Aber es sind keine Titel aus dem Wilden Westen darunter, die Bücher mit den Helden, die ich am liebsten mag. Stattdessen „Professor Vizliputzli", „Lichte Höhen" und „Am Jenseits".

Klirr, klirr, klirr.

Irgendjemand trampelt hinter unserem Rücken in den zerbrochenen Scheiben an der Ladentür herum. Ist etwa der Mirow gekommen? Eiskalt läuft es mir über den Rücken.

„Was macht ihr denn da?"

Die raue Raucherstimme einer alten Frau. Gott sei Dank! Wenigstens nicht der Mirow.

„Was habt ihr hier zu suchen?", macht sich die Stimme erneut bemerkbar. Lauter als zuvor. Ich stehe immer noch wie vom Schreck gebannt vor dem Regal. Erst wenige Bände mit grünschwarzen Rücken haben wir gefunden. Warum muss diese Frau denn gerade jetzt kommen? Jetzt! Wo wir uns endlich einmal nach eigenem Geschmack bedienen können.

„Wir sortieren Bücher ein."

Das hat Werner gesagt. Es ist wie eine Erlösung. Langsam drehe ich mich um. Eine kleine, spindeldürre Frau steht an der Ladentür. Ihr mageres Gesicht ist von einer ledernen Haut überzogen. Eine spitze Nase sitzt zwischen zusammengekniffenen Augen. Mein Bruder hält einen Karl May in der Hand.

„Ja", wiederhole ich Werners Antwort. „Wir sortieren Bücher ein." Dabei zeige ich auf das Regal, in das ich die drei Karl Mays eingestellt habe, die mir weniger gut gefallen. Professor Vizliputzli blickt der Frau vom Titelbild entgegen. Ich habe mich nach dem ersten Schreck wieder gefasst und lasse mir von Werner wahllos Bücher aus dem Haufen geben und bringe sie im Regal unter.

„Ordnung muss sein", sage ich. „Nicht wahr?"

Die alte Frau mit dem spitzen Gesicht antwortet nicht. Sie sieht sich irritiert in dem Durcheinander um und schüttelt stumm den Kopf. Es sieht ja auch wild aus beim sonst so ordentlichen Herrn Mirow. Ob sie wohl glaubt, dass wir zum Laden gehören? Etwa als Bedienungspersonal?

„Wollen Sie Bücher entleihen?", frage ich, als sie mich wieder ansieht. Stumm schüttelt sie den Kopf. Ihr Blick bleibt auf einem der Landserhefte auf dem Ladentisch hängen.

Ein angreifender Tigerpanzer auf dem Titelbild.

„Oder wollen Sie vielleicht Herrn Mirow sprechen?"

Fast fühle ich mich als sein Vertreter.

„Den kenne ich gar nicht", knurrt sie. „Ich war noch nie hier drin. Ich komme nur zufällig vorbei und dachte, es würde eingebrochen."

„Ja, hier sieht's schlimm aus", sage ich und stelle wieder ein Buch ins Regal, das mir Werner zugereicht hat.

„Diese verdammten Leute aus den Lagern", schimpft sie mit ihrer rauen Stimme. „Sie machen alles kaputt."

Sie steckt sich eine Zigarette in den Mund und will gerade ein Streichholz entzünden.

„Bitte nicht hier!", sage ich. „Bei den vielen Büchern ist das zu gefährlich. Herr Mirow hat das nicht gern."

Über ihr ledernes Gesicht huscht ein böser Schatten. Dann wendet sie sich zur Tür. Als sie sich durch das Loch in der Scheibe tastet, gerät sie ins Rutschen. Benommen stolpert sie an den Straßenrand, fast in einen russischen Laster hinein, der mit lautem Getöse aus der Märkischen Chaussee in die Adolf-Hitler-Straße einbiegt. Langsam tapst sie zur gegenüberliegenden Straßenseite hinüber und verschwindet hinter der Berufsschule.

„Uff", seufzt Werner. „Die war ja ganz schön blöd."

„Wir sollten uns beeilen. Der nächste Besucher ist vielleicht Mirow selbst. Der darf uns auf keinen Fall erwischen."

Wir haben Glück. Jetzt sind wir den Schätzen, nach denen wir so lange gesucht haben, ganz nahe. Mitten im Bücherhaufen sehen wir sie plötzlich: „Winnetou I", „Old Surehand" und „Der Schatz im Silbersee".

Ganz zum Schluss haben wir die Helden aus dem Wilden Westen doch noch gefunden. Im Nu sind sie in der Einkaufstasche verschwunden. Friedlich liegen sie nun neben Bret Harte und dem Möwig-Krimi.

„Und ich?", fragt Werner.

„Du hast dir doch sicher schon etwas ausgesucht. Oder etwa nicht?"

„Klar", antwortet er.

Strahlend hält er mir „Das fliegende Klassenzimmer" und „Onkel Toms Hütte" entgegen.

***

Am frühen Abend füllt sich der Garten hinter dem ausgebrannten Hexenhaus mit Menschen, die zwangsverpflichtet waren und nun ihre neue Freiheit genießen. Morgen wollen sie mit der Bahn heimreisen. In der Mehrzahl sind es französische Kriegsgefangene, die meist bei Bauern gearbeitet haben, und Polen als ehemalige Fremdarbeiter. Schade.

Unter den Franzosen suchen wir vergeblich Marcel, den Charlie Chaplin aus dem geplünderten Textilgeschäft, der vor dem Spiegel mit dem Spazierstock posierte. Dietrich und ich beobachten gespannt das muntere Treiben vom Zaun aus neben dem Hexenhaus.

„Habt ihr Briefpapier?", fragt uns ein Franzose.

„Ja", antworte ich. Wenig später bringe ich Papier und einen Umschlag.

„Kommt rüber und trinkt ein Glas Wein mit uns", lädt uns Jean ein.

„À votre santé!"

Wir trinken einander zu, nippen am Wein. Da sehe ich Mama am Fenster unseres Schlafzimmers zu uns rüberschauen. Sie schüttelt missbilligend den Kopf.

„Habt ihr Souvenirs?", fragt einer aus einer Gruppe von Kartenspielern neben uns. „Ein paar Andenken?"

Mir fällt nichts ein. Da steht Dietrich auf.

„Wartet einen Augenblick. Ich komme gleich wieder. Ich habe eine Überraschung für euch alle."

Inzwischen bringt Jean ein paar Zeilen auf das Papier. Er schreibt mit großen Buchstaben. Am Schluss malt er ein Herz, in das er einen Pfeil zeichnet.

„Dein Jean." Das kann ich auch über Kopf lesen.

„An Fräulein Gerda Marwitz. Warow", schreibt er auf den Umschlag.

„Kennst du das Dorf?"

Jean hält mir den Umschlag unter die Nase.

„Klar. Warow ist nicht weit von hier. Soll ich den Brief hinbringen?"

„Merci beaucoup", sagt er, verschließt den Umschlag und gibt ihn mir. Dann kramt er noch eine Dose Leberwurst als Botenlohn hervor.

„Merci." Das gibt zu Hause ein Festessen.

„Souvenirs, souvenirs!", fordert der Kartenspieler, den sie Maurice nennen. Dietrich ist zurückgekommen und hält eine kleine Zigarrenkiste in der Hand.

„Jetzt gibt es Souvenirs", ruft Maurice. „Ob da wohl Havannas drin sind?"

Dietrich steht vor uns und hebt den Deckel der Zigarrenkiste ganz leicht an. Vom Inhalt aber kann man nichts erkennen. Inzwischen ist es dunkel geworden. Spärliches Licht flackert nur von der Rückseite des Gartens herüber, wo Franzosen und Polen einige Feuer entfacht haben. Im Reinhardtschen Hause sind zwar unser und Frau Lehmanns Zimmer erleuchtet, aber nur ein fahler Schein dringt von dort in den Garten. Mama sehe ich als Schemen am Fenster vorbeihuschen, Frau Lehmann lehnt sich kurz einmal hinaus. Frau Krause beobachtet uns wohl aus dem Dunkel ihrer Wohnung.

„Souvenirs, Souvenirs, Andenken an eure Zeit in Deutschland. Viele schöne kleine Sachen hier in meiner Zauberkiste. Für jeden ist etwas dabei."

Dietrich baut sich auf wie ein Jahrmarktschreier vor dem Zelt. Er hebt die Zigarrenkiste hoch. Rüttelt und schüttelt sie. Es rappelt und klappert darin. Nach Zigarren aber klingt das nicht. Jetzt lüftet er den Deckel. Viele kleine Körper werden im Widerschein des diffusen Lichts der Feuer sichtbar, spiegeln sich matt im Durcheinander, in sich verhakt, kopfüber, kopfunter.

„Weiter aufmachen!", fordert Maurice Dietrich auf. Da hebt Dietrich den Deckel ganz an. Jetzt kann man kleine Spielzeugfiguren in Form von menschlichen Körpern erkennen mit Fahnen, Gewehren und Musikinstrumenten. Es sind die Uniformierten des „Dritten Reiches", mit denen vor allem Kinder in den letzten zwölf Jahren gespielt haben. Lautes Geschrei ertönt. Denn keinen lassen diese Figuren kalt, rufen sie doch die Erinnerung an die hinter ihnen liegende schlimme Zeit wach. Dennoch möchte mancher eine dieser Skulpturen mitnehmen. Und so lassen sie sich von Dietrich zeigen, was er ihnen in seiner Zigarrenkiste mitgebracht hat. Dietrich greift eine Landsergestalt heraus.

„Wer möchte diesen kleinen Soldaten?"

„Ich!", ruft Jean und greift zu.

„Und ich will diesen SS-Mann", sagt Maurice, der Kartenspieler, neben ihm. „So einer hat mich mal fertiggemacht. Schlimme Erinnerung an Deutschland."

„Für mich diesen kleinen Flötenspieler von der Hitlerjugend. In unserer Scheune habe ich mit einem solchen Jungen Chansons geübt", ruft ein anderer.

Dann holt Dietrich einen SA-Mann aus der Kiste mit dem zum Hitlergruß erhobenen Arm und hält ihn an den Füßen derart, dass Kopf und Arm nach unten baumeln.

„Sieht der nicht aus wie Adolf Hitler?", fragt er schelmisch in die Runde. Einen Augenblick herrscht Totenstille.

Dann aber bricht Tumult los. „Jetzt reicht's", ruft ein kleiner Mann mit polnischem Akzent. Seine Stimme überschlägt sich geradezu. Er entreißt Dietrich die Figur und schmeißt sie auf den Boden.

„Bravo, Andrej!", klatschen seine Freunde.

„Ich habe hier vier Jahre ein Leben wie in der Hölle gehabt", macht sich Andrej Luft. „Da sind diese Figuren eine Beleidigung für uns Polen. Gott sei Dank ist das nun alles vorbei. Also, hör jetzt auf mit deinem Theater!"

Noch während er spricht, trampelt Andrej auf dem SA-Mann herum, der unter seinen Tritten mit einem Knacken zerbricht.

Erst jetzt scheint Dietrich zu begreifen, wie sehr er diese Menschen verletzt hat. „Entschuldigung", höre ich ihn mehrfach stammeln. Aber seine Worte gehen im allgemeinen Stimmengewirr unter.

Die Polen ziehen sich angewidert zu ihrem Feuer in die Tiefe des Gartens zurück.

„Die haben es in Deutschland viel schwerer gehabt als wir französische Kriegsgefangene", sagt Jean.

„Bei meinem Bauern hatte ich es gut." Er greift zu einer kleinen Tierfigur in der Zigarrenkiste, einem Schäferhund. Gott sei Dank hat Dietrich nicht nur uniformierte Figuren darin.

„Bei Gerda haben sie auch so einen. ‚Stinker' heißt er. Ich möchte ihn gern mitnehmen."

Irgendwann verabschieden wir uns. „Bon voyage."

„Den Brief an Gerda nicht vergessen", ermahnt Jean.

Ich verspreche es ihm. Noch am Zaun hören wir, wie sie anfangen zu singen: das Lied vom Mädchen auf der Straße nach Dijon. Dietrich zieht mit seiner Zigarrenkiste von dannen. Nur noch wenige Figuren sind drin. Und ein Stück Käse als Dank für die entnommenen Skulpturen. Leicht beduselt vom Wein steige ich zu uns hinauf.

Am nächsten Morgen lärmt es vor der Haustür. Ich erkenne die Stimmen von Frau Lehmann und Frau Krause. Vorsichtig öffne ich das Fenster und spitze die Ohren.

„Du sollst nicht lauschen!", ruft Mama hinter mir.

„Na, ausnahmsweise mal."

„Bei Adolf Hitler hätte es das nicht gegeben", höre ich Frau Krause keifen. „Da haben nachts Ruhe und Ordnung geherrscht".

„Die armen Jungs", sagt Frau Lehmann bedauernd. „Mein Mann hat mir doch erzählt, wie sie die Polen in der Munitionsfabrik geschunden haben. Ich gönne es ihnen, dass sie endlich auch einmal feiern konnten."

„Die haben unsere Geschäfte ausgeplündert", gibt die Krause zurück. „Und dann dieser Lärm!"

„Für die war es doch der letzte Abend in Deutschland", meint Frau Lehmann versöhnlich.

„Das möchte ich auch hoffen", entrüstet sich Frau Krause. „Sie können sich ja mit denen gemein machen, Sie Proletarierweibsstück."

Das Palaver vor der Tür hat auch Mama ans Fenster gelockt. Neugierig schaut sie hinunter. Die beiden da unten sind so mit sich beschäftigt, dass sie uns gar nicht bemerken.

„Du sollst nicht lauschen", flüstere ich Mama ins Ohr.

„Pssssst!" Unten tuscheln und zischen sie jetzt im Hausflur, sodass wir kaum etwas verstehen können, bis Frau Lehmann plötzlich mit einer Lautstärke anhebt, die auch zu uns empordringt: „Es wird nicht mehr lange dauern", donnert sie, „dann werden Ihnen die Proletarierweibsstücke schon zeigen, wo der Weg langgeht. Sie Nazimaid!"

Dann hören wir nur noch, wie eine Tür zugeschlagen wird. Es muss die Wohnungstür von Frau Krause gewesen sein.

***

Reinhardts Schwester Liselotte ist gekommen. Diesen Besuch haben wir lange befürchtet.

Und jetzt ist sie mit Mama und mir in der guten Stube ihres toten Bruders. „Hier fehlt etwas", sagt sie schon zum dritten Mal und weist erneut auf eine Stelle an der Wand zwischen den beiden Fenstern hin.

„Hier hing immer die silberne Medaille auf dem Eichenbrett, die mein Bruder vom Generalgouverneur Frank für den Aufbau der Ostbahn persönlich erhalten hat. Darauf war er so stolz gewesen. Wo ist sie?" Ihre Stimme ist schneidend geworden. Sie klingt so, als wäre die tote Elsa wieder auferstanden.

Mama antwortet nicht.

„Die Medaille", sage ich, „die Medaille kenne ich sehr gut."

„Du also hast sie geklaut!", triumphiert Reinhardts Schwester. „Das hab ich mir doch gleich gedacht."

„Ihr Bruder hat sie mir nur einmal gezeigt. Hier in diesem Zimmer. Und da ..."

„Gib sie schon her!", fällt sie mir ins Wort.

„Das war kurz vor seinem Tode", rede ich einfach weiter. „Damals hat er mir gesagt, dass die Polen in der Munitionsfabrik faul seien. Man müsse diesen Untermenschen in den Hintern treten. Vielleicht hat er ja auch die Polen im Generalgouvernement so behandelt und dafür diese Medaille bekommen."

Ich bin stinksauer. Mir vorzuwerfen, ich hätte Reinhardts Auszeichnung geklaut!

„Du Rotzbengel!", schreit sie mich an. „Die Leistung meines Bruders so herabzuwürdigen! Du entschuldigst dich auf der Stelle. Nimm mal Haltung an, wenn ich mit dir rede!"

Fast schlage ich die Hacken zusammen und lege die Hände an die Hosennaht. Da war er wieder. Der Befehlston der Fähnlein- und Jungzugführer der vergangenen Jahre und nun diese

BDM-Mieze, die glaubt, mich auf dieselbe Art behandeln zu können.

Aber Mama hilft mir.

„Noch einmal diesen Kommandoton", braust sie auf, „und Sie können sich hier mit sich allein unterhalten!" Sie macht eine Bewegung, als ob sie den Raum verlassen will. Aber dann wendet sie sich, wieder ruhiger geworden, an mich: „Edo, überleg doch mal, was wirklich mit der Medaille geschehen sein könnte."

Reinhardts Schwester lässt mich jedoch nicht zu Wort kommen. „Sie waren doch nach dem Tode meines Bruders ganz allein hier in der Wohnung", spricht sie Mama jetzt an. „Könnte es nicht sein …"

„Wenn Sie nicht aufhören, zu behaupten, dass einer von uns diesen Silberkram geklaut hat", brüllt Mama sie erneut an, „dann gehen wir jetzt wirklich. Wir waren nur ein einziges Mal in der Wohnung Ihres Bruders. Fünf Kartoffeln haben wir mitgenommen, weil wir halb verhungert waren, als die Russen kamen. Die können sie gern wiederhaben!"

Die Frauen schauen sich so verbiestert an, dass ich Angst habe, sie gehen gleich aufeinander los.

„Als Ihr Bruder mit mir über die Medaille gesprochen hat", sage ich ganz ruhig. „Da hat er auch gesagt, sie sei ein Lieblingsstück von ihm. Das würde er immer um sich haben wollen."

„Ein Stück aus so wertvollem Silber", sagt Liselotte lauernd.

„Die hätte auch aus Blech sein können."

„Bitte keine Beleidigungen."

„Für Ihren Bruder war das Material nicht wichtig."

„Sondern was?"

„Die Medaille war für ihn so etwas wie eine große Ehre. Wie ein Ritterkreuz, das ihm der Führer ganz persönlich verliehen hat."

„Das war sie ja auch."

„Sie hätten ihren Bruder mal sehen sollen, als die Meldung kam, dass der Führer tot ist."

„Das ist ja auch eine Katastrophe."

„Da hat er geweint."

„Er war nicht der Einzige."

Mama wird ungeduldig. Ihr ist das Gequatsche zu viel.

„Nun sag schon, Edo, wo das Ding ist."

„So einer wie Ihr Bruder ..." Ich schaue Liselotte an.

„Ja?"

Zum ersten Mal scheint sie mir zuzuhören.

„Der konnte gar nicht anders", fahre ich fort, „als dieses Stück mit ins Grab zu nehmen." Bei diesen Worten kommen mir wieder die Bilder von der Nacht in den Kopf, als Reinhardt seine Familie und sich selbst in dem brennenden Gartenhaus umbrachte.

Liselotte scheint plötzlich verändert. Ihre Hand tastet an der Tischkante entlang. Verloren blickt sie um sich.

„Ja, so könnte es gewesen sein", sagt sie, und ihre Stimme hat alle Schärfe verloren. „Mein Bruder ist seinem Führer treu bis in den Tod geblieben."

Mama ergreift meinen Arm. „Komm, wir gehen."

Sie schreitet zur Tür. Grußlos gehen wir hinaus. „Von der möchte ich nichts mehr hören und sehen", sagt Mama, als wir wieder in unserem kleinen Schlafzimmer sind.

„Will die nicht in Reinhardts Wohnung einziehen?", fällt es mir siedend heiß ein. „Das haben doch Frau Krause und Frau Lehmann gesagt."

„In ein paar Tagen wohnen wir bei Heinrichs in der Kastanienallee auf dem Dach. Mit Reinhardts Schwester könnt ich hier nicht zusammen in der Wohnung leben."

Wenig später winkt sie mich ans Fenster. „Sieh doch mal hinaus."

Ich traue meinen Augen kaum. Reinhardts Schwester bewegt sich langsam durch die Reste des ausgebrannten Gartenhauses, den Blick angestrengt nach unten gerichtet. Mit einem Stab stochert sie in der Asche herum.

„Was mag sie wohl suchen?", fragt Mama.

„Dreimal darfst du raten", antworte ich.

***

„Wuff, wuff, wuff!"

„Pfui!", ruft Mama in das Gebell. Ein Schäferhund springt ihr fast bis zum Schal hoch, den sie sonst auch als Kopftuch trägt.

„Wetten, dass das Stinker ist?", frage ich.

„Woher kennst du den denn?"

„Jean hat mir von ihm erzählt, der französische Kriegsgefangene, dessen Brief wir seiner Freundin gerade bringen wollen. Dies ist wohl ihr Haus."

Die Tür im Wohnhaus des großen Hofes in Warow öffnet sich. Ein Mann mit herbem Gesicht blickt uns an.

„Stinker", ruft er dem Hund zu und der verschwindet sofort in der Tür. Als ich dem Mann den Brief von Jean gebe, hellt sich seine Miene auf.

„Dann kommt mal rein", sagt er freundlich.

Bald sitzen wir am Tisch in der Küche: Vater und Mutter Marwitz, wir und natürlich Gerda, die immer wieder den Brief ihres Jean liest, den mit dem Pfeil im Herzen an seinem Schluss. „Ja", sagt sie mit einem glücklichen Lächeln. „Jetzt glaube ich wirklich, dass er wiederkommen wird, wenn erst richtiger Frieden ist."

„An diesem Platz hat er immer gesessen", erinnert sich Frau Marwitz. „Es war verboten, dass er mit uns an einem Tisch isst. Darüber haben wir uns einfach hinweggesetzt."

„Und gearbeitet hat er wirklich gut", fügt Bauer Marwitz hinzu.

„Als dann die ersten Russen kamen", sagt Frau Marwitz, „da hat er sich mit uns im Heu der Scheune verkrochen. Er wollte bei uns sein. Die Russen haben uns nicht gefunden. Gott sei Dank! Aber drüben in den beiden Höfen haben sie alle Frauen vergewaltigt. Wie fürchterlich das ist. Und uns haben sie die beiden Pferde aus dem Stall geholt."

Inzwischen war Gerda aufgestanden und hat uns ein paar Eier auf den Tisch gelegt.

„Vielen Dank für den Brief", sagt sie und setzt ihr schönstes Lächeln auf. Ein wenig verlegen kramt Mama in ihrem Einkaufsbeutel. Sie holt zwei graue Päckchen heraus.

Die Marwitzens machen erstaunte Gesichter.

„Ist das auch von Jean?", fragt Gerda.

„Leider nicht", antwortet Mama. „Aber gebrauchen können Sie das auch."

Bauer Marwitz nimmt eines der Päckchen in die Hand. „Darf ich das aufmachen?", fragt er.

Mama nickt.

Mit schnellem Griff entfernt er die dünne Schnur, hebt den Deckel des kleinen Kartons an und blickt gespannt hinein.

„Nägel", entfährt es ihm. „Lauter Nägel. Die haben mir ja schon lange gefehlt."

Er nimmt einige von ihnen heraus und stellt sie auf ihren flachen Köpfen zu einer Dreierreihe auf. Eine blitzblanke Schar. Bauer Marwitz ist für Augenblicke versunken in sein Spiel. Plötzlich aber verfinstert sich seine Miene.

„Sagt mal", fragt er scheinheilig. „Wo habt ihr die Nägel eigentlich her? Normalerweise haben doch Flüchtlinge keine Nägel im Gepäck."

Er sieht Mama und mich an, als ob er genau wisse, dass wir für diese Nägel keine müde Mark auf den Ladentisch gelegt haben. Er sonnt sich in dem Gefühl seiner Überlegenheit.

„Du kannst es mir ja ruhig sagen", lächelt er mich katzenfreundlich an. „Wo hast du sie gestohlen?"

Hat der nicht alle Tassen im Schrank? Soll ich ihm wirklich sagen, dass wir die Nägel aus einem Schuppen an der Ladestraße geklaut haben? Ringsum wird geplündert, gestohlen und requiriert. Und da stellt der eine solche Frage?

Da greift Mama ein. „Wenn Sie uns Angst machen wollen", sagt sie brüsk, „dann brechen wir sofort auf."

Und schon streckt sie die Hand in die Dreierreihe der blinkenden Nägel. Munter purzeln sie durcheinander.

„Das war doch alles nur Spaß", versucht Marwitz abzuwiegeln.

Begehrlich blicken seine Augen auf die blitzenden Metallstifte.

„Nein", sagt Mama. „Das war bösartig." Sie wirft ihm einen zornigen Blick zu.

Stinker kommt herein und legt seinen Kopf auf meine Knie wie Cilla das in Pobiedziska immer getan hatte. Ich streichle ihn. Der Hund knurrt vor Behagen.

Frau Marwitz ist das Verhalten ihres Mannes peinlich.

„Ich sehe ja, dass du die Nägel gut gebrauchen kannst", sagt sie. „Wo sie herkommen, ist doch ganz egal." Und schon schlurft sie zur Speisekammer und holt aus dem mittleren Regal ein Stück Speck.

„Ich denke, das sind die Nägel wert", sagt sie. Mama nimmt den Speck entgegen und steckt ihn in ihre Tasche.

Gerda schämt sich für ihren Vater. Wie hatte sie sich über unseren Brief von Jean gefreut. Und nun hat der Vater uns so blöd verdächtigt.

„Vater ist manchmal eigenartig", sagt Gerda, als wir draußen sind. „Es tut mir leid."

„Schon gut", erwidert Mama. Da springt Stinker an mir hoch.

„Den brauchen wir hier", sagt Gerda. „Der passt gut auf. Vorgestern haben er und die Hunde vom Nachbarhof immerzu gejault."

„Was war denn los?"

„An der Kleinbahn gab es fürchterlichen Lärm. In der Nähe der Brücke, die über die Märkische Chaussee führt."

„Und warum?"

„Ein russischer Zug ist entgleist. Morgens haben wir dann Lastwagen unter der Brücke gesehen. Und Soldaten den Damm rauf und runter. Nachbar Bentlin sagt, sie hätten Tote in die Wagen runtergetragen."

***

Seit zwei Tagen wohnen wir in der Dachkammer der Heinrichs in der Kastanienallee. Das Zimmer ist eng mit seinen drei Betten, drei Klappstühlen, zwei Schränken und einem Tisch. Wenn wir uns um den Tisch drängen, sitzen zwei immer auf einem der Betten. In einer Klosterzelle dürfte mehr Platz sein. Mama bereitet das Essen auf einer Kochplatte an der Zimmertür auf dem Dachboden neben einem winzigen Waschbecken zu. Ein Klo gibt es nur im Erdgeschoss. Richard und Dieter haben ihren Spaß beim Spiel auf dem Dachboden. Mit Dreirad und Roller rumpeln sie über die Bodenbretter. Da ist Spielzeug im Krempel, der sich die Dachschrägen hinauf stapelt. Kisten, Kartons, Zeitungsbündel, Tapetenrollen, Flaschenkörbe, Koffer, verstaubte Lampenschirme.

Ein totales Durcheinander, manchmal aber auch eine Fundgrube. So entdeckte Mama eine Milchkanne. Endlich eine, bei der das Emaille nicht so hässlich abgesplittert war wie bei unserer bisherigen. Frau Weimann staunte nicht schlecht, als ich mit dieser Kanne ankam.

„Dass es so etwas noch gibt", sagte sie und schenkte einen Viertel Liter mehr ein.

Die beiden ersten Nächte unterm Dach haben wir gefroren.

„Das sind die Eisheiligen", erklärte Mama. „Gäbe es einen Ofen, hätten wir bestimmt Feuer gemacht."

„Aber wozu braucht ihr einen Ofen?", hatte der Heinrich gestern Morgen gefragt, als er mit seiner Frau zu uns heraufkam. „Zum nächsten Winter seid ihr wieder in Wilhelmshaven und im Sommer gibt's hier oben die Sonne gratis."

Heinrich hat seine Arbeit als Leiter des Kraftwerks verloren. Als ehemaliger Parteigenosse ist er belastet. Er lässt sich aber nichts anmerken und ist jovial wie immer. Frau Krause meinte heute Morgen, dass sein Nachfolger das alte Kraftwerk nicht in den Griff kriege. Daher die häufigen Stromausfälle. Als Mama von Frau Krause kam, hatte sie für uns eine weitere Nachricht, die mich fast vom Dachboden geworfen hätte.

„Stell dir vor", sagte sie. „Die Schwester vom Reinhardt zieht nicht in die Wohnung ihres toten Bruders ein. Da hätten wir doch in unseren Zimmern bleiben können und müssten nicht in dieser Enge leben."

Ich glaubte, mich verhört zu haben. Aber sie fuhr fort: „Das Amt hat den ganzen ersten Stock für andere Flüchtlinge beschlagnahmt. Wir können nicht zurück."

Scheiße! Es wird eine Weile dauern, bis wir darüber hinwegkommen. Gegen Abend hören wir, wie die Treppenstufen zum Dachboden knarzen. Ich schaue zur Zimmertür hinaus. Ein großer Mann mit schwarzem Hut unter der Dachschräge sieht mich im Halbdunkel aus blitzenden Brillengläsern an. Mama dreht sich erschrocken um. Sie hängt gerade Richards kariertes Hemd an der Wäscheleine auf.

Es ist Herr Ernst aus dem ersten Stock. Der Philosoph. Der Blockwart Berg hatte ihn einmal einen komischen Kauz genannt. Für Herrn Heinrich aber ist sein Mieter ein hochgebildeter Privatgelehrter.

„Ich möchte die neuen Mitbewohner einmal kennenlernen", sagt er freundlich.

Wohlwollend schaut er auf Richard und Dieter herab, die mit Dreirad und Roller in der Hand den großen, fremden Mann anstarren. Mich streift er nur mit einem kurzen Blick.

„Liebe Kinder haben Sie. Aber wo ist denn der Junge mit den roten Haaren?"

„Werner ist gerade beim kleinen Kölber gegenüber."

„Der hat mir mal den Hut vom Kopf geschossen. Ich glaube, der wird noch mal ein großer Fußballspieler."

Wir erzählen ihm, dass wir bisher bei den Reinhardts gewohnt haben.

Er mustert uns mit einem bedauernden Blick.

„Etwa bei diesem unglücklichen Reinhardt von der Reichsbahn? Ave, imperator, morituri te salutant! Auch der hat diese Welt nicht begriffen."

Vorsichtig zieht er den Kopf ein und geht langsam unter der Dachschräge zur Tür hinaus.

„Oh, wer weiß, was in der Zeiten Hintergründe schlummert", brabbelt er vor sich hin, als er die knarrende Treppe hinabsteigt.

„Ja, wer weiß das schon", nimmt Mama seine Worte auf und zieht Dieter an ihre Schürze. Vom vielen Rollerfahren ist er ganz müde geworden.

***

Fiel da nicht eben ein Schuss?

Wir schrecken auf beim Abendbrot im Dachzimmer.

Da knallt es unten auf der Straße erneut. Der Schall bricht sich am gegenüberliegenden Haus. Stille.

Plötzlich jault ein Motorrad auf, knattert davon. Wieder ist es totenstill. Nach einer Weile startet eine zweite Maschine und entfernt sich mit einer Serie von knallenden Tönen. Erstarrt sitzen wir um den kleinen Tisch herum. Werner stürzt als Erster ans Fenster, ich hinterher. Ein Blick die Kastanienallee hinunter bis zum Krankenhaus zeigt nichts Besonderes. Aber an der Einmündung zum Bahnhofsplatz bewegt sich etwas. Gleich hinter unserem Haus. Taumelt da nicht ein Mann übers Kopfsteinpflaster?

Er fängt sich wieder. Mal knickt er rechts ein, mal links. Dann kann er sich nicht mehr halten, sinkt in die Knie, schlägt aufs Pflaster.

„Wir müssen runter!"

Schon poltern wir die Treppe hinab. Vorbei an Herrn Ernsts Wohnungstür. Ängstlich blickt er uns hinter seinen scharfen Brillengläsern nach. Auf der Straße kniet eine Frau neben dem Mann, Frau Heinrich. Sie hat ein blutiges Taschentuch in der Hand.

„Mein Mann!", ruft sie. „So helft mir doch!"

Heinrichs schwerer Körper ist auf die linke Seite gerutscht, sein Kopf über die Schulter zum Pflaster geneigt. Blut läuft am Ohr entlang und färbt den Kragen seines weißen Hemdes rot. Der rechte Ärmel seiner Jacke ist zerfetzt und ebenfalls mit Blut durchtränkt. Mein Gott! Der kann doch gar nicht mehr am Leben sein!

Da kommt Berg über die Straße gelaufen. Als ehemaliger Soldat und Luftschutzwart kennt er sich aus mit Verletzungen. Tief beugt er sich über Heinrich und lässt auf seine Diagnose nicht lange warten.

„Ihr Mann muss sofort ins Krankenhaus", sagt er zu Frau Heinrich. „Ich hol erst mal etwas Verbandszeug. Ich hab noch was in der Hausapotheke."

Ich starre auf das Blut, das sich in der Fuge zwischen zwei Kopfsteinen gesammelt hat.

„Glotz nicht so blöd!", schreit Berg mich an. „Hol den großen Handwagen von Drewitz!"

Frau Heinrich wirft einen verzweifelten Blick auf mich.

„Bitte, schnell", fleht sie.

Ich renne los. Gleich dreimal läute ich an der Tür von Drewitz, wo ich Klaviermusik höre. Muss Günter denn gerade jetzt spielen? Ich drücke noch einmal auf den Knopf, diesmal mit der ganzen Handfläche im Dauerton.

„Was ist denn das für ein Verrückter?" Der alte Drewitz hat die Tür aufgerissen. „Hab ich mir doch gleich gedacht. Das kann doch nur einer von den Pollacken sein!"

„Entschuldigung", stottere ich, noch keuchend von der Eile, in der ich gekommen bin.

„Auf Herrn Heinrich ist geschossen worden", bringe ich mühsam heraus.

„Auf wen …?"

„Auf Herrn Heinrich", falle ich ihm ins Wort. „Gleich zweimal. Ganz schlimm. Ich soll den großen Handwagen von Ihnen holen, sagt Herr Berg."

Der alte Drewitz sieht mich ungläubig an. „Fürs Krankenhaus", dränge ich.

„War'n das Russen?", fragt Drewitz.

„Weiß nicht."

Da dreht er mir den Rücken zu und grölt in den Flur: „Günter, komm her! Sofort!" Mit knappen Worten sagt er seinem Sohn, was er tun soll. „Geh mit! Aber pass auf, dass wir den Wagen wiederkriegen."

Im Laufschritt geht's mit dem Wagen die Werkstatteinfahrt hinaus.

„Wir treffen uns immer nur, wenn's ein Unglück gibt", ruft Günter mir zu.

„Stimmt. Beim letzten Mal war es, als die Reinhardts in ihrem Gartenhaus verbrannten und du gelöscht hast."

„Ihr scheint euren Wirtsleuten Unheil zu bringen", japst Günter. Fast wäre er beim Laufen gestolpert.

„Und du spielst seelenruhig Klavier", keuche ich, „während es auf der Straße knallt."

„Ich hab mir nichts dabei gedacht", antwortet Günter, während wir in die Kastanienallee einbiegen. „Hier am Bahnhof schießen die Russen schon mal. Bisher aber haben sie nie auf Menschen gezielt."

„Wer sagt denn, dass es Russen waren?"

„Beeilt euch", ruft Berg, als er uns sieht. Einige Nachbarn von gegenüber sind hinzugekommen. Die Mutter des kleinen Kölber hockt mit einer Schale Wasser neben dem Verletzten. Sie reinigt Heinrich das Gesicht. Frau Heinrich kniet daneben. Ihr Taschentuch ist blutrot. Berg hat Notverbände an Kopf und Arm.

„Ich hab keinen Verbandsstoff mehr. Wir müssen sofort los."

Mit Mühe hieven wir den gewichtigen Heinrich in den Wagen. Dumpf schlägt sein Kopf auf das Bodenbrett. Dann ziehen wir davon. Frau Heinrich, Berg, Günter und ich. Werner wird von Mama zurückgehalten. Sie hat vom Straßenrand aus alles beobachtet.

Als wir an der Klinik ankommen, ist sie wie ausgestorben. Verschwunden sind die Soldaten der letzten Kriegstage, die Verwundeten, die von hier aus noch mit der Zwölften zu den Amerikanern wollten. Es dauert lange, bis Berg den einzigen Arzt und zwei Schwestern aufgetrieben hat. Nur Frau Heinrich geht mit ins Behandlungszimmer.

Es ist bereits dunkel, als sie wieder herauskommt.

Sie wirkt abgespannt und müde. Schweigend setzt sie sich neben uns auf die Bank. Als sie sich eine Zigarette anzünden will, fällt die Schachtel aus ihren zitternden Händen. Irgendwann sagt sie, dass die Wunde oberhalb des rechten Ohres sehr gefährlich sei. Der Arzt hoffe, dass wichtige Teile des Gehirns nicht verletzt seien. Endgültig könne das aber erst durch eine Operation geklärt werden. Dazu brauche man aber einen Chirurgen von außerhalb. Wann der käme, könne gegenwärtig niemand sagen. Weniger kritisch sei der Durchschuss am Oberarm.

Wortlos gehen wir nach draußen. An der Treppe vorm Eingang bleibt Frau Heinrich stehen.

„Wer mag das wohl getan haben?", fragt sie leise. Ratlos sehen wir uns an, zucken mit den Achseln.

„Vielleicht die Russen von der anderen Seite des Bahnhofs", vermutet Berg. „Die beiden mit ihren schwarzen Motorrädern. Alles haben sie in Schwarz: Lederjacken, Hosen, Stiefel, Pistolentaschen. Nur ihre Tellermützen und Achselstücke sind grün."

„Wie entsetzlich", stöhnt Frau Heinrich.

„Schwarze Zwillinge' hat meine Frau sie getauft", ergänzt Berg. „Immer sind sie zusammen. Sie sollen eine Art Polizei sein. GPU oder so ähnlich."

„Und warum sollen die das getan haben?"

„Sie wissen doch, wie Russen sind", antwortet Berg abschätzig. „Die ballern halt gern."

„Bisher waren die Russen hier am Bahnhof aber friedlich", sagt Günter. Trotz der Dunkelheit erkenne ich, dass Berg ihm einen unfreundlichen Blick zuwirft. Günter bietet Frau Heinrich an, sie am nächsten Tag ins Krankenhaus zu begleiten.

„Das ist lieb von dir." Sie zündet sich wieder eine Zigarette an. Der herbe Rauch kommt mir in die Nase. Da wird es schummrig vor meinen Augen. Ich spüre, wie mir die Knie weich werden. Langsam setze ich mich auf eine Stufe. Jemand berührt meine Schulter. Als ich aufschaue, glimmt mir die Zigarette von Frau Heinrich entgegen. Rot wie das Blut ihres Mannes. Ob dieser immer so freundliche Mensch das überleben wird?

„Wer wird der Nächste sein?", fragt Berg mit tonloser Stimme in das Dunkel hinein. „Vielleicht lauern die Mörder schon da drüben. In den Obstgärten."

Im Russenviertel

Schwere Stiefel kommen die knarrende Treppe hoch. Sie dröhnen über die Bretter des Dachbodens. Durch den Spalt unserer Zimmertür erkenne ich zwei Männer und eine Frau. Die Frau trägt schwarzes Leder mit einer Pistole am Gurt. Die Männer haben Maschinenpistolen geschultert. Sie tragen lange, graugrüne Blusen. Russenkittel sagt Mama dazu. Die hat sie für uns auch mal geschneidert. Jetzt haben sie mich entdeckt. Ich weiche zurück. Schweigend kommen sie näher. Mit ihrem großen und fülligen Körper nimmt die Frau fast die ganze Breite der Zimmertür ein. Die Soldaten sind dicht hinter ihr. Hat die nicht eine Uniform wie die Schwarzen Zwillinge? Grüne Achselstücke auf der schwarzen Lederjacke. Grüne Tellermütze auf dem runden Gesicht mit dem vollen, braunen Haar. „GPU", würde Berg dazu sagen.

Die drei kommen wortlos ins Zimmer und schieben uns ganz langsam ans Fenster. Sie scheinen uns erdrücken zu wollen. Ich ringe nach Luft. Vor meinen Augen droht die Pistole der Frau, deren wuchtige Hand den Griff umspannt. Ihr mächtiger Leib wölbt sich über den kleinen Brüdern. Richard und Dieter beginnen zu weinen und drängen sich an Mamas Schürze. In unserem kleinen Zimmer ist es dunkel geworden. Da löst die Frau ihre Hand vom Griff der Pistole. Ganz langsam beugt sich ihr starkleibiger Körper zu den Brüdern herunter und ihre Hand fährt Richard und Dieter sanft über die Haare.

„Wie heißt ihr denn?", fragt sie mit rauer Stimme und hartem Akzent. Aber ihr Mund lächelt im Vollmondgesicht. Richard und Dieter verbergen ihren Kopf in Mamas Schürze und wenden sich nur langsam der fremden Frau zu. Zögernd nennen sie ihre Namen.

„Ich heiße Natascha. So könnt ihr mich auch nennen."

Mama ist neben mir mit dem Rücken zum Fenster. Ich höre, wie sie erleichtert aufatmet. Erst jetzt sehe ich, dass Natascha in der Linken eine Schwarzwälder Kuckucksuhr hält mit einem abgebrochenen Zeiger und viel Staub drauf. Die hat sie sich aus dem Krempel auf dem Dachboden geholt.

„Die Wohnungen in der Kastanienallee zwischen Bahnhofsplatz und Victoriastraße werden geräumt", sagt sie mit ruhiger Stimme. „Da ziehen unsere Soldaten ein. Die brauchen viel Platz."

„Mein Gott!" Mama legt beide Hände vors Gesicht. „Wir sind doch gerade erst eingezogen. Wo sollen wir denn hin? Sie sehen doch, dass ich vier Kinder habe." Sie setzt sich mit Richard und Dieter auf den Rand eines Bettes. „Mein Gott", schluchzt sie. Die Tränen laufen ihr übers Gesicht. „Wären wir bloß in Reinhardts Wohnung geblieben!"

„Sie brauchen nicht zu weinen", tröstet Natascha. „Denn für Sie habe ich etwas Gutes."

Woher spricht die nur so gut Deutsch? Wenn es auch klingt, als ob sie ein Reibeisen in der Kehle hätte. Mama schaut ungläubig auf und wischt sich die Tränen aus den Augen.

„Sie dürfen nämlich hier wohnen bleiben, während alle anderen raus müssen."

Mit ihrer ganzen Fülle lächelt sie auf Mama herab. Erst jetzt scheint Mama zu begreifen.

„Dann müssen Heinrich und Ernst raus?", fragt sie. „Und wir bleiben hier ganz allein zurück unter all den russischen Soldaten?"

„Keine Angst", besänftigt Natascha. „Ich bin ja auch noch da. Ich ziehe ins erste Stockwerk ein, wo jetzt der große Mann mit der Brille und den vielen Büchern drin ist. Die Soldaten werden Ihnen nichts tun, denn ich kann Ihnen immer helfen. Ich bin nämlich die Dolmetscherin."

Jetzt verstehe ich endlich, warum sie ein Deutsch spricht, als ob sie schon immer hier lebte.

„Im Erdgeschoss werden zwei Offiziere wohnen", sagt sie noch.

Dann wendet sie sich langsam zur Tür und hat immer noch die verstaubte Kuckucksuhr unterm Arm. Die Soldaten treten zur Seite und machen ihrem starken Körper Platz.

„Do swidanja", sagt sie beim Hinausgehen.

Die beiden Soldaten folgen ihr. Stumm blicken wir ihnen nach.

***

Traurig winkt der kleine Kölber zu Werner und mir zum Dachfenster herauf. Mit seiner Mutter und seiner kleinen Schwester
muss er die Wohnung schräg gegenüber verlassen. Sie haben
nur wenig Gepäck mit. Frau Heinrich kommt noch einmal zu
uns, um sich zu verabschieden. Sie ist mit den Nerven fertig.
Sie weiß immer noch nicht, wann ihr Mann operiert wird. In
der Berliner Straße hat sie eine Unterkunft bei einer Freundin
gefunden. Dann ist es still in der Kastanienallee.

Bald hören wir Motorengeräusche von der Märkischen Chaussee. Langsam kommen von dort Lastwagen herangekrochen. Sie
halten an verschiedenen Häusern. Es befindet sich jedoch niemand mehr darin. Aus dem Fahrzeug vor unserem Haus steigen
Natascha und einige Offiziere aus, alle mit grünen Tellermützen
und schwarzen Lederjacken. Sie kommen ins Haus.

„Nein, nein, nein", ruft da jemand.

„Das ist in unserem Haus", sagt Mama.

Werner und ich eilen zum Treppenflur. Schauen hinunter ins
erste Stockwerk. Die Wohnungstür von Herrn Ernst ist offen.

„Beim Stadtkommandanten beschweren …", hören wir die
Stimme von Ernst.

„Nondum omnium dierum solem occidisse."

„Verstehst du, was er sagt?"

„Keine Ahnung. Das muss Latein sein. Er ist ja Privatgelehrter."

„Ihr Barbaren", schreit er.

Da kommt Natascha auf den Flur.

„Bleibt oben!", ruft sie herauf. Wenig später hören wir, wie
der Lärm sich auf der Straße fortsetzt. Werner und ich riskie-
ren einen Blick aus dem Fenster. Da wird der hochgewachsene
Ernst von zwei Soldaten mit hartem Griff abgeführt. Es sind die-
selben, mit denen Natascha auf unserem Dachboden erschienen
war. Ernst trägt in der rechten Hand einen kleinen Koffer. Mit
der linken versucht er krampfhaft, ein Buch festzuhalten. Es fällt
zu Boden.

„Ich will meine Bibliothek mitnehmen", schreit er.

„Die brauchen Sie jetzt nicht mehr", antwortet Natascha so laut, dass wir es hier oben verstehen. Mit ihrer massigen Gestalt treibt sie Ernst vor sich her.

„O si tacuisses …", verstehe ich noch gerade. Der Rest geht in einem Wortschwall der Russen unter. Da stolpert er in ein Schlagloch, sinkt in die Knie. Sein Hut fällt herunter und rollt gemächlich zum Bordstein. Ein Soldat tritt darauf und trampelt ihn platt. Und lacht. Und lacht. Und lacht.

Ernst ist wieder hochgekommen.

„Ich will meine Bibliothek …"

Urplötzlich schlägt ihn einer der Soldaten mit einem Schwinger zu Boden. Ernst blutet hinterm Ohr. Erneut rappelt er sich auf. Enorm, was der für Steherqualitäten hat, ungewöhnlich für jemand, der sich nur mit Büchern beschäftigt.

„Ich will meine Bibliothek …", schreit er mit letzter Kraft und tritt im selben Augenblick dem Schwingersoldaten in den Bauch. Der heult auf. Ernsts Brille purzelt aufs Pflaster.

Aber da ist Natascha zur Stelle. Blitzschnell zieht sie ihre Pistole. Mein Gott. Sie schießt. Nein. Sie schlägt ihm den Lauf ins Genick. Ernst wankt. Der große Mann sinkt nieder. Da haut sie ihm mit voller Wucht den Griff auf den Kopf. Ernst fällt aufs Pflaster. Ich kann es nicht mehr mit ansehen, wende mich ab.

Mama geht ans Fenster.

„Der blutet entsetzlich", sagt sie. „Sie tragen ihn in einen Lastwagen. Jetzt fahren sie davon."

Als ich wieder ans Fenster trete, ist von Ernst nichts mehr zu sehen. Nur ein paar Sachen liegen von ihm auf der Straße. Buch, Koffer, Brille und der zerknüllte schwarze Hut am Bordstein.

Soldaten kommen vom Bahnhofsvorplatz und reißen auf beiden Seiten Löcher in das Kopfsteinpflaster unserer Straße. Sie schlagen Pfosten ein und verbinden sie mit einem Balken quer über die Straße hinweg. Schon bewegen sie ihn auf und ab, den Schlagbaum, der unsere Straße zum Bahnhofsplatz hin absperrt.

„Wir haben jetzt eine Eisenbahnschranke vorm Haus", sagt Richard, der sich ans Fenster gedrängt hat. Auch an der Ecke

Victoriastraße entsteht eine Sperre gegenüber Markowskis verfallenem Kolonialwarenladen.

„Wo sind wir nur hingekommen?", seufzt Mama. „Den Heinrich haben sie niedergeschossen, den Ernst zusammengeschlagen. Und wir sind jetzt ganz allein unter ihnen. Eingeschlossen von allen Seiten. Der liebe Gott mag uns helfen."

Unten wuchtet Natascha breitbeinig mit ihrem massigen Körper den Schlagbaum hoch.

„Karascho", sagt sie mit rauer Stimme. Und nickt den Soldaten zu.

***

„Zeig mir mal, wie ich hinter den Schlagbaum komme!" Der kleine Kölber bittet Werner und mich um Hilfe. Neben uns steht Wassilij, der als Posten am Schilderhäuschen Wache hat. „Als wir aus der Wohnung ausgewiesen wurden, hat Mutter dort etwas liegen lassen. Ich soll es rausholen."

„Wir zeigen es dir später", sagt Werner zum kleinen Kölber. „Deine Mutter kriegt ihre Sachen schon wieder", besänftigt Dietrich. „Bald steigen wir in eure alte Wohnung ein."

Seit der Ausquartierung aus der Kastanienallee ist der kleine Kölber jetzt Dietrichs Nachbar.

„Ihr habt aber Glück gehabt", sagt da eine Stimme hinter mir.

Es ist Frau Lehmann mit ihren strähnigen grauen Haaren wie eh und je. Sie will mal wieder einen Blick ins Russenviertel werfen. Ein Mann ist bei ihr, Mitte fünfzig mit bleichem, nachdenklichem Gesicht. Die schmale Nase schießt wie ein Bergrücken unter der Baskenmütze hervor.

„Wieso Glück?", frage ich.

„Weil ihr die Einzigen seid, die von den Russen nicht auf die Straße gesetzt wurden." „Die haben eben Mitleid mit armen Flüchtlingen", sagt Frau Lehmann.

„Unsinn", wirft Dietrich ein. „Auf deren Dachboden ist es so bescheiden, dass selbst die Russen dort nicht hausen wollen."

Jetzt erkenne ich auch den Mann mit der Baskenmütze wieder. Er hatte sich uns damals in den Weg gestellt, als wir beim Fußball auf dem Sandplatz Rudi und Bernd, die beiden Gangster, in die Flucht geschlagen hatten.

„Das ist Herr Majewski", sagt Frau Lehmann. „Ein Freund von meinem Mann Hugo. Die beiden haben unter den Nazis in der Munitionsfabrik gearbeitet."

„Wuff, wuff, wuff", macht sich zu unseren Füßen sein Dackel bemerkbar.

„Hinterm Schlagbaum scheint es wohl manchmal schlimm zuzugehen", sagt Majewski. Ich muss die Ohren spitzen. So leise spricht er.

„Wie konnte die Russin den Ernst so zusammenschlagen, dass er jetzt noch im Koma liegt? Diesen harmlosen Bücherfreund. Ich hab gehört, dass er nicht durchkommen wird."

„Da drüben ist es passiert", sage ich. „An derselben Stelle hinterm Schlagbaum, wo sie auch auf den Heinrich geschossen haben."

„Heinrich ist gestern operiert worden", teilt Frau Lehmann mit. „Viel zu spät. Es wird lange dauern, bis der wieder gesund ist."

„Der war mal ein strammer Parteigenosse", sagt Majewski nachdenklich. Es klingt, als ob er noch einiges über Heinrich erzählen wollte. Als Frau Lehmann ihn fragend ansieht, schüttelt er nur stumm den Kopf.

Schon lange zupft der kleine Kölber an meinem Ärmel.

„Du wolltest doch zeigen, wie man hinter den Schlagbaum kommt, ohne dass einen die Russen wegjagen."

„Wir haben dafür unser ‚Sesam, öffne dich'", sagt Werner. „Natürlich auf Russisch."

„Angeber."

„Stimmt aber. Hat uns Natascha beigebracht."

„Da haben wir hart bimsen müssen, ehe wir das intus hatten."

„Ihr wollt mich veräppeln."

„Nur wer den Spruch kennt, darf hintern Schlagbaum."

„Nun sag ihn doch endlich!"

Wassilij grinst, als Werner auf ihn zugeht: „Propus tietje menja, tscha schiwus desje."

„Poschalsta", brummt Wassilij und winkt uns durch. Der kleine Kölber und Dietrich sind verblüfft.

„Habt ihr's mitgekriegt?", rufe ich über den Schlagbaum zurück.

„Nee."

„Dann üben wir's morgen. Aber nützen wird's euch nicht."

„Und warum nicht?"

„Weil ihr hier nicht wohnt."

„Dann versuchen wir eben ohne euren blöden Spruch in Kölbers Wohnung zu kommen", tönt Dietrich. „Wir werden uns schon was einfallen lassen."

$$***$$

Seit Tagen geht uns im Kopf herum, was Gerda erzählt hat, die Tochter des Bauern Marwitz in Warow, der Mama und ich den Brief des französischen Kriegsgefangenen Jean überbracht haben. Ein russischer Zug sei entgleist, hat sie uns bei diesem Besuch mitgeteilt, und zwar auf der Brücke der Kleinbahn über die Märkische Chaussee in der Nähe von Warow.

„Da müssen wir hin", sagt Dietrich, als er davon hört.

Heute machen wir uns auf den Weg. Dietrich, Werner, der kleine Kölber und ich. Bald sind wir an der Ladestraße. Am Ende des Güterbahnhofs treffen wir auf das Gleis der Kleinbahn, das von der anderen Seite des Bahnhofs unterhalb der Funkstation herkommt und mittels einer Brücke über die Fernbahn geführt wird. An einem Abstellgleis steht eine Lok der Reichsbahn mit zerschossenem Schornstein. „Räder müssen rollen für den Sieg", heißt es noch immer am Tender. Wir gehen in die Linkskurve des Kleinbahngleises hinein und sehen ein großes Durcheinander vor uns: umgekippte ineinander verkeilte Güter- und Personenwagen und eine Lok, die mit ihrer Hinterachse aus dem Gleis geraten ist. Der aufgerichtete Tender drückt gewichtig auf das Führerhaus.

„Hinter der Lokomotive ist ja schon die Brücke über die Märkische Chaussee." sagt Werner.

„Dann ist da auch gleich Warow." Wir steigen die Böschung hinab und gelangen an den letzten Wagen. Quer hat sich dieser Güterwagen übers Gleis gestellt. Zu beiden Seiten sind aus den aufgerissenen Türen Kisten, Säcke, Seile, Spitzhacken, Spaten und andere Werkzeuge herausgefallen. Der kleine Kölber hält einen länglichen Gegenstand in der Hand. „In der Kiste ist noch mehr davon."

„Vorsicht! Munition!"

„Da steht was in Russisch drauf." Ich entdecke einen Faden am Ende des Geschosses. „Sprengstoff! Dynamit! Leg das Ding sofort wieder in die Kiste!" Der kleine Kölber zögert. Er ist fasziniert von den fein säuberlich geschichteten Sprengkörpern in der Munitionskiste.

„Tu das Ding in die Kiste!", ordnet Dietrich energisch an. Langsam legt der kleine Kölber die Patrone zurück. Er ist sauer.

In einem wuchtigen, grauen Behälter findet Dietrich ein Fernglas der Marke Zeiss mit achtfacher Vergrößerung. Er klettert damit zum Führerhaus der Lok hinauf.

Von hier aus hat man einen weiten Blick ins Land. Wie der Kapitän auf einer Dampferbrücke lugt Dietrich mit dem Glas ins Rund.

„Einfach toll."

Er reicht mir das Glas.

„Das gehörte bestimmt der Wehrmacht", meint Werner.

Ich setze den Feldstecher an die Augen. Da tanzen die Häuser der Märkischen Chaussee vor mir herum. Das Krankenhaus springt mir ins Gesicht. Ganz nah sind die Häuser von Warow. „Gerda", rufe ich. Gerda und Stinker spielen vor Marwitzens Haus.

„Gib mal her. Die muss ich auch mal sehen!"

Dietrich nimmt das Glas und blickt wieder in Kapitänshaltung hindurch.

„Den Hund find ich schöner."

„Wie gut, dass der Jean das nicht hört."

Werner fühlt sich als Lokführer. Eifrig bewegt er die Hebel, Drehscheiben, Räder und Knöpfe.

„Muss man denn auf dich aufpassen wie auf ein Kleinkind?", schreie ich den kleinen Kölber von der Lok aus an. Da sitzt er auf einer Metallkiste und hat wieder diese Sprengstoffpatrone in der Hand und eine Schachtel Streichhölzer neben sich. Wenn der bloß nicht die Zündschnur anzündet! Mit einem Satz bin ich von der Lok runter und reiße Patrone und Streichhölzer an mich.

„Kann doch gar nichts passieren", mault der kleine Kerl mit Unschuldsmiene. „Eh die explodiert, sind wir längst über alle Berge."

„Ja. In der Hölle."

Werner hat in einem der Güterwagen einen kleinen Sack gefunden.

„Mach ihn mal auf!"

Briefe, Briefe, nichts als Briefe. Russische Briefe. Kyrillische Schriftzeichen.

„Iwans Feldpost."

„Die Briefmarken sind gut", sagt der kleine Kölber, der sich wieder gefasst hat. Schon wühlt er in dem Haufen Briefe herum und sucht sich alle Post mit Hammer und Sichel heraus.

„Die sind am meisten wert", erklärt er.

„Ich sammle nur Sondermarken ‚Drittes Reich'", sagt Dietrich und macht ein gelangweiltes Gesicht.

„Ich schnapp mir die mit Rubelscheinen drin", verkündet Werner und pfeift durch die Zähne.

„Da kannst du lange suchen", meint Dietrich. „Das sind doch alles arme Schweine."

„Dann können wir ja den Rest in den Briefkasten werfen", schlage ich scherzhaft vor. „Vielleicht kriegen dann ein paar Jungs noch ihre Post aus der Heimat!"

„Oder du gibst ihn der Dicken", sagt Dietrich.

„Natascha also."

„Vielleicht erhältst du ja einen Finderlohn."

„Ich werde mich darum bemühen", antworte ich und nehme den Beutel mit den restlichen Briefen an mich. Die Sprengstoffpatrone stecke ich gleich mit hinein.

„Das war Sabotage mit dem entgleisten Zug", meint Dietrich dann. Dabei greift er zum Feldstecher, als ob er den Attentäter in der Ferne ausmachen könne. „Da hat ganz einfach einer die Weichen falsch gestellt", doziert er weiter.

„Der Zug sollte auf der Fernbahn nach Berlin fahren. Stattdessen wurde er auf die Kleinbahn gelenkt. Er ist dann in der Kurve entgleist, weil der Lokführer das Tempo nicht mehr drosseln konnte."

„Und wer soll das gemacht haben?", frage ich.

„Das ist für mich sonnenklar: Das waren die Werwölfe. Es ist die einzige Aktion, die sie hier in der Gegend durchgeführt haben. Sonst hat man von denen bisher ja nichts gehört", sagt Dietrich.

„Wenn sie die erwischen, ist denen Sibirien sicher."

„Oder der Genickschuss."

Als wir am Bahnhofsplatz ankommen, wölbt sich Dietrichs Bauch. Er hat das Fernglas unterm Hemd versteckt. Zusammen mit dem kleinen Kölber geht er nach Hause in die Eisenbahn-straße. Werner und ich aber haben noch den Schlagbaum mit unserer Beute zu überwinden. Wir haben Glück. Wassilij ist am Schilderhäuschen. Er lacht, als wir kommen. Meinen Postbeu-tel mit den Briefen und dem Dynamit nimmt er gar nicht wahr. Schnell gelangen wir am Hauseingang vorbei auf den Rasen hin-term Haus und huschen an der Sandkiste entlang in die Garage unter Heinrichs alter Wohnung im Erdgeschoss. Unten in der lin-ken Ecke sind Autoreifen und alte Batterien gestapelt. Zwischen den Felgen von zwei Reifen verstecke ich die Sprengpatrone.

„Die findet hier bestimmt niemand", meint Werner.

***

Auch spät am Abend brütet der heiße Tag noch als Gluthitze unterm Dachboden. Von Abkühlung kein Hauch. Wir kommen nicht in den Schlaf. Als Mama das Licht ausschaltet, geschieht es. Ein Beißen, Jucken und Brennen. Arme und Beine sind wie von Geisterhand angezündet. Ich kratze, reibe und schabe mich, wälze mich im Bett.

„Mach nicht so'n Lärm!", raunzt Werner im Halbschlaf.

„Au", stöhnt Richard. „Da hat mich etwas gebissen."

Mama schaltet das Licht ein. „Was ist denn mit euch los?", fragt sie.

Richard zieht sich das Hemd aus. Er hat am ganzen Oberkör-per rote Flecken.

„Ich sehe genauso aus", sage ich.

„Das macht die Hitze", Werner wischt sich den Schlaf aus den Augen.

„Hitze hat mich noch nie gebissen."

Mein rechter Oberarm ist übersät mit roten Punkten, als ob jemand mit einer Schrotflinte draufgeschossen hätte.

„Flöhe sind das", sagt Mama. „Nichts als Flöhe. Ihr habt eben süßes Blut. Das mögen die gern. Dieter und mir ist nichts passiert."

„Ätsch, mich beißen sie nicht", ruft er und hangelt sich mit nacktem Oberkörper um den kleinen Tisch in der Mitte des Zimmers, damit alle sehen, wie unverwundbar er ist.

„Die sollen lieber die dicke Natascha beißen", greint Richard. „Die hat viel mehr Blut als ich."

„Lasst uns wieder schlafen", sagt Mama und schaltet das Licht aus. Da geht es wieder los.

„Au", ruft Richard. „Da hat mich wieder einer gebissen. Diesmal am linken Arm."

„Ich halt das nicht mehr aus", stöhnt Werner.

Als er das Licht einschaltet, sehen wir sie. Schwarze, kleine Punkte katapultieren sich durch das kleine Zimmer. Auf Bettlaken, Bettbezügen und Tisch. Sprung, Landung – Sprung, Landung – Sprung, Landung. Toll, wie die das machen. Wahrnehmen kann man sie nur bei ihren kurzen Zwischenlandungen, wenn man ein flinkes Auge hat. Und dann lösen sie sich wieder in Luft auf.

„Da ist einer zwischen deinen Sommersprossen!" Werner schlägt sich mit der Hand auf die Stirn.

„Ätsch!"

„Ich schlag dich tot", ruft Richard und haut auf seinen Oberschenkel. Vergebens.

„Macht das doch mal so!" Ich quetsche schon den zweiten Floh zwischen Fingernagel und Tischplatte. Er überlebt es nicht. Bald entwickeln sich Werner und Richard zu gnadenlosen Flohjägern. Und Dieter zieht Kissen und Laken hoch und treibt die kleinen Biester aus ihrem Versteck.

„Wieso kommen die von der Straße bis ganz nach oben aufs Dach?"

„Weil unser Blut so süß ist, dass sie es selbst da unten riechen."

„Nur Russenblut ist süßer".

„Das weiß am besten Richard. Er ist doch immer mit den Russen zusammen", frotzelt Werner.

Richard wird seit einigen Tagen von Boris auf seinem Panjewagen für kurze Fahrten mitgenommen. Gelegentlich sind auch andere Russen dabei. Sie scheinen ihn gern zu mögen. Gestern haben sie ihm einen kleinen Beutel Bonbons geschenkt.

„Dann hat Richard die Flöhe mitgebracht."

„Das ist richtig gemein", flennt Richard und schmeißt ein Kissen auf Werner.

Irgendwann in dieser Nacht kriegen wir raus, dass die Burschen im Dunkeln beißen, bei Einschalten des Lichts aber schnell einen Unterschlupf suchen. Immer wieder schalten wir aus. Und wieder ein. Und unsere Jagd beginnt erneut.

Im Morgendämmern sind sie plötzlich verschwunden. Spurlos. Wir fallen auf die Betten und schlafen erschöpft ein. Am vierten Tag verkündet Werner seinen großen Erfolg. Er hat seine Opfer immer mitgezählt. Abends um zehn Uhr ist es so weit. Genau zweihundert hatten bis jetzt dran glauben müssen. Wir stellen die Jagd ein.

Halali. Halali.

***

Es dauert eine Weile, ehe sie öffnet. Werner und ich warten im ersten Stockwerk unseres Hauses an der Wohnungstür von Natascha, die in die frühere Wohnung von Herrn Ernst fuhr. Wir klingeln ein zweites Mal. Dann macht sie auf. Ein wenig verstört schaut die große schwere Frau auf uns herab.

„Was wollt ihr?"

Ihr Tonfall ist abweisend. Ihr Akzent härter als sonst. Als mich ihr Atem berührt, spüre ich die Fahne. Wodka. Wir sind zur Unzeit gekommen.

„Wir haben etwas Wichtiges hier", sage ich trotzdem und halte den Postbeutel hoch.

„Da sind Briefe für russische Soldaten drin", deutet Werner mit gewichtiger Miene an und schaut treuherzig in ihr rundes Gesicht.

„Eigentlich habe ich keine Zeit. Aber wenn es schnell geht, dann kommt mal eben rein."

Die Bibliothek des Herrn Ernst erschlägt uns fast. Bis an die Decke befinden sich Bücher über Bücher. Natascha und Andrej, der Offizier, der mit ihr wohnt, haben alles so belassen wie zu Ernsts Zeiten. Die Leute sagen, dass Ernst nach wie vor im Koma läge. Im Krankenhaus befürchte man für den Privatgelehrten das Schlimmste. Natascha hat mir den Postbeutel abgenommen und die ganze Post auf den Schreibtisch geschüttet. Mit fahrigen Händen greift sie in den Stapel hinein, pausenlos Namen und Anschriften der Briefempfänger vor sich hinmurmelnd. Ich denke an die Sprengstoffpatrone, die bis vor Kurzem noch dazwischen war.

„Woher?", herrscht sie mich an. Der widerliche Alkoholgestank fährt mir ins Gesicht. Ich brauche eine Weile, um antworten zu können.

„Aus dem entgleisten Zug", antworte ich. „An der Kleinbahn vor der Brücke."

Sie sieht mich an, als ob ich einen Postzug ausgeraubt hätte. Ihr mächtiger Leib wölbt sich vor uns.

„Ihr wisst doch", schreit sie uns an, „dass es verboten ist, militärische Anlagen zu betreten. Dazu gehören die Soldatenhäuser bis zur Victoriastraße und natürlich auch der entgleiste Zug."

Heute nimmt sie es aber genau. Wenn Richard auf die andere Straßenseite geht und in Boris' Panjewagen mitfährt, hat sie noch nie etwas dagegen gehabt. Aber der ist ja auch erst fünf. Hinter mir höre ich ein Geräusch. Andrej steht in der Tür. Er hat ein halb gefülltes Glas in der Hand und ist nur mit einem Unterhemd und den schwarzen GPU-Hosen bekleidet. Sicher hat er den Lärm gehört. Natascha blickt ihn wütend an. Seine buschigen Augenbrauen scheinen eine Entschuldigung zu stammeln. Beim Hinausgehen stößt er mit dem Glas an den Türrahmen.

Aus allen Gebieten der großen Sowjetunion gleiten Briefe durch ihre Hände. Auf vielen von ihnen befinden sich noch Marken mit Hammer und Sichel. Der kleine Kölber hat sie alle übersehen. Aber Natascha merkt auch nicht, wie viele Briefe der kleine Kölber gemopst hat.

„Da haben bestimmt auch viele Kinder und Frauen an die Soldaten geschrieben", sagt Werner.

Natascha wird nachdenklich. Welch eine Masse von Namen russischer Soldaten, die alle auf Post aus der Heimat warten.

„Du hast recht", sagt sie zu Werner. „Das ist wichtige Post für die Soldaten. Die hat das Suchkommando übersehen. Gut, dass ihr mir den Beutel gebracht habt."

Werner weicht etwas zurück. Diesmal hat er wohl zu viel von der Alkoholfahne abbekommen. Ob wir jetzt den Finderlohn kriegen, von dem Dietrich gesprochen hat?

„Aber eines müsst ihr mir versprechen!", donnert Natascha plötzlich los. Ich zucke zusammen und vergesse sofort die Gedanken an den Finderlohn.

„Ihr müsst mir versprechen", sagt sie energisch, „dass ihr nie wieder zu dem Zug hingeht! Das ist ein militärisches Geheimnis."

Wir versprechen es und sind heilfroh, dass ihr Zorn weitgehend verraucht ist.

„Etwas möchte ich gern wissen", frage ich zögernd.

„Und?"

Sie setzt sich jetzt an den Schreibtisch von Herrn Ernst. Hier hat der Privatgelehrte immer gearbeitet. Sie stützt sich mit den Armen auf der Tischplatte ab und lässt ihre starken Hände darauf fallen. Mit ihnen hatte sie zur Pistole gegriffen, um auf Herrn Ernst einzuschlagen. Hinter ihr an der Wand hängt die Kuckucksuhr, die sie neulich von unserem Dachboden mitgenommen hat, die mit dem abgebrochenen Zeiger.

„Ich meine", stottere ich, „der Zug ist ja nun entgleist. Und da denke ich, das muss doch einen Grund gehabt haben. So ein Zug fällt doch nicht einfach von den Schienen?"

Das hätte ich wohl nicht fragen sollen. Ihr Gesicht verfinstert sich.

„Was geht denn dich das an?", poltert sie. Ihr Leib bebt hinter dem Schreibtisch. Aber dann beruhigt sie sich wieder.

„Entschuldigung", sage ich leise.

„Na ja", sagt sie dann. „Ihr habt mir diese Post für die Soldaten gebracht. Dann will ich auch etwas zu dem Unglück sagen. Aber ihr müsst mir versprechen, es nicht weiterzuerzählen."

Wir geben auch dieses Versprechen.

„Die Leute vom Stellwerk haben eine Weiche falsch gestellt", hebt sie an. „Es ist einfach furchtbar. Es hat einen Toten und drei Schwerverletzte gegeben."

Hat Dietrich nicht gesagt, das seien die Werwölfe gewesen? Die Hitlerjungen in den Wäldern, die immer noch Krieg spielen? Da hat er sich also geirrt. Es waren vielmehr die Leute vom Stellwerk.

„Da waren Russen und Deutsche zusammen gewesen", fährt Natascha fort. „Und ich hab für den Stadtkommandanten dolmetschen müssen. Daher weiß ich Bescheid. Jeder wollte dem andern die Schuld geben."

„Aber einer muss doch die Weiche gestellt haben", getraue ich mich zu sagen.

„Wer nun die Hand angelegt hat, war nicht mehr herauszubringen. Denn alle waren betrunken gewesen und konnten sich an nichts mehr erinnern."

„Und der Lokführer?"

„Der hat gedacht, er fahre nach wie vor auf der Fernstrecke. Und als er schließlich merkte, dass er auf der Kleinbahn war, da befand er sich schon in dieser engen Kurve."

Nataschas Oberkörper ist vornüber auf den Schreibtisch gesunken. Gelangweilt streckt sie uns ihr kugelrundes Gesicht entgegen. Die Augen sind starr und ihre Gedanken scheinen ganz woanders zu sein.

„Hat er denn nicht gebremst?", frage ich trotzdem ganz leise.

Ich komme mir vor wie einer der Kommissare in den Moewig-Krimis aus Mirows Leihbücherei.

„Ja, er hat gebremst", schreit sie uns entgegen. „Nur zu spät. Denn auch er war total besoffen." Sie steht auf. Stemmt sich mit beiden Armen am Schreibtisch hoch. Etwas unsicher. Einige Briefe aus der fernen russischen Heimat fallen auf den Fußboden. Werner und ich knien nieder, sammeln kriechend die Sachen ein und legen sie auf den Schreibtisch neben den Postbeutel.

„Nun aber raus mit euch!", brüllt die Frau mit dem mächtigen Körper. Ihre Augen blitzen.

„Dawai, dawai!"

Ein letztes Mal atmen wir einen Hauch von Wodka ein.

Hinterm Schlagbaum

Sonnenwetter. Natascha hängt mit fließenden Bewegungen Wäsche auf der Wiese hinter unserem Haus auf. Ihre schöne weiße Bluse leuchtet im Licht.

„Guck mal, was ich hier hab!", ruft Dieter ihr aus dem Sandkasten zu.

„Was hast du denn da Schönes?", fragt Natascha. Sie geht zum Sandkasten und beugt sich über den kleinen Jungen.

„Ätsch! Hab ich im Sand versteckt!"

Währenddessen sitzen Werner und ich an der Hauswand und lassen unsere Beine in die Garagenauffahrt hinunterbaumeln. Ich bastele eine Zwille. Mit solchen kleinen Schleudern haben wir in Wilhelmshaven manche Fensterscheibe zum Klirren gebracht.

„Wenn du es mir nicht zeigst, zwicke ich dich", sagt Natascha zu Dieter und kneift seine Nasenflügel mit einer Wäscheklammer zu.

„Au! Zeig ich dir trotzdem nicht. Au! Au!"

Natascha löst die Klammer: „Ich werd's schon herausfinden."

Werner stößt mich an und schaut gebannt zum Sandkasten. „Hör mal 'nen Moment auf mit deiner Flitsche."

Ich lasse mich nicht stören und baue die Teile der Zwille zusammen, die Zweiggabel vom Kirschbaum aus Drewitz' Garten und den Gummiring eines Weckglases, das ich im Krempel auf unserem Dachboden gefunden habe.

„Sieh mal, was Dieter da eingebuddelt hat!", flüstert mir Werner aufgeregt zu.

„Was soll das schon sein?"

Geschafft! Der Gummiring sitzt mit seinen Enden an den Armen der Zweiggabel. In seine Mitte lege ich eine Schraube aus der vollen Tüte neben mir.

„Du, die Natascha darf das nicht kriegen!" Werner packt mich am Arm.

„Das findest du nicht!", blafft Dieter Natascha an.

„Lass mich endlich in Ruhe, Werner!" Ich stoße seinen Arm beiseite. Dann ziehe ich das Gummi der kleinen Schleuder mit der Hand durch und spanne es wie ein Bogenschütze. Dabei kommen mir die letzten noch unversehrten Scheiben der verlassenen Funkstation in den Sinn. Ich höre schon ihr Klirren. Da greift Werner in die Gabel.

„Pst!", flüstert er aufgeregt. „Die Sprengstoffpatrone ist aus der Garage verschwunden. Ich hab vergessen, dir das zu sagen. Dieter hat sie im Sandkasten."

Der Schreck schnürt mir den Hals zu. An das Ding habe ich ja überhaupt nicht mehr gedacht. Warum habe ich die Patrone eigentlich aus dem Zug mitgenommen? Wie gebannt schaue ich auf Natascha, die sich mit ihrem breiten Hintern auf das schmale Seitenbrett des Sandkastens gesetzt hat und uns den Rücken zuwendet. Behutsam hebt sie Dieter auf ihren Schoß, schließt ihn in ihre weichen Arme und küsst ihn.

„Du zeigst mir doch gleich, was du Schönes im Sand versteckt hast", sagt sie einschmeichelnd zu Dieter. In Wilhelmshaven hatten wir auch Munition gesammelt, Splitter von Flakmunition, die bereits in der Luft krepiert war. Aber die Dynamitpatrone hier im Sandkasten ist scharf, ganz scharf. So etwas hatten wir nie zu fassen gekriegt. Wenn Natascha die findet, denkt sie bestimmt, wir wollten das ganze Russenviertel in die Luft sprengen.

„Zeig ich dir aber nicht", jauchzt Dieter und lässt sich aus Nataschas Armen in den Sand fallen.

„Na, dann eben nicht", sagt sie. „Heute bist du aber gar nicht lieb zu mir." Langsam geht sie wieder zu ihrem Wäschekorb. Kaum ist sie dort, erschallt es frohlockend aus dem Sandkasten: „Jetzt hab ich's gefunden!"

Dieter hebt seinen Arm hoch. Quittengelb leuchtet die Dynamitpatrone in seiner Hand. Meine Hände zittern. Die Zwille fällt in die Garageneinfahrt hinunter. Rumms. Mit dumpfem Schlag plumpst auch die Tüte mit den Schrauben auf den Beton. Schon will ich aufspringen und Dieter die Patrone wegnehmen, als Werner meinen Arm umgreift.

„Bleib hier", sagt er.

„Das ist ja nur ein Stück Holz", ruft Natascha herüber.

Sie erkennt nicht, was Dieter in der Hand hat, und verschwindet hinterm Haus.

„Uff!" Es ist, als ob in diesem Augenblick Fesseln von mir abfallen. Mit einem Satz bin ich bei der Sandkiste.

„Gib her!"

Widerwillig schmeißt mir Dieter die Patrone vor die Füße.

„Das ist meine", jammert er. Ich stecke das Ding in meine Hosentasche und flitze am Hauseingang vorbei auf die Straße. Da ist ein Posten am Schlagbaum, den ich erst ein paar Tage kenne, nicht der uns wohlgesinnte Wassilij. Wird er mich anhalten?

„Dobrij djen", grüße ich höflich. Ich quäle mir ein Lächeln ab und halte meine Hand über die Patrone, die aus der Hosentasche lugt. Der Posten schaut müde und gelangweilt die Kastanienallee hinunter. „Strastwujte", grüßt er gähnend zurück. Langsam gehe ich an ihm vorbei. An der Ladestraße lege ich die Patrone in einen Güterwagen. Niemand merkt etwas.

Als ich auf dem Rückweg wieder um die Hausecke biege, kriege ich einen Schlag auf die Brust. Für einen Augenblick bin ich benommen. Hat mich am Ende doch noch ein Russe erwischt? Da fällt eine Schraube vor meine Füße und Werner ruft von der Garage her: „Das Ding ist prima!" Er hat meine Zwille ausprobiert. Er hält sie noch in der Hand und jubelt darüber, dass er mich getroffen hat.

***

Es ist Hochsommer und zum ersten Mal seit Januar gibt es wieder Schulunterricht. An einem einzigen Tag zeichnen wir zwei Stunden in der Berufsschule gegenüber Mirows Leihbücherei.

„Trockenes Zeug war das!", schimpft Günter hinterher. Ein technischer Zeichenlehrer hatte die Wandtafel mit Kreide vollgemalt. Zentralperspektive, Horizontlinien, Fluchtpunkte. Mir schwirrt jetzt noch der Kopf.

„Dann setz ich mich lieber ans Klavier."

Dietrich meint, dass diese Art von Unterricht nicht fortgesetzt würde. Wenn es dennoch geschähe, würde er einfach schwänzen.

Günter hat einige schlimme Nachrichten. „Herr Ernst ist gestorben", sagt er. „Der Privatgelehrte aus eurem Haus, den

Natascha mit der Pistole niedergeschlagen hat. Er ist nicht wieder aus dem Koma erwacht."

„Das tut mir sehr leid", bedauere ich. „Das war ein so freundlicher, gebildeter Mann, der in Latein besser war als alle meine Lateinpauker zusammen."

„Das hab ich von Frau Heinrich gehört. Von ihrem Mann hat sie auch nichts Gutes zu berichten. Der liegt noch immer im Krankenhaus. Seine beiden Schusswunden heilen sehr langsam und es wird noch lange dauern, bis er rauskommt."

„Ist das nicht eigenartig", sagt Dietrich zu mir. „Wo ihr auch hinzieht, ist das Unglück nicht weit entfernt. Erst sterben die drei Reinhardts, dann Herr Ernst und Herr Heinrich …"

„Hör auf damit!", unterbreche ich ihn. „Sonst rede ich kein Wort mehr mit dir!"

„Mach dich nur lustig", wendet sich auch Günter an Dietrich. „Das alles sind schließlich auch unsere Nachbarn. Mutter hat sehr geweint, als Frau Heinrich bei uns war."

„War ja nicht bös gemeint", murmelt Dietrich.

„Ich habe noch was vor", sagt Günter. „Klavierunterricht bei Frau Mierzwa." Er schwenkt seine Notentasche zum Abschied und macht sich in der Adolf-Hitler-Straße davon, während Dietrich und ich auf der Märkischen Chaussee weiterziehen. In schnellem Schritt passieren wir in der Nähe des Krankenhauses den Triumphbogen, den die Russen zur Feier des großen Sieges aus Holz errichtet haben.

„Antike Säulen, Dach und Giebel", kommentiert Dietrich das Bauwerk. „Ganz wie auf der großen Triumphstraße im alten Rom. Die Russen haben das den Römern ganz schön abgeguckt."

„Zum Ruhme des tapferen sowjetischen Volkes", lese ich auf dem Torbogen. Darüber schwebt eine Weltkugel mit Hammer und Sichel im Lorbeerkranz. Das moderne Imperium Romanum.

„Herkommen!", ruft da eine kräftige russische Stimme von der anderen Seite der Straße. Erschrocken bleiben wir stehen. Dann folgen wir dem Kommando. Wir sehen zwei Offiziere vor uns. Der eine ist ein Glatzkopf und raucht eine Zigarette.

Der andere lehnt lässig und hemdsärmelig am Sockel des Triumphbogens. Die Glatze bläst mir Zigarettenqualm ins Gesicht und schreit mich an: „Du Werwolf."

Werwölfe? Gibt's die denn überhaupt noch? Auch Dietrich irrte sich ja, als er behauptete, dass Werwölfe beim verunglückten Russenzug die Weichen falsch gestellt hätten. Ich bleibe stumm.

„Du Uniform von Nazi!"

Da löst sich der Lässige vom Sockel der Säule, kommt an mich heran und reißt mir den Knopf von der linken Brusttasche des Braunhemds. Warum darf ich dieses Hemd denn nicht tragen? Überall laufen doch noch Leute mit braunen Klamotten und Wehrmachtsuniformen herum. Es gibt doch nichts Neues!

„Mein einziges Hemd", flunkere ich. Warum soll ich ihm sagen, dass mein blaues in der Wäsche ist?

„Du lügen!", schreit der mit der Zigarette und pustet mir wieder Rauch ins Gesicht.

„Sein einziges", unterstützt mich Dietrich.

„Beide lügen", brüllt der Lässige. „Wir haben ein großes Gefängnis für Werwolf."

Mir fällt ein, dass die Leute neulich auch im Milchladen von Frau Weimann von einem solchen Gefängnis geredet haben. Aber dort wird viel gequatscht.

„Beide Werwolf!", donnert der Lässige.

Wir zittern vor Angst. Schweigen. Mit dem Gefängnis für Werwölfe scheinen die ernst zu meinen. Da drückt die Glatze ihre Zigarette in meine linke Brusttasche, in das Loch, wo kurz zuvor noch der Knopf saß. Der Stoff schwelt. Meine Haut brennt.

„AAAuuuuu!!!"

Dann wirft er mich auf das Kopfsteinpflaster und stellt sich breitbeinig über mich, während ich auf dem Rücken liege und verzweifelt versuche, den Glimmstängel aus dem angebrannten Hemd zu fingern. Irgendwann liegt der Stummel auf dem Boden.

„Weg mit euch!", rufen schließlich Glatze und Lässiger fast gleichzeitig. Mühsam komme ich hoch, mache mich mit Dietrich im Laufschritt davon. Aber dann rufen sie erneut.

„Zuuurrrüüüück!", brüllen sie und geben neue Kommandos: „Durchs Tor gehen. Langsam. Ganz langsaaaaam!"

Wir schreiten auf das Tor zu, gehen hindurch. Oben hängt schlaff die rote Fahne mit Hammer und Sichel im Lorbeerkranz in der Nachmittagshitze. Wir geraten ins Schwitzen. Immer in Angst, zurückgerufen zu werden, schauen wir stur geradeaus. Nach unendlich langer Zeit erreichen wir die Einmündung der Kastanienallee. Erst jetzt wagen wir einen Blick zurück. Der Triumphbogen liegt weit hinter uns. Die rote Fahne ist zu einem Stecknadelkopf zusammengeschrumpft. Von den beiden Russen ist nichts mehr zu sehen.

„Das ist noch einmal gut gegangen", sage ich.

„Ich hab noch ein Hemd übrig, Edo. Das schenk ich dir. Dein Braunhemd vermach deiner Mutter als Putzlappen."

Der Schmerz beißt mich in die Brust. Flockiger Ruß fällt von den Rändern des angebrannten Tuchs.

„Die beiden hatten schwarze Hosen und grüne Achselstücke."

„Und schwarze Motorräder. Und auf den Sätteln grüne Teller-mützen."

Wir glauben, dass es die Schwarzen Zwillinge sind, die von der GPU, von denen der Blockwart Berg immer sagt, sie hätten Herrn Heinrich niedergeschossen. Ob sie wirklich Werwölfe in einem Gefängnis festhalten?

„Ich hab's dir ja immer gesagt", meint Dietrich. „Es gibt noch Werwölfe, wenn nicht in den Wäldern, dann eben eingesperrt."

***

Auf diesen Tag haben wir lange gewartet. Immer wieder hat der kleine Kölber gesagt, dass seine Mutter etwas Wichtiges ver-gessen habe, als sie ausquartiert wurden. Deshalb hat er neulich versucht, allein in ihre ehemalige Wohnung zu kommen. Ver-geblich. Der Posten hat ihn abgefangen und zur Strafe hat ihn Andrej, der Offizier bei Natascha, in den Keller gesperrt. Aber Dietrich war immer optimistisch gewesen. „Wartet ab", war sei-ne ständige Redensart. „Irgendwann haben wir eine Chance, ins Haus zu kommen."

Heute ist es so weit.

Seit drei Tagen haben fast alle Russen die Kastanienallee verlassen, auch Natascha und die Offiziere in unserem Haus. Wohin sie sind? Wir wissen es nicht. Ob und wann sie zurückkommen? Wir haben keine Ahnung. Dennoch. Vereinzelt scheinen noch einige Soldaten zurückgeblieben zu sein. Sie fallen aber nicht auf. Die Straße ist wie ausgestorben. Selbst an den Schlagbäumen sind keine Posten mehr.

Niemand sieht uns, als wir in das Haus des kleinen Kölber auf die andere Straßenseite rennen: der kleine Kölber, Dietrich, Werner und ich. Eine Weile verharren wir im Eingang. Voller Anspannung horchen wir ins Haus hinein. Nichts. Schon springt der kleine Kölber hinunter in den Heizungskeller. Bald kommt er wieder die Treppe hoch mit rußgeschwärzten Händen, in denen er ein verschmutztes Päckchen hält.

„Das war im Kaminabzug", flüstert er. Seine Augen leuchten. „Mutter wird sich freuen."

„Und was ist sonst im Keller?"

„Kommt doch einfach mal mit runter."

„Aber leise."

Die Waschküche ist früher immer leer gewesen. Jetzt haben sie die Russen vollgestellt. Autoreifen, Ersatzteile für Kraftfahrzeuge, Maschinenteile, angebrochene Kartons mit Konservendosen, aufgerissene Behälter und Kisten. Gegenüber dem Fenster befindet sich ein Stapel Säcke.

„Still!" Dietrich legt den Zeigefinger auf den Mund. „Das heißt ‚Pssssst!'" Werner kichert.

„Schnauze!" Dietrich ist wütend. „Da hat jemand eine Tür zugeschlagen."

„Quatsch."

„Doch. Im Nachbarhaus."·

„Jetzt hab ich's auch gehört."

Ich husche zum Ausgang der Waschküche zur Gartenseite. Ich ducke mich hinter die Umfassungsmauer wie ein Soldat im Schützengraben und wage kaum einen Blick darüber hinaus. „Rääääätsch!" Ein Mann in graugrünem Hemd und Soldatenhose trägt eine Wanne voller Wäsche über den Trockenplatz. Er wendet mir den Rücken zu.

„Ruhe!", rufe ich hinter mich. „Hört mit dem Quatschen auf!"

Als ich wieder aufschaue, nähert sich ein zweiter Soldat unserem Eingang. Es scheinen also doch noch mehr Russen zurückgeblieben zu sein, als wir angenommen hatten.

„Unter die Kellertreppe!", zische ich hinter mich. Der kleine Kölber flüchtet als Erster in diesen dunkelsten Teil des Kellers. Wir andern folgen. Wir sind jetzt unter der Treppe zwischen zwei Wänden. Die Köpfe eingezogen kauern wir eng aneinander und halten den Atem an. Draußen wird Russisch gesprochen.

„Gerade jetzt muss das passieren, wo ich das Päckchen für Mutter habe."

„Red nicht so viel, kleiner Kölber."

„Au! Da hat mich einer gestochen!"

„Sei doch endlich still!"

„Diesen Floh hab ich bestimmt von euch, Werner. Das kommt davon, wenn Richard immer mit Boris und seinen Panjepferden und den Russen unterwegs ist."

„Halt endlich die Fresse!"

„Da kommt jemand."

Schwere Schritte dröhnen wie Donnerschläge die Treppe herunter in die Waschküche hinein. Ich ziehe meinen Kopf ein und mache mich ganz klein. Hatte Natascha uns nicht immer wieder davor gewarnt, die Soldatenhäuser zu betreten? Sogar zum entgleisten Zug dürfen wir nicht mehr hin. Was würde die wohl sagen, wenn Dietrich und der kleine Kölber hier entdeckt würden? Die beiden dürfen ja nicht einmal durch den Schlagbaum!

Räuspern, Schlurfen und Schieben in der Waschküche. Eine schwere Last wird auf dem Boden gewälzt. Knistern und Rascheln wie vertrocknete Blätter im Herbst, die der Wind über die Straße treibt. Endlich. Der in der Waschküche ist mit seinen Verrichtungen fertig. Die Tür fällt ins Schloss. Er schlurft die Treppe hoch. Wir schleichen uns aus unserem Versteck in die Waschküche. Werner greift in einen der Jutesäcke hinein. Braune und gelbe Blätter hat er in den Händen. Er hält sie erst mir, dann Dietrich und schließlich dem kleinen Kölber unter die Nase.

„Wisst ihr, was das ist?"

Der kleine Kölber hat ein Blatt in den Mund genommen. Er beißt darauf, schon spuckt er es auf den Boden.

„Brrrrrr! Getrocknete Russenscheiße!"

„Gib mal her! Du hast keine Ahnung!"

Dietrich schnuppert und schnuppert und schnuppert.

„Nur was für Kenner", tönt er fachmännisch. „Das ist echter russischer Machorka. Tabak vom Feinsten", lautet sein Gutachten.

„Auf so etwas habe ich schon lange gewartet", sage ich.

„Wir nehmen einen Sack mit", grient Werner. „Diesen hier."

Wir greifen zu.

„Nichts wie raus!"

Ich flitze zur Haustür, blicke die Kastanienallee rauf und runter. Sind da etwa Geräusche in den Nachbarhäusern?

„Die Luft ist rein!" Nach und nach rennen Dietrich und der kleine Kölber zum Schlagbaum. Werner und ich huschen mit unserem Sack in die Garage unter Heinrichs Haus und verstecken ihn dort gegenüber den abgefahrenen Autoreifen hinter alten Balken, Brettern und Maschendraht wie in einer uneinnehmbaren Festung. „Wie teilen wir denn den Tabak auf?", fragt Werner.

„Da werden wir uns schon einigen."

Am Schlagbaum wartet Frau Kölber mit Dietrich und ihrem Sohn. „Ich hab es vor Angst zu Hause nicht ausgehalten", sagt sie.

Sie hat das kleine, verrußte Päckchen in Händen, bedankt sich überschwänglich für unsere Hilfe und lädt uns für morgen Nachmittag zum Kakao ein. „Ich hab da noch eine kleine Reserve", sagt sie.

„Da! Ein Russe neben dem Haus von Kölber!", zischt Werner. Möglichst unauffällig biegen wir zum Bahnhofsplatz ein.

***

Als ich am nächsten Morgen mit der Milchkanne auf dem Weg zu Frau Weimann bin, erscheinen plötzlich Lastwagen am Schlagbaum. Die Soldaten aus unserer Straße sind wieder zurückgekehrt. Vorm Haus begegnen mir auch Natascha und Alexej.

Ich versuche herauszukriegen, weshalb sie in den letzten Tagen fort waren und nicht einmal die Schlagbäume bewachen ließen.

„Das ist streng geheim", antwortet Natascha abweisend.

Was haben wir für ein Glück gehabt, dass wir noch gestern, am letzten Tag vor der Rückkehr der Russen, im Hause des kleinen Kölber waren. Ob sie den Sack Tabak vermissen werden? Ich beeile mich, die Milch zu holen.

Als ich von Frau Weimann zurückkomme, stehen zwei schwarze Lastwagen vor dem Schlagbaum. Unter einigen Neugierigen sehe ich auch Dietrich und Frau Heinrich. Traurig schaut sie in die Kastanienallee, die sie vor zwei Monaten verlassen musste. Ihr Blick ruht auf der Stelle, an dem sie als Erste ihren niedergeschossenen Mann gefunden hatte.

„Es geht ihm immer noch nicht gut", klagt sie. „Er hat Angst, dass sie wieder auf ihn schießen werden, wenn er irgendwann rauskommt."

„Gute Besserung", wünsche ich.

„Richt ich aus."

Bedrückt geht sie von dannen.

„Du hast hier noch mehr Bekannte", sagt Dietrich.

Ich schaue mich um. Nur einige Soldaten befinden sich in der Nähe der schwarzen Lastwagen.

Ich schüttle den Kopf: „Von denen kenne ich niemand."

„Zwischen den Lastwagen und dem Schlagbaum sind deine Bekannten", belehrt mich Dietrich, „die mit ihren Motorrädern. Einer von ihnen hat dir neulich mit der Zigarette ein Loch ins Braunhemd gebrannt."

„Die Schwarzen Zwillinge von der GPU?"

Ein Schreck durchfährt mich. Gerade schieben sie ihre Motorräder an. Lassen die Motoren aufheulen.

Der Schlagbaum geht hoch. Die Maschinen starten, gefolgt von den beiden Lastwagen. Der erste ist hoch verschlossen. Der zweite hat die Plane hinten offen. Drei Soldaten schauen heraus.

„Da sollen Gefangene drin sein", sagt Dietrich. „Vielleicht sind es Werwölfe. Von denen haben die Schwarzen Zwillinge ja am Triumphbogen gesprochen, als sie uns in der Mache hatten.

„Und die sollen hier in unsere Straße?"

„Damit du jeden Tag vor Augen hast, was für ein Schwein du hattest, weil du hier nicht zum Jungvolk gegangen bist. Denn dort hätte man dich in den Werwolf gesteckt."

„Und dich dazu", sage ich. „Ob da Werwölfe drin sind, möchte ich doch gern wissen. Ich gehe einfach hinterher."

Ich folge den beiden Lastwagen mit meiner Milchkanne. Sie fahren Schritttempo, „Dodge" lese ich auf den riesigen Reifen. Sicher sind sie noch im Krieg mit einem Geleitzug aus Amerika nach Murmansk gekommen, vorbei an den lauernden U-Booten.

Zur Begrüßung spielt Pjotr ein russisches Volkslied auf dem Akkordeon. Eine Melodie, die wir schon oft gehört haben, offenbar die einzige, die er kennt. Er sitzt auf der kleinen Steinmauer gegenüber unserem Haus. Hohe Gräser hat er vor sich, Feldblumen, aber auch Müll, der sich inzwischen angehäuft hat. Die Kameraden hören ihm zu. Auch Boris, der Panjewagenfahrer, ist dabei und Richard, der unserer Dachkammer entwischt ist.

Eigentlich dürfte ich den beiden Lastwagen nicht folgen, denn das Betreten der Kastanienallee zwischen unserem Hause und der Victoriastraße ist für uns verboten. Natascha hat es uns oft genug gesagt. Wir haben uns allerdings selten daran gehalten. Haben die wirklich Werwölfe in ihren Autos? Hat Dietrich recht? Ich bin neugierig. Da winken mich zwei Soldaten vom letzten Wagen zu sich. Ich laufe auf sie zu, aber als ich bei ihnen bin, springen sie runter und jagen mich auf den Wagen. Dort stoßen sie mich auf den Boden und drücken mir den Kopf auf die Ladefläche.

„Hiiiiilfe!", entringt es sich mir.

Ein Soldat drückt mir seine Hand auf den Mund. Als ich den Kopf für einen Augenblick frei bekomme, glaube ich, Jungen an der Wand zum Führerhaus zu sehen. Sind das im Halbdunkel etwa Jungen in Uniformen der Hitlerjugend? Dann packt mich wieder der Soldat und es schwirrt vor meinen Augen. Im nächsten Augenblick ertönen russische Worte hinter dem Wagen auf der Straße. Sie klingen wie ein Befehl. Der Soldat lässt mich los und weicht mit seinem Kameraden ins Halbdunkel zurück, wo ich die Jungen in Uniform zu sehen geglaubt habe.

Ich spüre einen harten Griff an den Beinen und werde zur Ladeluke hinausgezerrt. Das ist doch Andrej, der Freund von Natascha! Laut schimpfend hilft er mir herunter aufs Pflaster und sieht mich drohend mit seinen buschigen Augenbrauen an. Mir dämmert, dass es nur ihm als Offizier der GPU gelingen konnte, mich aus dem Wagen herauszuholen.

„Hab ich dir nicht gesagt, dass du dort nichts zu suchen hast?", schreit mich Natascha an der Haustür an.

„Wenn du das noch einmal machst, dann kriegst du Arrest drüben in dem Haus bei den Jungen!"

Sie wendet sich ab und entschwindet mit Andrej nach oben. Mein „Danke" kriegen sie nicht mehr mit.

„Warum musstest du auch hinter dem Wagen herlaufen?", motzt Mama. „Wenn Richard nicht Natascha und Andrej geholt hätte, wärst du jetzt hinter Schloss und Riegel. So 'n Leichtsinn!" Mama sieht mich zornig an. „Und die neue Milchkanne ist auch futsch. Sie liegt irgendwo dort hinten. Natascha soll sie uns wieder besorgen. Du jedenfalls gehst dort nicht mehr hin!"

Im fahlen Licht schaue ich abends noch lange zum Dachfenster hinaus auf die schwarzen Wagen, die am Schlagbaum zur Victoriastraße stehen. Dort montiert auch ein Schwarzer Zwilling sein Motorrad und Soldaten tragen Kisten in das Haus, von dem Natascha gesagt hat, es sei ein Gefängnis. Nun sind die Jungen vom Lastwagen drin, von denen Dietrich annahm, dass es Werwölfe sein könnten. Und wieder ertönt das russische Volkslied von Pjotrs Akkordeon unten auf der Straße herauf zu uns zum Dach, die einzige Melodie, die er spielen kann und wehmütig an die ferne Heimat erinnert in endlosen Wiederholungen.

***

Seit dem frühen Nachmittag ist Richard verschwunden. Er war auf die andere Seite der Straße zu Boris gegangen, wie er das so oft in der letzten Zeit getan hatte, um in dessen Panjewagen mitzufahren. Wohin? Das hat er uns nie sagen können, und das war auch nicht so wichtig, denn bisher war Richard immer zum

Abendbrot nach Hause gekommen. Aber heute ist alles ganz anders. Es ist bereits acht vorbei, und wir warten immer noch. Gegen neun geht Mama zu Natascha runter, um sich einen Rat zu holen. Aber leider macht niemand auf.

Da hören wir die Soldaten auf der anderen Straßenseite singen wie schon so manchen Abend zuvor.

„Ob wir mal rübergehen? Vielleicht wissen die ja etwas über Boris und Richard?", fragt Mama besorgt.

„Die können doch gar kein Deutsch!", wende ich ein.

„Wir sollten es trotzdem versuchen."

Zaghaft gehen Mama und ich über die Straße. Das ist uns zwar verboten, aber heute handelt es sich um einen Notfall. Der Posten vom Schlagbaum schaut missmutig herüber, lässt uns jedoch gewähren.

Wir sind jetzt auf dem Rasen neben den grasenden Panjepferdchen. Am Ast eines Baumes hängt eine Strohpuppe mit einer Schlinge um den Hals. Der Puppe haben sie ein Gesicht aus alten Lappen, Kohlestückchen und Pferdehaaren verpasst. Die Visage von Adolf Hitler grinst uns an. Mama zieht mich weiter.

Als wir das Haus des kleinen Kölber passieren, schwillt es uns entgegen, eines dieser schwermütigen Lieder, an deren Schluss der Tenor diese unerreichbaren Höhen erklimmt. Da sehen wir die Soldaten im flackernden Schein des Lagerfeuers. Sie haben gerade zu Abend gegessen. Auf einer Decke im Gras befinden sich noch Teller, Gläser und verschiedenes Obst in Schalen und Körben. Auf einem Baumstumpf steht eine Flasche Wodka. Erstaunt sehen sie uns an und ihr Gesang verstummt. Einige Gesichter kennen wir von Begegnungen auf der Straße her. Da kommt schon Wassilij auf uns zu, der sonst am Schlagbaum steht. „Strastwujte" sagt er.

Wir versuchen, ihm zu erklären, dass wir Richard suchen. Beim Namen „Boris" schüttelt er den Kopf und weist mit dem Arm nach Osten. „Garre", verstehen wir, den Namen eines Ortes, mehr aber nicht. Irgendwann erkennen wir, dass wir ohne Nataschas Übersetzungskünste aufgeschmissen sind. Traurig gehen wir zurück, vorbei an der Strohpuppe mit der Schlinge um den Hals und der Fratze Adolf Hitlers.

„Richard hätte nie mit diesem Boris mitfahren dürfen", klagt Mama oben im Zimmer, als sie sich aufs Bett setzt. „Ich hab es immer gewusst, irgendwann musste es ja passieren. Jetzt ist es so weit." Sie macht sich bittere Vorwürfe.

Es hilft nichts, dass wir sie und uns selbst damit trösten, Boris habe Richard bisher doch immer zurückgebracht. Es ist zum Heulen.

Als es dunkel wird, spricht Mama plötzlich von Pobiedziska. „Wir hätten nie dorthin ziehen dürfen", schluchzt sie. „Dann wären wir in Wilhelmshaven geblieben und hätten Richard bei uns."

„Vielleicht haben sie ihn ja auch entführt", fügt sie nach einer Weile hinzu.

„Du weißt doch, wie gern die Russen kleine Kinder haben", versuche ich sie zu beruhigen. Selbst die Schwarzen Zwillinge fangen für ihr GPU-Haus keine kleinen Kinder ein, sondern wohl nur Werwölfe.

„Und überhaupt", Mama kann ihre Tränen nicht mehr zurückhalten. „Dieses Wohnen hier hinterm Schlagbaum. Wie gefährlich das doch ist. Erst haben sie den Heinrich niedergeschossen. Dann den Ernst umgebracht und jetzt gibt es dieses GPU-Gefängnis, wo sie Edo beinahe reingesteckt hätten."

Dieter hat sich an Mama geschmiegt. „Bitte nicht weinen", sagt er leise.

„Und immer sind wir hier allein", spricht sie vor sich hin. „Hier gibt's keine Kinder und Spielkameraden für Richard und Dieter. Dietrich, der kleine Kölber und eure anderen Freunde dürfen hier nicht rein. Wären wir doch bloß in der früheren Wohnung von Reinhardt geblieben. Da hatten wir mit den Krauses und Lehmanns wenigstens Nachbarn, mit denen wir mal reden konnten. Hier vereinsamen wir unter all diesen fremden Menschen."

Sie hat recht. Sie könnte auch selbst in Gefahr kommen. Hat Dietrich nicht neulich von Vergewaltigungen in der Berliner Straße erzählt? Es seien Russen aus unserem Viertel gewesen. Gott sei Dank haben wir Natascha, Andrej und die Offiziere im Erdgeschoss im Haus, mit denen wir uns gut verstehen und vor denen die Soldaten Respekt haben. Aber was ist, wenn sie mal nicht hier sind? Wie heute.

Es geht auf Mitternacht zu, als Mama davon spricht, dass wir hier raus müssen. Sobald Richard wieder zurück sei, würde sie sich darum kümmern. Auch wenn die Stadt voller Flüchtlinge ist und Wohnraum knapp. Sie würde sich jedenfalls bemühen. Wir denken nicht an Schlaf. Angezogen sitzen wir auf den Betten und lauschen auf jedes Geräusch. Die Soldaten sind still. Längst sind ihre Gesänge verklungen. War da nicht eben das Klappern der Hufe eines Panjepferdes? Ich sehe hinaus.

Das Lagerfeuer glimmt nur noch schwach. Das Fell der Panjepferde schimmert im Mondlicht. Der Posten am Schlagbaum döst im Schilderhäuschen. Dieter fallen die Augen zu. Er schläft auf Mamas Schoß ein.

„Rrrrrrr!"

Diesmal haben wir uns aber nicht verhört. Der Motor eines Lastwagens! Wir springen auf. Ja! Ein Fahrzeug kommt vom Bahnhofsplatz auf den Schlagbaum zu. Mehrmals muss der Fahrer rufen, bis der Posten öffnet. Werner und ich rasen die Treppe runter. Der Wagen stoppt vor unserem Haus. Weit werfen die Scheinwerfer das Licht in die Kastanienallee. Türen klappern.

„Do swidanja", höre ich Männerstimmen.

„Da ist er ja!"

Richard kommt uns entgegen. Matt. Er hat ganz struwwelige Haare gekriegt. In der Hand hält er eine kleine Tüte.

„Herzlich willkommen!", rufen wir und fallen ihm um den Hals.

Er antwortet nicht. Müde streicht er sich durch die Haare. Wie bleich er im Scheinwerferlicht doch aussieht.

Mit lautem Motor fährt der Lastwagen im Rückwärtsgang zum Schlagbaum.

Wir greifen Richard von beiden Seiten unter die Arme, schieben ihn fast die Treppe hinauf.

„Mein armer, kleiner Junge", seufzt Mama, als er oben ankommt. „Welche Angst haben wir um dich gehabt." Lang hält sie ihn umschlungen. Richard setzt sich aufs Bett. Nein. Er habe keinen Hunger. Er macht seine kleine Tüte auf. Zerkrümelte Kekse bröseln auf den Tisch.

„Von Boris", sagt er. Dann sinkt er ins Bett und streckt alle viere von sich. Mama deckt ihn behutsam zu. Angezogen, wie er gekommen ist, schläft er ein.

Am nächsten Tag erscheinen Boris und Natascha auf dem Dachboden. Sie übersetzt eine verwickelte Geschichte von Boris' Fahrt mit Richard durch verschiedene Dörfer und unerwarteten Befehlen mit der Folge, dass Boris sich von Richard trennen und ihn einem anderen Fahrer anvertrauen musste. Boris entschuldigt sich. Er sei gerade erst wieder da und versteht die Ängste, die wir ausgestanden haben. Aus seiner großen Jackentasche holt er zwei Dosen Soljanka hervor und stellt sie auf unseren kleinen Tisch.

„Guten Appetit", wünscht er zum Abschied.

Kleine Kriege

Werner hat einen alten, verrosteten Fahrradanhänger mit schiefer Deichsel entdeckt. Wenn man ihn übers Kopfsteinpflaster schiebt, klappert das ganze Gefährt. Drei Tage schon steht er hinter dem Schuppen an der Ladestraße, aus dem wir im Mai die Nägel geklaut hatten, die wir dann bei der Bäuerin Marwitz gegen Speck eintauschten. Irgendein Rückwanderer mag ihn dort abgestellt haben. Vereinzelt kommen immer noch Leute aus den Lagern oder von Bauern, die erst jetzt die Heimreise vom Bahnhof aus antreten. Der kleine Anhänger dürfte niemandem mehr gehören. Vielleicht bringt er uns ja trotz seiner Mängel noch etwas Speck, Eier oder Gemüse beim Bauern ein.

Richard führt das Fahrzeug an der Deichsel. Werner und ich schieben zu beiden Seiten. Heiß scheint die Mittagssonne. Der Bahnhofsplatz ist wie ausgestorben und döst vor sich hin. Selbst die Bahnhofsuhr ist stehen geblieben. Auf fünf nach eins. Da schreckt Werner mich auf. „Vorsicht!", schreit er plötzlich. Als ich aufschaue, erkenne ich jemand, den ich schon längst vergessen glaubte, diesen bulligen Rudi, den Gorilla. Ich hab ihn schon lange nicht mehr bei Drewitz arbeiten sehen.

„Der Anhänger gehört jetzt uns!", brüllt er mit dieser widerlich kicksenden Stimme, die ich noch gut in Erinnerung habe. Da ist ja auch noch der andere dieser beiden Gangster, der Bernd. Mit seinem Spucken ist er fast noch abstoßender als der Rudi.

Schon speit er einen grüngelben Qualster auf Richard vorn an der Deichsel. „Na, du Zwerg", faucht er, greift Richard an die Nase, kneift seine Nasenflügel zu und dreht seinen Kopf langsam zur Schulter hin.

„Willst du wohl den Anhänger loslassen!", geifert er.

Richard schreit auf vor Schmerz.

„Feigling", fahre ich Bernd an. „Sich an kleinen Kindern zu vergreifen."

Verschwindet dort der alte Drewitz nicht gerade hinter der Tür seiner Werkstatt? Der muss doch mitgekriegt haben, dass Rudi und Bernd uns den Anhänger entreißen und Richard quälen wollen. Macht der davor etwa einfach die Augen zu? Plötzlich taucht

Günter auf. Ich traue meinen Augen nicht: Er rempelt doch tatsächlich den Bernd derart an, dass er übers Deichselkreuz auf den Boden schlägt. Sonst hat er sich doch immer aus Prügeleien herausgehalten! Aber diesmal konnte er es wohl nicht mit ansehen, wie Bernd den kleinen Richard misshandelte.

„Ich hau dir die Hände kaputt", brüllt Rudi. „Dann kannst du nie wieder Klavier spielen."

Er hat gesehen, wie Günter den Bernd geschubst hat. Rudi greift nach Günters Arm, aber der weicht zurück und sinkt zu Boden.

Im nächsten Augenblick fällt Rudi auch über mich her. Ich spüre einen Schmerz an der rechten Schulter und falle aufs Pflaster.

„Jetzt weißt du, wem der Wagen gehört", höre ich den Gorilla krächzen. Seine mächtigen Hände packen die Deichsel. Watschelnd zieht er mit dem Hänger davon, hin zu Drewitz' Werkstatt, gefolgt von dem keuchenden Bernd.

Eine Weile liege ich auf dem Pflaster. Rundum ist es still wie wenige Augenblicke zuvor auf diesem verschlafenen Bahnhofsplatz. Außer dem alten Drewitz hat niemand diesen Überfall bemerkt.

„Gegen die konnten wir nichts machen", sage ich benommen. Werner sitzt neben mir auf dem Pflaster und schaut dem verschwundenen Anhänger nach. Richard bearbeitet seine Nase mit Daumen und Zeigefinger.

„Ihr habt einfach Pech gehabt", sagt Günter. „Am ersten Tag, an dem Rudi und Bernd mal wieder hier sind, müsst ausgerechnet ihr ihnen über den Weg laufen. Seit Einmarsch der Russen hat Vater nämlich keine Arbeit mehr für die beiden."

„Ich wundere mich nur", sage ich, „dass die sich wegen dieses klapprigen Anhängers so prügeln."

„Vater wird ihn reparieren müssen. Dann kann er ihn vielleicht für den Opel gebrauchen."

„Und wer repariert meine Nase?", jammert Richard. „Die tut mir immer noch weh!"

***

Fassungslos stehen die beiden Alten an der Pforte ihres Obstgartens an der Kastanienallee zwischen der Victoriastraße und dem Krankenhaus in der Nähe von Markowskis verfallenem Kolonialwarenladen.

Eine Gruppe russischer Soldaten stürmt in den Garten. Dietrich, Werner und ich folgen ihnen.

„Propus tietje menja, tscha schiwus desje", ruft Werner dem alten Ehepaar im Vorbeilaufen zu, den Spruch, den er immer beim Passieren des Schlagbaums aufsagt.

„Wilhelm", seufzt die Frau, als sie Werner hört. „Die Russen bringen jetzt auch schon ihre Kinder mit."

„Karascho", sagt Juri, der Freund Pjotrs, mit dem Richard Panjewagen fährt. Dann beißt er herzhaft in einen Gravensteiner vom Baum über sich und wirft den angegessenen Apfel ins Gras. Einige seiner Freunde haben kleine Taschen und Säcke mit. Unter Lachen und Scherzen werden sie gefüllt. Es geht laut zu in dieser sonst so ruhigen Gegend, inmitten von Schrebergärten.

„Hermine, dass wir das noch erleben müssen", stöhnt der alte Mann.

Dietrich pflückt besonders fleißig. Er hat den Russen gerade in diesen Garten folgen wollen. Es war ja auch verlockend, sich im Schutz dieses Trupps von Soldaten mit Obst zu bedienen. Wir hätten auch woanders Äpfel klauen können. Unbewachte Gärten gab es schließlich genug. Dietrich jedoch wollte unbedingt hierher.

„Die beiden Alten sind stinksauer", sagt Dietrich. „Haben wir die nicht neulich an unserem Schlagbaum gesehen?"

„Stimmt", antwortet Dietrich. „Ich hab damals gesagt, dass meine Mutter und ich mit denen noch ein Hühnchen zu rupfen hätten. Das wollen wir jetzt mal tun."

„Was haben die denn verbrochen?", frage ich.

„Erzähl ich dir später."

„Wenn die Russen nicht hier wären, würden sie uns umbringen."

„Wenn sie könnten", sagt Dietrich und greift nach einem der köstlichen Gravensteiner „Dann allerdings mich zuerst."

„Du pflückst ja auch am meisten."

„Hat damit nichts zu tun."

„Ach ja. Das Hühnchen rupfen."

Die ganze Zeit über haben die beiden Alten uns zugeschaut, wie wir an den Ästen des Baumes hangeln und unsere Taschen füllen. Ihre Gesichter sind grimmig, ihre Münder leicht geöffnet, als ob sie uns etwas mitteilen wollen.

„Au", schreit der Mann plötzlich auf.

Schmerzhaft verzieht er das Gesicht. Ein Apfel hat ihn aus Versehen am Hinterkopf getroffen. Eigentlich hätte Juri das Ziel seines Kameraden sein sollen. „Isvinitje", ruft der Kamerad. „Nix gutt."

Die beiden alten Leute blicken zu uns im Baum herauf.

„Die da unten wollen was von uns."

„Ihr seid doch Deutsche, nicht wahr?", fragt der Mann. Eine Antwort will er nicht hören. „Wir kennen uns doch! Ihr habt uns neulich am Schlagbaum angepöbelt. Da habt ihr auch mit dem russischen Posten unter einer Decke gesteckt. Genauso wie mit den Verbrechern hier im Garten. Schämt ihr euch nicht?"

Wir haben mit dem Pflücken aufgehört. Langsam löst sich Dietrich von seinem Ast und springt hinunter. Ich lasse mich am Stamm herab.

„Schämt ihr euch nicht?", wiederholt die Frau, als wir vor den beiden stehen. Schweigend blicken wir ihnen in die Augen.

„Ja. Jetzt bleibt euch die Spucke weg", sagt der Alte herablassend.

„Haben Sie sich geschämt, als sie meine Mutter betrogen haben?", fragt Dietrich. Es klingt, als ob seine Stimme einen Apfelbaum spalte. Die beiden Alten machen erschrockene Gesichter.

„Wer bist du denn eigentlich?", fragt die Frau zögernd.

„Der Sohn von der Mutter, der Sie den Lohn nicht ausbezahlt haben, obwohl sie gute Arbeit geleistet hat."

„Das ist doch Unsinn. Du musst dich irren."

„Mutter hat bei Ihnen gearbeitet, kurz bevor die Russen kamen. Denken Sie mal drüber nach. Sie haben ja Zeit. Wir pflücken hier noch länger. Unsere Taschen sollen ja voll werden."

„Ich kann mich an nichts erinnern", sagt der Alte empört. „Solche Anschuldigungen zu machen!"

„Sie scheinen nicht mal ein schlechtes Gewissen zu haben", fährt Dietrich fort. „Macht nichts. Wir holen uns heute Mutters Lohn schon selbst."

Die Gesichter der beiden Alten sind immer länger geworden. Irgendwann haben wir unsere Taschen gefüllt.

„Wie war denn das mit deiner Mutter und diesem komischen Paar?", frage ich Dietrich.

„Mutter hat damals für die gearbeitet. Näharbeiten. Die haben ein kleines Geschäft."

„Und die haben nicht bezahlt?"

„Keinen Pfennig hat Mutter von denen gekriegt."

„Und warum nicht?"

„Als Flüchtling solle sie froh sein, dass sie mal ein Mittagessen bekommen hat. Das müsse ja wohl reichen. Und dann hat sie noch ein paar Äpfel mitgekriegt, die im Winter faul geworden waren. Wahrscheinlich aus diesem Garten."

„Na, wenigstens sind die heute frisch."

Im Garten wird es lauter. Die Russen beginnen eine Apfelschlacht. Sie steigen wieder in die Bäume und versuchen, einander zu treffen. Und dann schütteln sie und schütteln sie. Papperpalappppel, Papperappel, … prasseln Früchte in das hohe Gras. Eine reiche Ernte. Die beiden Alten stehen unter einem Baum, an dem kein Apfel mehr hängt. Sie gleichen erstarrten Säulen.

„Do swidanja", ruft Werner ihnen beim Hinausgehen zu und beißt herzhaft in einen knackigen Gravensteiner.

***

Ob er heute wohl rechtzeitig kommt?

Dietrich, Werner, Richard und ich warten auf Jewgenij auf dem Hügel unterhalb der Funkstation. Seit Tagen bringt er uns so um zwölf aus Berlin in seinem kleinen Flugzeug die „Tägliche Rundschau", die Zeitung der Roten Armee für die deutsche Bevölkerung. Dietrich hat zum ersten Mal das Fernglas von Zeiss dabei, diesen Feldstecher aus dem entgleisten russischen Zug. Stolz trägt er ihn am Lederband um den Hals. Jetzt blickt er hindurch und richtet ihn auf die Wolkendecke im Nordosten.

Wir anderen sind ganz unserem Drachen zugewandt. Über uns knattert das dunkelbraune Dreieck im frischen Nordwind, schwanzlos mit vollgepumpten breiten Schultern. Werner und ich haben ihn für Richard gebastelt und damit ein altes Versprechen eingelöst. Das Packpapier und die Tapetenleisten haben wir vom Krempel auf dem Dachboden, das Mehl für den Kleister zum Verkleben von Mama und das Segelband aus einem aufgebrochenen Schuppen an der Ladestraße.

„Da zeichne ich noch ein Mondgesicht drauf", ruft Richard fröhlich zu uns rüber und wickelt etwas von der Strippe auf der Rolle auf. Es ist gut, dass Richard den Drachen weiter runterholt. Denn vor drei Tagen hatten wir Krach mit Jewgenij. Der Drachen hatte ihn beim Landen gestört. Er schien zu befürchten, dass sich das Drachenband oder gar der Drachen selbst im Propeller vertüdern könnte. Seitdem sind wir vorsichtig. Deshalb hat Dietrich das Fernglas dabei. So kann er das Flugzeug früh entdecken. Und wir können den Drachen zeitig zu Boden bringen.

Ein Mann kommt mit einem Gepäckrad schnaubend den Hügel herauf. Nanu, ein neuer Zeitungsbote für die „Tägliche Rundschau"? Den kenn ich doch! Dieses bleiche Gesicht mit der schmalen Nase und der Baskenmütze. Zuletzt habe ich ihn mit Frau Lehmann am Schlagbaum gesehen. Da hatte er seinen Dackel mit. Na klar. Das ist Majewski, der in der Nazizeit in der Munitionsfabrik gearbeitet hatte.

Er hat ein etwa zehn Jahre altes Mädchen dabei, durch dessen lange braune Haare der Wind wirbelt.

„Das ist Erika", sagt er, „die Schwester von deinem Freund Günter Drewitz."

Erika reckt ihren Kopf in den Himmel. Sie ist hingerissen. „Das ist der erste Drachen, den ich hier oben jemals gesehen habe. Fantastisch."

„Im Krieg war es verboten, an der Funkstation Drachen steigen zu lassen", erklärt Majewski.

„Willst du auch mal halten?", fragt Richard.

Erika greift vorsichtig zur Bandrolle, während Werner mit einer Hand das Segelband sichert.

„Der zieht aber", staunt sie. Mit beiden Händen hält sie die Rolle umfasst. Die Schnur steigt straff in den Himmel.

„Euer Drachen ist das erste friedliche Zeichen hier am Himmel", sagt Majewski. „In den letzten Jahren sah man dort ja nur Bomberpulks, Tiefflieger oder zuletzt die Schusswolken der Eisenbahnflak."

Drachen und Frieden? Daran hab ich noch gar nicht gedacht. Für uns ist der Drachen ein Wolkenstürmer. Jewgenij hält ihn sogar für gefährlich. Nun also auch ein Friedensbote. Warum eigentlich nicht? Erika hat etwas Band abgelassen. Es macht ihr Freude zu sehen, wie das braune Dreieck immer kleiner wird. Schüchtern fragt sie uns, ob wir auch für sie einen Drachen bauen könnten.

„Klar", sagt Werner. „Dem kleinen Kölber haben wir auch einen gebastelt. Der malt einen Adler drauf, damit er noch besser fliegt."

„Dafür kriegt ihr einen ganzen Korb mit Klapp's Liebling", bedankt sich Erika.

„Sind das diese Birnen aus eurem Garten am Sandplatz?"

„Ja, die sind jetzt richtig saftig."

„Runter mit dem Drachen!", unterbricht Dietrich. Er äugt mit dem Glas nach Nordosten. „Jewgenij."

Mit dem bloßen Auge können wir das Flugzeug noch nicht erkennen, aber den leisen Brummton hören wir schon.

„Der ist ja richtig pünktlich", sagt Majewski und schaut auf seine Uhr.

Aufgeregt spult Erika die Strippe auf. Beinahe lässt sie die Bandrolle fallen. Werner greift zu. Ich helfe und ziehe mal mit links, mal mit rechts die Schnur herunter. Gemeinsam bringen wir den Drachen gegen die steife Brise auf die Erde runter. Richard fängt ihn im Gras auf. Es ist aber auch höchste Zeit.

Längst hat die Maschine ihre gewohnte Schleife um die Türme der Funkstation hinter sich gebracht und setzt gerade an, auf der Asphaltstraße vor dem Eingang der Station zu landen.

„Dobrij djen", ruft Jewgenij aus der halb geöffneten Tür des kleinen Flugzeugs. „Dobrij djen", schallt es von uns zurück. Zwei Pakete der „Täglichen Rundschau" wuchtet er aus der Maschine.

Majewski hilft ihm dabei und beginnt, die Zeitungen auf seinem Gepäckrad zu sortieren. Jewgenij drückt mir ein Exemplar in die Hand. Es riecht noch nach Druckerschwärze. „Genosse Stalin wünscht dem deutschen Volk ewigen Frieden", lese ich vor.

„Gibt es nichts Spannenderes?", fragt Dietrich.

„Vielleicht dies: ,Amerikaner werfen Atombombe auf Hiroshima. Tausende von Toten."

„Gib mal her!" Dietrich reißt mir die Zeitung aus der Hand. Von dem Ruck schaukelt das Fernglas vor seiner Brust am ledernen Band. „Das haben die Amerikaner beim Dominik abgeschrieben", meint er zu wissen und raschelt mit dem Zeitungspapier. „Ist das dieser Hans Dominik mit den technischen Zukunftsromanen?"

„Natürlich! ,Atomgewicht 500' und so weiter. Diese Bücher hat auch der Mirow in seiner Leihbücherei."

„Haben wir ein Glück gehabt. Nicht auszudenken, wenn die Bombe schon vor Kriegsende fertig geworden wäre." Majewski versucht sich mit seiner leisen Stimme durch den Wind verständlich zu machen, während er seine Zeitungen sortiert. „Sonst hätten wir dieses Ding auf den Kopf gekriegt."

Dietrich hat sich in die „Tägliche Rundschau" vergraben und den Feldstecher ins Gras gelegt. Er bemerkt nicht, dass Jewgenij ihn aufgehoben und an die Augen gesetzt hat. Aufmerksam beobachtet Jewgenij einen Storch, der unterhalb der Funkstation in den Feuchtwiesen watet. Seine roten Beine leuchten bis hier herauf.

„Karascho", sagt er plötzlich und setzt das Glas ab. Erst jetzt blickt Dietrich hinter der „Täglichen Rundschau" hervor. Mit Entsetzen sieht er das Fernglas in Jewgenijs Hand.

Der lächelt. „Wehrmacht", sagt er, nur dieses eine Wort. Dabei zeigt er auf das Glas. Dann nimmt er den Feldstecher an die Brust, wie um zu dokumentieren, dass er jetzt ihm gehört. Dann dreht er sich auf dem Absatz um und steigt in seine kleine Maschine, wirft die Tür hinter sich zu und schmeißt den Motor an. Als er das Flugzeug über die Asphaltstraße zieht, winkt er uns noch einmal zu. Dann biegt er in einer Linkskurve um die Funktürme und steigt hinauf zur Wolkendecke. Fassungslos starren wir dem entschwindenden Flugzeug nach.

Dietrich sieht aus, als ob Jewgenij ihm den Feldstecher auf den Kopf gedonnert hätte.

„Vielleicht hättest du das Glas vor Jewgenij verstecken sollen", bricht Majewski mit seiner leisen Stimme das Schweigen. „Aber wenn das ein Wehrmachtsglas ist, dann hat er ja nicht ganz im Unrecht gehandelt."

„Das war trotzdem gemein", empört sich Erika. „Kommt, wir lassen den Drachen wieder steigen. Jetzt ist dieser doofe Jewgenij mit seinem Flugzeug ja weg."

Erika nimmt die Rolle mit dem Segelband. Werner läuft voraus. Schon drückt der Wind das Papier in die Tapetenleisten. Pfeilschnell steigt das braune Dreieck in den Himmel. Der Faden auf der Rolle in Erikas Händen dreht sich und dreht sich und dreht sich, bis auch der letzte Rest abgespult ist.

„Der ist ja in den Wolken", ruft Richard.

„Hätte ich nicht gedacht, dass der so stabil ist in dieser Höhe", staunt Dietrich. „Ihr habt doch noch etwas Material auf eurem Dachboden. Könnt ihr mir auch einen bauen?"

Gott sei Dank. Dietrich scheint sich von diesem K.O. durch Jewgenij zu erholen.

„Machen wir. Wir haben genug Material."

Majewski hat einige Briefchen aus einer „Täglichen Rundschau" gefaltet. Er setzt das erste vorsichtig auf die Drachenschnur. „Genosse Stalin wünscht …", kann ich gerade noch lesen.

Vom Wind gepeitscht rauscht die Friedensbotschaft des großen Genossen gen Himmel. Majewski strahlt. Bald schickt er einen zweiten Brief hinauf. Dann einen dritten. Immer mehr Post geht ab. Seine Augen beginnen zu glühen. Manchmal lacht er wie ein Besessener, der nur noch Briefchen in die Luft schicken möchte. Er vergisst, dass er die „Tägliche Rundschau" längst in den Ort hätte hinunterbringen müssen. Dort warten doch Leser auf die Zeitung der Roten Armee!

„Schluss jetzt!", unterbricht Richard grausam das Drachenpostspiel und nimmt Majewski forsch die Wickelrolle aus der Hand. Der reißt die Augen auf wie ein Kind, dem man das Spielzeug weggenommen hat. Erst langsam kehrt er in die Wirklichkeit zurück.

„Das ist mein Drachen!", trampelt Richard. „Den haben meine Brüder für mich gebaut!"

***

Jazzfetzen im leichten Sommerwind. Saxophonklänge heulen verzerrt am Bahnsteig zwei.

Ein langer dunkelhäutiger amerikanischer Soldat lässt das Instrument unter der großen Laterne aufjaulen.

„Sieht aus wie Jesse Owens", ruft Dietrich durch das Spektakel. „Vier Goldmedaillen."

Kinder toben um ihn herum. Werner, Richard, Ruth Krause mit wehenden Zöpfen, Erika Drewitz mit ihrem neuen Drachen. Ein Sergeant verteilt Kekse. Wir eilen hin. Zum ersten Mal hat an unserem Bahnhof ein amerikanischer Militärzug Halt gemacht, der auf dem Wege ist von Frankfurt am Main zum amerikanischen Sektor in Berlin. Gleich wird er weiterfahren. Vergessen ist der Lärm an der Brücke zur Kleinbahn weiter hinten. Dort arbeiten russische Soldaten am Gleis. Sie hacken im Takt einer heimatlichen Melodie mit Spitzhacken in den Schotter.

„The train will be leaving", ruft der Sergeant.

Jesse Owens tänzelt zu einem der Wagen, ohne das Saxophon abzusetzen. Weit streckt er das Instrument aus der Tür des Waggons in den Himmel. Eine Serie von gebrochenen heulenden Tönen wabert über die Gleisanlagen.

Als der letzte Ton oben an den Funktürmen angekommen ist, möchte ich endlich mein Englisch ausprobieren.

„Do you live in New York?", frage ich einfach den Soldaten neben Jesse Owens. Mir fällt nichts Besseres ein.

„I come from Little Rock in Arkansas", antwortet er freundlich. Mein bescheidenes Schulenglisch scheint verstanden zu werden. Ich bin richtig stolz.

„Do you know Winnetou?", taste ich mich weiter vor.

„Never heard that name."

„He was an Indian chief."

„From which state?"

„New Mexico."

„Nick. Ever heard of a fellow named Winnetou?", fragt er einen GI neben sich. Nick scheint aus dem Südwesten zu sein.

„Is he a baseball player?", fragt Nick zurück.

„No, he was an Indian chief in the Llano Estacado."

„I have not any idea of that guy."

Meine Fragen wirken wohl etwas eigenartig. Karl Mays Winnetou scheint den Amerikanern nichts zu bedeuten. Schade.

Im nächsten Wagen sitzt ein kleiner Dicker auf dem Fußboden an der Tür. Er trägt einen breitkrempigen Hut. Seine Beine baumeln zum Bahnsteig runter.

Mit volltönender Stimme singt er:

„Pardon me, boy, is that the Chattanooga Choo Choo?

Yess, yess,

Track twenty-nine!

Boy, can you give me a shine?"

Die Kinder drängen an die Waggontür und klatschen. Der GI neben dem Kameraden mit dem Hut reicht mir ein paar zerlesene alte Zeitschriften heraus.

„Nice pictures of New York inside", sagt er.

„Many thanks."

Huuuuuiiiiiiiii!

Ein langes Pfeifen der Lokomotive. Der Zug setzt sich langsam in Bewegung. Die Kinder winken. „Cheers, cheers, cheers", rufen sie.

Lange noch schauen wir ihnen hinterher. Vor der Kleinbahn fahren sie an der Gruppe russischer Soldaten mit ihren Spitzhacken vorbei. Ihr rhythmisches Klopfen kommt jäh zu einem Ende. Mit Erstaunen blicken sie auf den exotischen Zug aus der Neuen Welt.

„Pardon me, boy", summen wir vor uns hin und trödeln zur Ladestraße.

Werner und all die andern stürmen lärmend durch die Bahnhofshalle mit Coca Cola, Keksen und Micky-Mouse-Heften.

Dietrich und ich schlendern zur Ladestraße.

„Gib mir mal die ‚Time'", nuschelt Dietrich. Er schiebt einen Kaugummi von der einen in die andere Backe. Wir setzen uns auf einen Baumstamm, schmökern in den Zeitschriften. Die Bilder mit den Wolkenkratzern aus Manhattan erschlagen uns. Aber mit den Texten tun wir uns schwer.

„Germany's future: Agriculture", lese ich irgendwann aus einem alten „Reader's Digest" vor. „Die Deutschen sollen alle Bauern werden", ergänze ich. „So sagen es die Amis. Wolltest du nicht Ingenieur oder etwas Wissenschaftliches werden? Das kannst du dir abschminken."

Dietrich meint, ich hätte falsch übersetzt. Er vertieft sich selbst in den Text und wird beim Lesen immer nachdenklicher.

„Hiernach wirst auch du nicht studieren oder auf einem Schiff wie dein Vater fahren können", sagt er bestürzt nach einer Weile.

„Morgenthau heißt das Arschloch, das sich das ausgedacht hat", flucht Dietrich.

Da hören wir wieder das rhythmische Hacken der russischen Soldaten mit ihren Spitzhacken unterhalb der Kleinbahn.

„Was machen die da eigentlich?", frage ich.

„Das sieht man doch", antwortet Dietrich. „Die haben es ganz eilig, die Strecke eingleisig zu machen, damit sie die freigelegten Schienen nach Russland schaffen können. Denn um Berlin mit Kartoffeln, Obst und Gemüse zu versorgen, reicht ein Gleis aus. Anderes braucht ja kaum noch transportiert zu werden. Die Deutschen sollen ja alle Bauern werden."

Hatte Berg, der frühere Block- und Luftschutzwart heute Morgen bei Frau Weimann nicht wütend gesagt: „Die machen uns jetzt zum Dorf?"

Uns reicht's. Wir brechen zum Bahnhofsplatz auf.

„Im Märzen der Bauer die Rösslein anspannt", beginne ich zu singen, dieses schöne Lied, das wir so oft bei Fräulein Lampe in der Volksschule Peterstraße gesungen hatten.

„Hör auf damit!", unterbricht mich Dietrich. „Ich habe gerade davon geträumt, wie man sich als Stalljunge beim Ausmisten mit der Gabel fühlt. Da möchte ich nicht gestört werden."

Unsere Zukunft sieht ganz schön beschissen aus.

***

Tief hängen die Wolken, gepeitscht von einem Nordwestwind, wie wir ihn hier noch nicht erlebt haben. Richard möchte unbedingt seinen Drachen steigen lassen. Ich versuche, ihm das wegen des Unwetters auszureden.

„Aber wir können doch zum Sandplatz neben Drewitz' Obstgarten gehen", bettelt Richard. „Da ist es bestimmt nicht so windig wie oben an der Funkstation."

„Meinetwegen", sage ich, „wenn du unbedingt willst, dass dein schöner Drachen dabei draufgeht. Du kriegst keinen neuen, wenn er abstürzt."

Auch auf dem Sandplatz ist der Sturm so stark, dass Richard mit dem Drachen fast an das alte Wehrmachtsauto gedrückt wird. Von einer gewaltigen Kraft getrieben schnellt der Drachen empor. Er rattert und knattert wie ein Maschinengewehr. Bei einem solchen Wind können wir es uns erlauben, das Drachenband einfach um den Stamm eines Apfelbaumes zu wickeln. Wir stehen daneben und schauen hinauf, wo auf dem braunen Papier ein von Richard frisch gemaltes Mondgesicht vibriert.

„Bei dem Sturm lässt man doch keinen Drachen steigen", macht sich hinter uns jemand bemerkbar. Majewski! Der Mann mit der Baskenmütze. Heute hat er auch wieder seinen Dackel dabei.

Er ist durch den Obstgarten vom Hause der Drewitz her gekommen, wo sie schon Licht gemacht haben. Verwundert schaut er zum Drachen auf.

„Wir sind aus Wilhelmshaven", antworte ich, als er vor uns steht. „Da lassen wir bei Sturm auch manchmal 'nen Drachen steigen. Zu Hause haben wir öfter so 'n starken Wind wie heute hier."

„Und das habe ich auch noch nicht gesehen: das Band einfach am Apfelbaum festmachen!"

„Auch das kennen wir aus Wilhelmshaven. Wenn wir bei Fliegeralarm schnell in den Bunker mussten, dann hatten wir einfach keine Zeit mehr, den Drachen runterzuholen."

„Dann kann ich ja nur hoffen, dass euer Drachen die feindlichen Flieger gestört hat."

Der Wind weht jetzt so heftig, dass ich Majewski kaum noch verstehe. Deshalb ziehen wir uns in das Führerhaus des alten Wehrmachtswagens zurück, während Richard draußen seinen

Drachen im Blick hat und von Zeit zu Zeit prüft, ob die Schnur am Apfelbaum noch fest sitzt.

„Im Bunker", erinnere ich mich, „haben wir tatsächlich mal einem vom Luftschutz erzählt, dass unser Drachen auch der Flugabwehr dient. Unser starkes Drachenband könne nämlich die Tragfläche eines Tieffliegers zerschneiden."

„Und das hat der geglaubt?", fragt Majewski, der zwischen Werner und mir sitzt und seinen Dackel auf dem Schoß hat.

„Der hat wirklich seinen Vorgesetzten gefragt, ob das denn stimmen könne."

„Und?"

„Ich hab die Antwort nicht gehört. Nur das donnernde Lachen der Leute im Bunker klingt mir noch heute in den Ohren."

„Und wie war's mit dem Drachen nach dem Alarm?", möchte Majewski weiter wissen.

„Da waren wir oft überrascht, wo der Drachen abgeblieben war", antworte ich. „Mal stand er in Süd, mal in Ost, weil der Wind gedreht hatte. Mal lag er auch auf dem Dach eines Hauses oder gar am Boden, weil eine plötzliche Flaute eingetreten war."

„Und er hat natürlich einen Tiefflieger zum Absturz gebracht, stimmt's?"

Unser Lachen lockt Richard an das Fahrzeug.

„Es wird dunkel", ruft er ins Führerhaus. „Ich hab Angst, dass er verloren geht. Wir müssen ihn runterholen."

„Wir helfen dir", sagt Werner und nacheinander verlassen wir alle das Wehrmachtsauto.

Der Wind pfeift uns um die Ohren. Nur noch gelegentlich ist der Drachen wie ein Schatten vor den schnell treibenden grauen Wolken zu sehen.

„Passt auf!", schreit Werner.

Der Dackel jault fürchterlich. Majewski fliegt die Baskenmütze vom Kopf. Eine plötzliche Bö rast mit Urgewalt durch die Bäume des Obstgartens. Äste und Zweige ächzen. Ein Büschel Blätter und Zweige klatschen mir ins Gesicht.

Richards Drachen ist weg!

Klirrrrr! Klirrrrr! Klirrrr!

„Das ist bei Drewitz!", ruft Majewski und fingert seine Mütze von einem Baum. „Es klang, als ob Scheiben kaputt gegangen sind."

Das Segelband hängt schlaff an den Bäumen. Aber wo ist der Drachen? Da hören wir eine Stimme aus Drewitz' Haus rufen. Wegen des Windes verstehen wir die Worte nicht.

„Das ist Wilhelm Drewitz", sagt Majewski. „Ich glaub, bei ihm ist der Drachen runtergekommen. Wir müssen hin."

„Wir kommen", ruft er so laut es seine Stimme vermag durch den Sturm. Wir folgen ihm in Richtung des Lichts, das durch die Obstbäume schimmert. An der Werkstatt vorbei gelangen wir zum Eingang des drewitzschen Wohnhauses.

**

Der alte Drewitz steht in der Eingangstür. Sein Gesicht verrät nichts Gutes.

„Da ist mir ein Drachen ins Wohnzimmer geflogen. Scheibe kaputt. Und jetzt regnet's auch noch rein. Hast du damit zu tun, Gerhard?"

„Lass uns erst mal rein, Wilhelm", sagt Majewski.

Regen prasselt in den Eingangsbereich. Das Wasser läuft mir den Nacken runter.

„Und die Jungs hier!", brüllt Drewitz los. „Wart ihr das etwa?"

„Beruhige dich, Wilhelm", höre ich Gerhard Majewski sagen. „Das erzähl ich dir alles drinnen."

Die Sturmbö hat uns arg zerzaust. Mein Hemd liegt klatschnass auf der Haut, Werners rote Haare kleben ihm im Gesicht und Richard weint wegen des verlorenen Drachens. Der Dackel drängt sich ans Hosenbein von Majewski. Aus seinem rauen Fell hat der Regen eine glatte Seehundshaut gemacht.

Das Wohnzimmer sieht schlimm aus. Die große Fensterscheibe ist zerbrochen, die wehende Gardine hat einen langen Riss. Darin hängt der eingedrückte Drachen und zeigt die Reste des Mondgesichts.

„Seid ihr die Übeltäter?", empfängt uns Frau Drewitz. Sie scheint verärgert, aber auch mitfühlend, als sie unserer pitschnassen Jammergestalten ansichtig wird. Günter und Erika kriechen auf dem Boden herum. Sie fegen Scherben zusammen und sammeln verstreute Notenblätter ein.

Richard ist untröstlich. „Den Drachen kriegen wir nie wieder heil", jammert er.

„Halt's Maul", schimpft Vater Drewitz. „Gut, dass du sie erwischt hast, Gerhard. Du bringst die Burschen bestimmt her, damit sie bestraft werden."

„Ich versteh ja, dass du sauer bist, Wilhelm", sagt Majewski ganz ruhig. „Aber du solltest dich erst einmal abregen, Wilhelm. Die Jungen können doch gar nichts dafür. Die haben einfach Pech gehabt. Diese Bö …"

„Pech gehabt?", entrüstet sich Drewitz. „Die haben hier doch schon einmal mit dem Fußball eine Scheibe in der Werkstatt eingeschossen im letzten Winter."

„Damals und heute war's ein Zufall", versucht Majewski zu beschwichtigen. „Du glaubst doch wohl nicht im Ernst, dass die Jungen absichtlich …"

„Aber müssen die denn bei einem solchen Wetter ihren Drachen steigen lassen?"

Mir wird das Geschimpfe von Drewitz langsam zu viel. Hätten wir nicht Majewski als Bundesgenossen, dann hätte er uns wohl noch härter angegriffen.

„Wir sollten es kurz machen", sage ich schließlich. „Die Scheibe vom Wohnzimmer werden wir bezahlen, nicht aber die von der Werkstatt. Denn die haben wir nicht eingeschossen. Das steht fest."

„Na ja, das ist doch schon mal ein faires Angebot", sagt Majewski. „Darauf könntest du eigentlich eingehen, Wilhelm."

Da Drewitz schweigt, sieht es so aus, als ob er sich darauf einlässt.

„Da ist noch etwas, was ich dir mal sagen möchte", greift Majewski das Gespräch wieder auf. „Das ist leider eine etwas schlimmere Sache als nur eine zerbrochene Scheibe."

Drewitz sieht ihn erwartungsvoll an.

„Ich hab gehört, dass Rudi und Bernd diesen Jungen einen Fahrradanhänger abgenommen haben. Du sollst das gesehen haben, ohne einzuschreiten. Und dann sollst du ihn dir sogar selbst einverleibt haben. Stimmt das?"

Drewitz scheint die Kinnlade runterzuklappen.

„Na ja", stammelt er. Und seine Hand streicht fahrig durchs Haar. „Ich hab gedacht, was wollen die denn mit dem Hänger. Da spielen die doch nur mit herum. Und wer weiß, wo die ihn herhaben."

„Ei. Das ist aber eine sehr feine Art …"

Majewski wird für einen Augenblick unterbrochen. Er lehnt sich zurück und macht Platz für Frau Drewitz. Sie reicht jedem von uns ein Handtuch.

„Trocknet euch erst mal richtig ab, Jungs", sagt sie besorgt. „Ihr könnt euch ja sonst etwas wegholen."

„Danke", sagen wir und beginnen uns die nassen Haare zu rubbeln.

„Weißt du, Wilhelm", fährt Majewski fort, „wie man das in früheren Zeiten nannte? Das hieß einfach ‚Straßenräuberei'. Schämst du dich nicht?"

Drewitz schluckt ein paar Male und benötigt einige Zeit, um darauf zu antworten. Der Anhänger sei doch wertlos gewesen, ein altes, klappriges Ding, das kurz vor dem Auseinanderfallen war. Deshalb brauche man auch jetzt gar nicht mehr über diese Sache zu reden.

„Wenn es dem lieben Frieden dient", sagt er ein wenig gewunden, „dann können die Jungs den Anhänger zurückhaben. Lebenswichtig ist er für mich ja nun wirklich nicht."

„Da habe ich einen anderen Vorschlag", hellt sich Majewskis Gesicht auf.

„Wie wäre es, wenn du den Anhänger behältst, und die Jungs bezahlen nichts für die kaputte Scheibe? Dann wäret ihr quitt."

„Ich find das gut", sage ich kurzerhand, ehe Drewitz antwortet. Für diesen verrosteten Anhänger hätten wir beim Bauern ohnehin nicht viel bekommen. Aber dem Drewitz ist jetzt mal gezeigt worden, dass er sich nicht alles erlauben kann, und mit der Scheibe gibt's keinen Ärger mehr.

„So sollten wir es machen", sagt auch Werner.

Drewitz hingegen schweigt. Seinem Nicken ist jedoch zu entnehmen, dass es auch ihm recht zu sein scheint. Langsam erhebt er sich. Man sieht ihm an, wie peinlich ihm die Sache mit dem Anhänger ist, die Majewski vorgetragen hat. Majewski ist uns ein richtiger Freund geworden.

Drewitz, seine Frau und Majewski verlassen den Raum, gefolgt vom Dackel.

Wir gehen hinaus unters Vordach an der Haustür. Es ist stockdunkel geworden. Immer noch kommt der Regen kübelweise vom Himmel. Wir schlottern in unseren nassen Klamotten. Erika drückt Richard die Reste von seinem Drachen in die Hand. Dazu ein paar Boskops. Die hat der Sturm vom Baum geschüttelt.

„Als kleinen Trost", meint sie.

„Vielen Dank."

„Majewski hat deinem Vater ja richtig eingeheizt", sage ich zu Günter.

„Der kann sich das erlauben. Er ist in der KPD und Freund der Russen. Von denen nimmt er an, dass sie den Frieden sichern. Er hat gute Beziehungen zu ihnen und Vater hofft, dass Majewski ihm Reparaturaufträge für deren Autos verschaffen kann."

„Daher tritt er so überlegen auf."

„Nicht nur deshalb. Er hat in der Nazizeit schwer gelitten und musste in der Munitionsfabrik schuften, während Vater es mit den Nazis gehalten hat."

„Also ein politisch Verfolgter."

„Ja. Außerdem ist er mein Onkel, der Bruder meiner Mutter. Er wohnt hinterm Obstgarten im Gartenhaus.

Jetzt wird mir klar, weshalb ich Majewski gerade hier in der Bahnhofsgegend so oft gesehen habe.

„Haben wir es deinem Onkel zu verdanken, dass dein Vater uns nicht mehr ‚Pollacken‘ nennt?"

„Stimmt", antwortet Günter. „Der hält zu jedem, der aus dem Osten kommt. Vater hatte mal Ärger mit Flüchtlingen. Die hatten die Rechnung nicht bezahlt und Werkzeug geklaut. Eine Zeit lang nannte er Flüchtlinge deshalb ‚Pollacken‘. Das ist jetzt vorbei."

Es regnet nicht mehr.

„Schnell nach Hause, bevor die nächste Dusche kommt!"

Schöne Aussichten

„Da haben wir aber großes Glück gehabt."

Mama und ich verlassen Frau Weimanns Milchladen und eilen durch die Adolf-Hitler-Straße, noch aufgeregt von dem Gespräch drinnen. Ich kann es noch gar nicht fassen!

Plötzlich bleibt sie stehen.

„Endlich ein Zimmer mehr", sagt sie. „Und endlich einen Ofen. In unserer jetzigen Dachkammer würden wir ohne Heizung im Winter erfrieren."

Seitdem Richard mit Boris' Panjewagen beinahe verloren gegangen war in jener Nacht, in der er so spät heimkam, hatte Mama versucht, außerhalb des Russenviertels eine Behausung zu finden. Jetzt scheint es endlich gelungen zu sein. Wir fassen es immer noch nicht. Frau Weimann hat uns zwei Zimmer in ihrem Haus am Birkenweg angeboten. Nun können wir aus dem Russenviertel raus und uns ohne Schlagbäume frei bewegen. Erst jetzt spüren wir den Regen. Seit Tagen kommt er schon in Schauern herunter und vermasselt uns das Drachensteigen. Wir empfinden wieder den Bärenhunger von heute Morgen. Das Frühstück war karg ausgefallen.

Das heisere Bimbam der Glocke empfängt uns, als Mama die Tür zu Böhmes Bäckerladen aufmacht und wir in stille Dunkelheit gelangen. Der Duft von frisch Gebackenem steigt mir in die Nase. Erst nach einer Weile erkennen wir das Regal mit den Broten auf der rechten Seite.

„Ob die uns nicht gehört haben?", fragt Mama. Längst ist das letzte Scheppern der Glocke verklungen. Die Brote auf der rechten Seite treten immer mehr aus dem Regal heraus, schnurgerade aufgereiht wie ein Regiment des Alten Fritz.

„Nur Roggen- und Mischbrote", murmelt Mama. Ihre Augen wandern am Regal entlang, als ob sie die Brotlaibe zählten. „Na ja. Zur Not nehmen wir eben eines von denen."

Endlich. Wir hören ein Schlurfen. Die Meisterin kommt aus der Backstube.

„Guten Tag", sagt Frau Böhme. „Was darf es sein?"

„Bitte ein Graubrot", sagt Mama.

Merkwürdig. Mama war doch eben noch mit diesen Roggen- und Mischbroten ganz zufrieden. Die sehen doch gut aus. Und wie die duften!

„Haben wir nicht", antwortet die Bäckersfrau.

Barsch und kurz angebunden.

„Aber Sie haben doch sonst immer am Montag Graubrot gehabt." Rührend lieb sagt Mama das. „Vielleicht ist da ja doch noch eines übrig geblieben. Meine drei Jüngsten vertragen das einfach besser. Ob Sie nicht doch noch mal nachsehen?"

Beim letzten Satz lächelt sie und wischt einen Regentropfen weg, der vom Kopftuch her auf ihre Stirn geperlt ist. Ist den Brüdern nicht die Brotsorte egal? Die stopfen doch ohnehin alles in sich hinein, was auf den Tisch kommt! Warum ist Mama heute nur so pingelig?

„Sie sind aber eine sehr fürsorgliche Mutter", sagt Frau Böhme und ringt sich ein Lächeln ab.

Bei dem Wort „fürsorglich" lächelt auch Mama, bescheiden und geschmeichelt.

„Dann muss ich wohl noch mal in die Backstube", seufzt die Meisterin. Ich höre ihr tiefes Einatmen und ahne, wie schwer ihr der Weg zurück fällt. Dann gibt sie sich einen Ruck und schlurft wieder nach hinten. Auf diesen Augenblick scheint Mama gewartet zu haben. Erst jetzt begreife ich, warum sie so nachdrücklich Graubrot verlangt hatte. Sie wollte die Meisterin wegschicken.

„Schnell, geh hinter den Tresen", spitzt sie mich an. „Gib mir ein Roggenbrot rüber!"

Als ich sie verdutzt anschaue, scheucht sie mich: „Mach schon!"

Aber dann bin ich mit einem Satz hinter dem Tresen. Ein Griff ins Regal. Das Roggenbrot liegt auf dem Tisch. Mama schnappt zu und schon ist es in ihrer Einkaufstasche verschwunden. Da schlurft es auch schon wieder an der Tür zur Backstube. Schwerfällig begibt sich die Meisterin an ihren Platz hinter der Theke.

„Wir haben kein Graubrot mehr", schnaubt sie. „Mein Mann meint, Sie sollten etwas anderes nehmen."

„Schade", bedauert Mama. „Dann geben Sie mir eben ein Roggenbrot."

Umständlich holt Frau Böhme einen Brotlaib aus dem Regal und legt ihn auf den Tisch.

„Nimm du das Brot", sagt Mama zu mir. „Meine Einkaufstasche ist schon voll."

Natürlich. Da ist ja schon ein Brot drin. Eine Knust schaut sogar etwas heraus, aber die Meisterin scheint nichts zu merken. Sie sieht auch nicht die Lücke im Regal, wo schon ein Roggenbrot fehlt.

Sie ist ganz und gar damit beschäftigt, die letzte Brotmarke aus der Lebensmittelkarte herauszutrennen und das viele Kleingeld nachzuzählen, das ihr Mama auf den Zahlteller gelegt hat.

„Kommen Sie am nächsten Montag gleich morgens früh", empfiehlt die Meisterin beim Hinausgehen. „Dann ist genug Graubrot da."

„Danke schön", sagt Mama. „Meine Kleinen werden sich freuen."

Das heisere Scheppern der Ladenglocke hören wir noch, als wir schon draußen sind. Dann fällt die Tür gemütlich ins Schloss.

Es gießt, als ob ein Kübel voll Wasser auf unsere Köpfe schwappt. Brrrr! Aus dem Bindfadenregen von vorhin ist ein Wolkenbruch geworden. Wir drücken uns in den überdachten Eingang und können uns vor dem prasselnden Regen kaum schützen. Als ich mich mal umdrehe, taucht hinter der beschlagenen Scheibe ein Gesicht auf, verschwommen wie ein aufgehender Brotlaib. Der Laib scheint zu sprechen. Sein Mund wird immer größer. Gleich wird er die Tür aufstoßen!

„Mama, weg von hier!" Ich ergreife ihren Arm und laufe mit ihr in das Unwetter hinein. Beim dritten Haus bleibt Mama stehen.

„Was ist denn mit dir los, Edo?", fragt sie in einem Hauseingang außer Atem und rückt ihr durchnässtes Kopftuch zurecht.

„Die Böhme wollte gerade rauskommen und hinter uns her", antworte ich.

„Das hast du geträumt."

„Nein, Mama. Ich hab sie ja gesehen!"

„Ja, ein Gespenst!"

Erst allmählich kommen wir zur Ruhe. Mein Hemd ist an mehreren Stellen durchnässt. Der Regen ergießt sich mit hellem Singsang über uns in eine Dachrinne. Klopfend, gedehnt aufbrausend. Dann klingt es wie die Melodie einer Orgel, die sich immer stärker aus den grollenden Tönen des Regens herauslöst. Kommt die Musik vielleicht aus der Marienkirche in der Straße hinter uns?

„Eine Orgel?"

Klar. In der Straße hinter uns ist die Marienkirche. Mama fasst ihre Einkaufstasche. Ich klemme das Roggenbrot untern Arm. Wieder rennen wir durch den Regen, der Musik entgegen, die uns immer lauter entgegenschwillt. An der halb geöffneten Kirchentür befindet sich eine Traube von Menschen. Der Regen hat sie hierher getrieben oder der Wunsch nach Erbauung. Heute ist ja auch ein christlicher Feiertag. Wir zwängen uns hindurch und gelangen ans Gestühl.

Da sitzen und da stehen sie, eng beieinander, Junge und Alte. Frauen drücken ihre Kinder an sich. Es sind Flüchtlinge in schäbigen und vom Regen angenässten Kleidern, wie ich sie so oft gesehen habe. Sie sind wohl irgendeinem Lager für eine Stunde entflohen, um den Trost des Predigers entgegenzunehmen und Geborgenheit und Wärme zu finden. Viele weinen, als der Geistliche am heutigen Reformationstag für sie den Segen Gottes erbittet, für sie, die ihre Heimat verloren und eine Zukunft ohne Hoffnung vor sich haben.

Da erfüllt der mächtige Klang der Orgel den weiten Raum der alten Kirche und bindet die Gläubigen zur Gemeinschaft zusammen. Die Akkorde tragen mich empor. Selbst in dem Gedröhn von Hämmern und Stampfen glaube ich noch das Schluchzen der hingegeben Lauschenden zu hören. Ich spüre, wie mir die Tränen herunterlaufen. Im dämmerigen Licht kommen mir wieder die Bilder der verschneiten Landschaften unserer Flucht in Erinnerung. Ich sehe die vereiste Straße mit Jan und Anton vor mir, den endlosen Treck hinter mir, die Wehrmachtsfahrzeuge an mir vorbeibrausen und im Schein der blakenden Petroleumlampe unsere kleine Familie eng aneinander unter den schützenden Decken. Als wir hinausgehen sind meine Augen noch feucht.

Mama hält ihr Taschentuch ins Gesicht. Die Töne der Orgel begleiten uns. Der Regen ist einem leichten Windhauch gewichen. Nasskalt liegt das feuchte Hemd auf der Haut.

Wir steigen die Bahnhofsgasse hinauf. Ich spüre wieder meinen knurrenden Magen und drücke das Brot fester an mich.

„Warum hast du mir eigentlich nicht vorher gesagt, dass wir ein Brot in Böhmes Bäckerladen klauen wollen?", frage ich Mama.

„Als wir in Frau Weimanns Milchladen waren und ich die Lebensmittelmarken in der Hand hatte, sah ich plötzlich, dass da nur noch eine Brotmarke für ein einziges Brot drauf war. Damit wären wir nicht bis zur nächsten Zuteilung hingekommen. Draußen waren wir dann vor Böhmes Bäckerladen, da wusste ich plötzlich, wie wir an Brot rankommen. Zum Reden war da keine Zeit mehr."

Wir sind jetzt an der steilsten Stelle der Bahnhofsgasse. Ein wenig außer Atem. Wir halten an.

„Aber eben, als wir in der Kirche waren unter all den Flüchtlingen. Da kam mir plötzlich ein ganz anderer Gedanke. Da …"

Sie schluckt ein wenig und beginnt, die letzten Schritte hinaufzusteigen.

„Ich dachte plötzlich, wie schön es wäre, wenn wir wieder in Wilhelmshaven sein könnten, wo wir zu Hause sind. Gestern haben sie in der Stadt erzählt, dass man Ausreiseanträge stellen kann."

Ich greife nach meinem Brot. Fast wäre es aufs Pflaster gefallen.

„Gleich morgen werde ich zum Amt gehen", sagt sie und holt tief Luft. Ich bin sprachlos. Wenn Mama die Ausreise beantragt, sollten wir dann überhaupt noch den Umzug zu Frau Weimann machen?

„Lass uns ruhig dort einziehen", meint Mama. „Ehe ein Bescheid kommt, dauert das eine lange Zeit. Die sollten wir nicht noch im Russenviertel verbringen."

„Vielleicht sind wir ja doch schon zu Weihnachten in Wilhelmshaven!", begeistere ich mich.

„Freu dich nicht zu früh", reißt mich Mama aus meinen Träumen. „Bisher jedenfalls hat man noch niemandem die Ausreise genehmigt."

***

Wir haben diesen Mitropa-Speisewagen der Reichsbahn erst vor einigen Wochen entdeckt, weit östlich der Kleinbahn, versteckt auf einem Abstellgleis.

Zwischen Büschen und Bäumen leuchtet das Weinrot des Wagens mit den goldenen Buchstaben „Restaurant" hervor. Wenn dieser Wagen erzählen könnte, dann von großen Reisen zwischen Paris, Wien und Istanbul, exquisiten Gästen und erlesenen Speisen. Wir lümmeln uns auf kostbarem Tuch und allerlei Zierrat an gediegenen Tischen: Günter, Dietrich, Werner, der kleine Kölber und ich.

Der Salon ist in Qualm gehüllt. Wir rauchen Machorka aus dem Sack, den wir im Keller des kleinen Kölber von den Russen geklaut haben. Als Papier hat Werner für unsere Papyrossi eine „Tägliche Rundschau" dabei. Tabakkrümel liegen auf dem Tisch, Abfall unserer Rauchexperimente.

„Da kommt er ja!"

Draußen stellt Majewski sein Gepäckrad ab. Er hat seine Tour mit der „Täglichen Rundschau" zwischen Jewgenijs Flugzeug und dem Büro der Genossen in der kleinen Stadt beendet. Für diesen Nachmittag hat er versprochen, uns einmal in unserem Luxuswagen zu besuchen. In unserem traumhaften Orient-Express.

„Die Luft ist ja zum Schneiden", begrüßt uns Majewski prustend. „Darf ich?", fragt er. Und schon dreht er sich geschickt eine Papyros. Ich gebe ihm Feuer.

„Ausgezeichnet", sagt er nach einem langen Zug.

„Wo habt ihr denn den Machorka her?"

„Geheime Kommandosache."

„Lass dich bloß nicht von deinem Vater damit erwischen, Günter."

Majewski quetscht sich zwischen uns an den kleinen Tisch. Bewundernd betrachtet er das Interieur ringsum. Diese fremde

Welt einer früheren Zeit. Ob er mit seinen Gedanken jetzt auch zwischen Paris, Wien und Istanbul schwebt?

„Es gibt Neues für euch", schreckt er uns auf.

„Bald habt ihr wieder Schule", sagt er dann.

„Aha", „Ohhh", „Scheiße", „Musste ja mal kommen."

„Nach Begeisterung klingt das ja nicht unbedingt", findet Majewski.

„Das ist bestimmt wieder dieses blöde technische Zeichnen", grollt Günter.

„Oder nur das kleine Einmaleins und Diktat in Schönschrift", lästert Dietrich.

„Diesmal wird es alle Fächer geben", erläutert Majewski. „In vier Wochen geht's los".

„Wirst du dann auch wieder Lehrer?", fragt Günter.

„Das wird noch geprüft", antwortet Majewski nachdenklich.

Nanu, Majewski ist Lehrer? Das hab ich ja immer geahnt, dass das Austragen von Zeitungen nicht sein Hauptberuf ist.

„Ich bin früher schon Lehrer gewesen", erklärt er sodann. „Bis 1937. Da hat mich jemand denunziert, weil ich vor 1933 in einer sozialistischen Organisation in Berlin eine führende Position gehabt habe. Das wussten die Nazis hier lange nicht."

„Wer hat Sie denn denunziert?", frage ich.

Majewski zieht tief an seiner Papyros, bevor er antwortet.

„Darüber möchte ich nicht reden", sagt er nach einer Pause. „Es wissen mehrere Leute Bescheid. Derjenige, der mich angezeigt hat, wird seinem Schicksal nicht entgehen. Darum brauch ich mich gar nicht zu kümmern."

Für einige Augenblicke ist es ganz still.

„Dann haben sie mich aus der Schule rausgeschmissen", erzählt Majewski weiter. „Und ich musste bis zum Ende des Krieges in der Munitionsfabrik arbeiten. Das waren schlimme acht Jahre."

„Dann kennen Sie vielleicht auch Herrn Lehmann?", frage ich.

„Hugo Lehmann ist einer meiner besten Freunde", sagt Majewski. „Er musste auch in die Fabrik. Da er jünger ist als ich, haben sie ihn noch zum Schluss eingezogen. Er ist vermisst, hoffentlich kommt er bald zurück. Wir brauchen ihn beim Aufbau des Sozialismus, damit wir diesmal schaffen, was uns vor 1933 nicht gelungen ist."

Bei diesen Worten bekommen Majewskis Augen jenen Glanz, der mir schon beim Drachensteigen aufgefallen war, als er oben an der Funkstation die Friedensbotschaft des Genossen Stalin aus der „Täglichen Rundschau" in den Himmel hinaufschickte.

„Wird es im Sozialismus nur noch Landwirtschaft geben?", fragt Dietrich ganz unvermittelt.

Majewski blickt ihn überrascht an. Dietrich hat die ganze Zeit über mit dem Hebel einer Morsetaste aus der Funkstation geklappert. Eben noch hat er SOS gefunkt, das einzige Signal, das er kennt. Kurz-kurz-kurz/lang-lang-lang/kurz-kurz-kurz.

Majewskis Blick bringt ihn zum Schweigen.

„Natürlich wird es Landwirtschaft geben", sagt er leise. „Aber nicht nur. Genauso wichtig sind Arbeiter, Ingenieure, Wissenschaftler und alle die anderen Berufe, die die Industrie und die gesamte sozialistische Wirtschaft aufbauen müssen."

„Gehören dazu auch Unternehmer?", fragt Günter.

„Sicher", antwortet Majewski. „Aber es dürfen keine großen Kapitalisten sein. Dein Vater braucht keine Angst zu haben."

Dietrich und ich sind erleichtert. Wir hatten schon befürchtet, dass wir unser Leben auf dem Bauernhof verbringen müssten, weil wir es so ähnlich in dem alten „Reader's Digest" der amerikanischen Soldaten gelesen hatten.

Majewski hat uns von diesem Alptraum erlöst.

„Brrrrrh", macht da der kleine Kölber, als ich ihm Feuer für seine erloschene Papyros gebe. Krächzend hustet er Funken und Machorkakrümel auf den Tisch in Werners „Tägliche Rundschau" hinein. Hoch zucken die Flammen. Der kleine Kölber gibt einen Schrei von sich. Das Feuer ist an seine rechte Hand geraten. Wie auf ein Kommando springt alles auf, trampelt auf den heruntergefallenen zündelnden Zeitungsresten herum.

„Wahrscheinlich ist das erste Mal Feuer im Orient-Express ausgebrochen", sagt Werner. Dann treten wir die letzten brennenden Papierfetzen aus.

***

„Duck dich!"

Hinter der dichten Ligusterhecke an der Ecke Kastanienallee-Victoriastraße drückt Dietrich unseren Freund Günter zum Erdboden runter. Er hatte sich etwas zu weit vorgewagt und hätte so vom gegenüberliegenden GPU-Haus am Schlagbaum gesehen werden können. Wir haben uns hier getroffen, um herauszufinden, ob es sich bei den eingesperrten Jungen wirklich um Werwölfe handelt. Schon öfter haben wir uns deshalb in Ewald Markowskis verwildertem Vorgarten versteckt. „Kolonialwaren, Südfrüchte, Spirituosen." Das alte verblichene Firmenschild über dem verfallenen Laden ist kaum noch lesbar. Unkraut überall. Dazwischen Müll. Bisher haben wir nie irgendwelche Jungen entdeckt. Sind sie verschwunden? Dietrich und ich haben sie doch beim Einzug gesehen! Günter meint, da seien nie Jungen im Haus gewesen, schon gar keine Werwölfe.

„Die sind in dem Gutshaus bei Garre", behauptet er. „Einige von ihnen waren in meiner Gefolgschaft bei der HJ. Helmut ist neulich freigelassen worden. Der hat das auch gesagt."

„Edo und ich haben doch gesehen, wie die Schwarzen Zwillinge die Jungs auf Lastwagen vor das GPU-Haus gefahren haben", sagt Dietrich.

„Und Natascha hat mir gedroht, dass sie auch mich dort einsperren lässt, wenn ich noch einmal in die Nähe dieses Hauses gehe", trumpfe ich auf.

„Selbst, wenn dort Jungs drin sind, dann müssen das immer noch keine Werwölfe sein."

Günter ist nicht zu überzeugen. Er findet es langweilig, in dem Markowskis Schrottgarten den geheimen Beobachter zu spielen.

„Ich hab heute Abend eine Klavierstunde bei Frau Mierzwa. Da muss ich noch eine Etüde üben. Ich geh nach Haus."

Der Posten hat sich auf die Mitte der Kreuzung begeben. Von dort hat er einen guten Ausblick aufs Krankenhaus am Ende der Kastanienallee.

„Günter", rufe ich leise. Und winke ihn heran. Er hat sich inzwischen an die rissige Wand von Markowskis Laden geschlichen und will gerade um die Hausecke verschwinden. In diesem Augenblick gibt auch Dietrich ein Zeichen von der äußersten Ecke des Grundstücks.

„Er hat bestimmt die Werwölfe entdeckt", sage ich zu Günter, als er herankommt. „Bleib doch einen Moment. Für die Etüde ist später noch genug Zeit."

„Ihr seht wohl überall nur noch Werwölfe", murmelt Günter. „Ich dachte, die wären nur im GPU-Haus? Sind sie jetzt auch im Krankenhaus?"

Als wir uns hinter Dietrichs Rücken knien, sehen wir nicht weit vom Krankenhaus eine Gruppe russischer Soldaten und einige Jungen heraufkommen.

„Zwei Russen und drei Jungen", flüstert Dietrich gespannt.

Wir drücken uns wieder hinter die Ligusterhecke. Weder vom Posten am Schlagbaum noch von der heranrückenden Schar können wir gesehen werden. Sie kommen näher, vorweg ein russischer Soldat mit einer Maschinenpistole, dahinter die drei Jungen, von denen jeder ein kleines Bündel trägt. Ihnen folgt der zweite Soldat, die Waffe lässig im Arm.

Plötzlich ist Günter ganz aufgeregt: „Den kenn ich doch!", zischt er. „Und den auch. Und den Dritten? Nein! Den habe ich noch nie gesehen!"

Dietrich dreht sich um und grinst ihn an: „Musst du nicht zu Frau Mierzwa? Deine Etüde üben?"

„Arschloch!", flüstert Günter. „Mach dich bloß nicht über mich lustig. Sieh dir doch mal an, wie die aussehen. Die kenn ich gar nicht wieder."

Müde, ausgemergelt und schmutzig stolpern sie mit hängenden Köpfen an uns vorbei, ähnlich den Soldaten der zwölften Armee des Generals Wenck, die in den letzten Kriegstagen durch unsere kleine Stadt zur Elbe marschierten. Sie tragen noch Teile ihrer alten Hitlerjuguniformen, Braunhemden, Skihosen, Koppel.

„Der Lange heißt Horst. Der in der Mitte ist Herbert. Beide sind aus der Neunten und wollten damals unbedingt als Werwölfe in die Wälder. Wie kommen die denn hierher?"

Jetzt sind sie kurz vorm Schlagbaum mitten auf der Kreuzung, wo der Posten sie schon erwartet. Da schlägt Horst in seiner ganzen Länge auf das Kopfsteinpflaster hin.

Bewegungslos bleibt er liegen. Der Russe hinter ihm brüllt. Horst macht eine verzweifelte Bewegung, aufzustehen. Er schafft es, vornübergebeugt zu knien, mit dem Kopf fast auf dem Straßenpflaster. Aber er kommt nicht hoch. Herbert und der andere Junge bücken sich und wollen Horst helfen. Aber sein schlaffer Körper sackt immer wieder in sich zusammen. Da stößt der Soldat Horst mit dem Kolben seiner Maschinenpistole in den Rücken. Der Junge schreit auf. „Wir müssen ihm helfen!" Günter will durch die Ligusterhecke hindurchbrechen.

„Bist du verrückt geworden?" Dietrich nimmt ihn von hinten in den Schwitzkasten und drückt ihn runter.

Wir ducken uns so tief hinter die Hecke, dass wir nichts mehr sehen können. Die Russen reden wirr durcheinander. Einer der Jungen weint. Dann wird es still.

Irgendwann quält uns die gebückte Haltung. Ich biege vorsichtig einige Zweige der Hecke auseinander, während Dietrich immer noch einen Arm um Günter geschlungen hat. Die Straße ist leer. Langsam geht der Posten am Schlagbaum auf und ab. Da gellt es laut aus dem offenen Fenster im ersten Stockwerk des GPU-Hauses. Wir kriegen es mit der Angst.

„Bloß weg von hier!"

Wir huschen hinter Dietrich her, die Hecke entlang zum Krankenhaus. Erst als wir die Schrebergärten erreichen, verlassen wir die schützende Hecke. Gegenüber dem Krankenhaus, an der Ecke zur Märkischen Chaussee, bleiben wir stehen. Aufgeregt und außer Atem.

„Das hätte ich nicht gedacht", sagt Günter traurig, „dass ich Kameraden aus meiner Gefolgschaft hier wiederfinden würde. Ich bin so fertig, dass ich die Klavierstunde bei Frau Mierzwa absagen werde. Ihr habt recht. Es sind also doch Werwölfe im GPU-Haus."

„Und habt ihr keine Angst", fragt mich Dietrich, „so nahe an diesem Haus zu wohnen? Eingeschlossen von Schlagbäumen wie im Knast?"

Ich erzähle meinen Freunden, dass wir mit Frau Weimann gesprochen haben und in Kürze aus der Kastanienallee aus- und bei ihr einziehen werden.

„Das ist ja ganz toll!", äußert Dietrich. „Ihr macht das goldrichtig, denn hier im Russenviertel wird es ja immer gefährlicher. Das haben wir ja gerade erst erlebt".

Auch Günter freut sich: „Bei Frau Weimann können wir dich endlich mal zu Hause besuchen. Da ist sicher kein Posten mit 'nem Schlagbaum vor der Tür!"

„Da ist Karl!", ruft Günter plötzlich. Vorm Krankenhaus steht ein Junge mit wirrem Haar. Die Kleidung ist schäbig. Unter einem aufgerissenen Ärmel leuchtet ein weißer Verband hervor. Er scheint in meinem Alter zu sein. Ängstlich schaut er um sich.

„Karl!", ruft Günter erneut und rennt über die Straße zum Eingang des Krankenhauses. Dietrich und ich folgen langsam.

„Kennst du mich denn nicht mehr?", hören wir Günter fragen.

Er haut ihm auf die Schulter. Karl wischt sich die Haare aus dem Gesicht und blinzelt Günter an.

„Wie schön, dass du kommst. Du bist der Erste, den ich überhaupt treffe. Sie haben mir gerade den Arm frisch verbunden."

Er sieht erbärmlich aus, das Gesicht mager, die Backenknochen stehen vor und die Augen liegen tief in ihren Höhlen.

„Heute Morgen haben sie mich ins Krankenhaus gebracht", sagt er leise. „Ich kam mit Horst und Herbert, die du aus der Neunten kennst, aus Garre. Ein Fremder war auch noch dabei. Alle drei haben die Soldaten mitgenommen zur Kastanienallee."

Er stockt. Es fällt ihm schwer, zu sprechen.

„Und mir haben sie gesagt", fährt er fort, „ich könne nach Hause gehen, wenn ich beim Arzt durch bin. Ich kann das noch gar nicht fassen. Vier Monate haben sie mich eingesperrt."

Er bricht in Tränen aus und hält sich kaum auf den Beinen. Günter nimmt ihm sein Bündel ab. Dietrich und ich haken Karl an beiden Seiten ein.

„Komm, wir bringen dich nach Hause", sagt Günter.

In der Märkischen Chaussee gehen wir unter dem Triumphbogen hindurch.

„Die drei anderen haben wir schon gesehen", sage ich. „Horst, Herbert und einen, den wir nicht kennen."

„Das ist Detlef", sagt Karl. „Den haben sie die ganze letzte Nacht hindurch verhört."

Nach einer Weile bleibt Karl stehen. „Ich muss langsamer gehen. Die haben uns regelrecht ausgehungert. Der lange Horst konnte das am wenigsten vertragen. Der ist oft umgefallen."

„Das ist er heute Morgen vor dem GPU-Haus auch", sagt Günter.

Karl scheint zunächst nicht richtig zu begreifen. „GPU-Haus?", fragt er dann, als wir auf der Höhe von Mirows Leihbücherei sind. Wir erklären ihm, was es damit auf sich hat.

„Warum sperren sie die denn dort ein? Die sind doch genauso unschuldig wie ich!"

An der Berufsschule müssen wir ihn stützen, Dietrich greift ihm unter die Arme. Bald stehen wir vor seinem Elternhaus, einem Häuschen mit Mauerrissen hinterm Efeu. Ich drücke auf den Klingelknopf.

Da rutscht Karl aus und schlägt mit dem Kopf auf das Pflaster. Einen Augenblick sind wir unaufmerksam gewesen und hatten geglaubt, er könne sich allein halten.

Wir knien am Boden und versuchen, ihn aufzurichten. Der Arm mit dem weißen Verband hängt schlaff herunter. Als er wieder auf den Beinen steht und sich an Dietrich anlehnt, öffnet sich die Tür. Eine verhärmt aussehende Frau mittleren Alters schaut irritiert auf unsere Gruppe. Dann weiten sich ihre Augen.

„Karl", ruft sie. „Karlchen. Mein armer Junge ist wieder da."

***

„Stimmt es, dass die Schwarzen Zwillinge auf Sie geschossen haben?"

Überrascht blickt Herr Heinrich auf, als ich ihm diese Frage stelle. Auch Günter ist perplex. Wir beide sind bei den Heinrichs in der Berliner Straße eingeladen als Dankeschön dafür, dass wir Herrn Heinrich damals nach dem Anschlag auf ihn beim Transport ins Krankenhaus geholfen haben. Er sieht gut aus. Die Narbe am Kopf ist durch dichtes Haar verdeckt. Seine alte Leibesfülle hat er wiedererlangt. Und jovial ist er auch wieder, wie früher. Meine Frage jedoch scheint ihm die Sprache verschlagen zu haben. Scharf blickt er mich an. Dann streicht seine Hand langsam durchs Haar.

„Woher soll ich das wissen?", antwortet er. Ich spüre, dass er sich zur Höflichkeit zwingt. Das Thema ist ihm unangenehm.

„Die beiden Schüsse kamen von hinten", fährt er fort. „Zuerst der Kopfschuss. Da war ich gleich weg. Den zweiten in den Arm hab ich nicht mehr mitgekriegt. Mehr weiß ich nicht. Wer geschossen hat hab ich nicht gesehen."

Schade. Wie gern hätte ich gewusst, wer damals vor unserem Haus der oder die Täter waren. Nach Herrn Berg waren es die Schwarzen Zwillinge der russischen Armee, die Herren des Werwolfgefängnisses.

Hat Heinrich wirklich nichts gesehen? Oder will er nur nichts sagen?

„Ich will davon nichts mehr hören", sagt er. „Das ist für mich ein für alle Mal erledigt."

Basta.

Frau Heinrich hat in die Tassen eingeschenkt. Sie spürt den Groll ihres Mannes und möchte Harmonie verbreiten. Ein exotischer Duft steigt auf. Ich werde erinnert an frühere Jahre in Wilhelmshaven am Sonntagnachmittag bei Oma in der guten Stube.

„Echter Bohnenkaffee", sagt sie auf meinen erstaunten Blick. „Von unseren russischen Offiziersfreunden."

Ich glaub, nicht recht verstanden zu haben. Günter geht's genauso. Er will fragen. Da hebt Heinrich schon an.

„Unsere sowjetischen Freunde werden uns beim Aufbau des Sozialismus helfen unter Führung der Partei der Arbeiter und Bauern für die große Gemeinschaft glücklicher Menschen."

Er beginnt zu schwärmen. Es klingt wie in der „Täglichen Rundschau" oder wie bei Majewski. Ist Heinrich nun auch Kommunist? Wie Majewski? Bei dem ist es ja verständlich, denn der ist sich seit der Zeit vor 1933 treu geblieben. Aber Heinrich? Dieser Parteigenosse hat doch noch im Frühjahr auf Adolf Hitler gesetzt!

Genussvoll zündet er sich eine Papyros an. Wir haben ihm von unserem Machorka aus dem Russenkeller mitgebracht.

„Die Russen haben mich wieder zum Leiter des Kraftwerks gemacht, wenn auch zunächst nur kommissarisch. Sie haben die ewigen Stromausfälle satt. Die brauchen jetzt Leute mit Erfahrung. Ich bin dort immerhin zwölf Jahre Direktor gewesen."

Wieder glaube ich, mich verhört zu haben. Günter schaut mich irritiert an.

Sollten diese alten Parteigenossen der Nazis nicht alle bestraft werden? So fordert es jedenfalls die „Tägliche Rundschau". Warum machen sie mit Heinrich eine Ausnahme? Ist er wirklich so unentbehrlich? Er scheint meine Frage zu erraten.

„Man schätzt mich auch aus anderen Gründen", schaut er mich gönnerhaft an. „Ich hab mich immer für die Arbeiter und Armen eingesetzt. Deshalb hab ich euch auch das Dachzimmer gegeben. Denn Flüchtlinge sind die Schwächsten unter den Armen."

Wieder nimmt er einen tiefen Zug aus der Papyros.

„Eigentlich war ich immer ein Sozialist", sagt er satt und zufrieden, unterbrochen von einem Bäuerchen. Frau Lehmann fällt mir ein. Wie sie wütend sagte, Heinrich habe gegen Kriegsende angefangen, sich bei den kleinen Leuten einzuschmeicheln, weil die ihm später helfen könnten, wenn man ihn wegen irgendwelcher Machenschaften in der Nazizeit rankriegen wollte.

„Möchtet ihr noch eine Tasse?", fragt Frau Heinrich mit ausgesuchter Liebenswürdigkeit. Sie bietet ihren aromatischen Kaffee an, den von den sowjetischen Offiziersfreunden. Erneut steigt mir dieser wunderbare Duft in die Nase.

Als wir draußen sind, sage ich zu Günter: „Für mich steht fest, dass die Schwarzen Zwillinge den Heinrich niedergeschossen haben. Sie hatten von seiner Nazivergangenheit erfahren und wollten ihn auch als Kraftwerksdirektor loswerden. Das will Heinrich nur nicht wahrhaben. Denn er will die Russen, die ihn jetzt wieder zum Leiter des Werks gemacht haben, nicht belasten."

Günter stimmt mir zu: „Als wir Heinrich damals ins Krankenhaus brachten, hatte das Blockwart Berg ja sofort vermutet."

„Ich denke, er hat recht."

Am Birkenweg

Im Garten von Frau Weimann am Birkenweg.

Unsere Freunde sind gekommen. Sie helfen beim Holzzerkleinern. Es friert schon seit Tagen und wir brauchen Feuerholz für den Winter. Dietrich, Günter und ich sägen und hacken abwechselnd. Werner, der kleine Kölber und Richard stapeln die Holzscheite an der Hauswand.

Frau Weimann und Mama haben eine ganze Weile zugesehen. Dann hat sich Frau Weimann verabschiedet. Sie muss nachmittags im Milchladen sein. Seit einer Woche wohnen wir bei Frau Weimann. Ihr haben wir die drei Festmeter Holz zu verdanken. Sie hat die Birkenstämme von einem Forstmann aus dem nahen Wald bekommen.

„Ihr werdet damit 'ne warme Bude haben", sagt Günter. Wir legen die Säge aus der Hand. Ich reiche Dietrich ein Stück von dem eben gesägten Holz.

„Im letzten Winter mussten Werner und ich noch Briketts am Bahnhof klauen."

„Ihr wohnt hier zwar schön", frotzelt Dietrich. „Aber fehlen euch nicht die Russen?" Dabei spaltet er mit gewaltigem Hieb ein Stück Birkenholz und hat Mühe, das Beil wieder aus dem Haublock herauszuziehen.

„Du hast recht", antworte ich. „Keine Schwarzen Zwillinge, kein GPU-Haus, keine gefangenen Werwölfe, keine Schlagbäume. Wir langweilen uns hier furchtbar."

„Aber die dicke Natascha müsstet ihr doch vermissen", neckt Günter. „Die hat euch doch oft geholfen."

Mit einem „Plopp" fällt ein abgesägtes Stück Holz auf den Boden.

„Stimmt. Beim Abschied hat sie sogar geweint. Mama hat ihr ein Spitzentaschentuch geschenkt. Das hatte sie aus dem Textilgeschäft mitgenommen, das beim Einmarsch der Russen geplündert worden war."

„Ich find's prima", stöhnt der kleine Kölber beim Stapeln an der Hauswand, „dass man euch besuchen kann. Kein dämlicher Russe hier, der einen wegjagt."

„Ihr lebt hier richtig im Luxus", meint Dietrich und stützt sich auf die Axt. „Zwei Komfortzimmer mit Küche. Viel zu gut für Flüchtlinge."

„Nur keinen Neid."

„Es gibt allerdings einen Nachteil", sagt Günter. „Ihr wohnt zu weit weg vom Bahnhof. Zu weit von uns entfernt."

„Das nächste Mal kommen wir zu euch", verspricht Werner. „Dann laden wir euch ein in den Mitropawagen als Dankeschön für diese Holzhackerei."

Krrraaaaach! Krrraaaaach!

Das gestapelte Holz an der Hauswand ist ins Rutschen gekommen. Richard war hinaufgekrabbelt, wollte ans Küchenfenster klopfen und verlor dabei seinen Halt. Jetzt liegt er verschüttet unter den Holzscheiten.

„Ist ihm was passiert?", Mama hat schnell das Fenster geöffnet. Mühsam befreien wir ihn. Heulend presst er beide Hände an den Kopf. Werner bringt ihn die kleine Treppe hinauf zu Mama in die Küche.

***

Acht Uhr morgens. Laut schrillt die Schulglocke. Heute ist der erste Schultag, seitdem wir Pobiedziska verlassen haben. Zehn Monate haben wir keine Schule gehabt, wenn man von den wenigen Zeichenstunden im Sommer absieht. Ich bin es gar nicht mehr gewohnt: das Stimmengewirr auf den Gängen, das Hinschmeißen von Schultaschen, das Geschubse zwischen den Bankreihen und das Hochschnellen zum „Guten Morgen, Herr Lehrer!"

Ein älterer Herr betritt den Raum in aufrechter Haltung. Seine Haare sind zu einem strengen Mittelscheitel frisiert. Über den Rand seiner dunklen Hornbrille hinweg schweift sein Blick prüfend ins Rund. Da bleiben die Augen des Deutschlehrers an Karl hängen, diesem Werwolf, der vier Monate in Garre inhaftiert war und den Günter, Dietrich und ich neulich vor dem Krankenhaus getroffen haben. Für einen Augenblick halte ich den Atem an. Was wird der Mittelscheitel tun? Der kennt doch das Schicksal unseres Karl. Wird er ein paar aufmunternde Worte sprechen?

200

Nichts dergleichen geschieht. Stattdessen beginnt er sogleich mit dem Unterricht, als ob sich zwischen seiner letzten Stunde im „Dritten Reich" und heute die Welt nicht verändert habe. Als ihm dann immerhin einige neue Gesichter auffallen, sagt er, dass die Neuen sich vorstellen und ihren Namen und Heimatort auf die Tafel schreiben sollten, und zeigt auf ein Mädchen in der ersten Reihe: „Fang du mal an!"

„Ich heiße Marlies", sagt sie und schreibt den Namen „Bromberg" an die Tafel. Andere Schüler schreiben „Oppeln", „Graudenz" und „Breslau".

Jetzt bin ich dran. Die Kreide quietscht, als ich Pobiedziska hinschreibe. Irgendjemand lacht. Das klingt hier ja auch fremdartig. Der Mittelscheitel verbittet sich das Lachen. Ich überlege. Dann schreibe ich noch einen zweiten Namen auf die Tafel: „Wilhelmshaven."

„Nanu?", blickt der Lehrer erstaunt. „Hast du zwei Heimatorte?"

Inzwischen ist Ludwig dran. „Landsberg" schreibt er auf. Einen Augenblick lang gehen mir blitzartig unsere zwei Tage in Landsberg durch den Kopf, wo unsere Route mit dem Pferdewagen endete. „Ich habe dich was gefragt!", wendet sich der Lehrer an mich. Ich fasse mich wieder. „Aus Pobiedziska sind wir geflüchtet", antworte ich. „Aber Wilhelmshaven ist meine eigentliche Heimat. Da wollen wir auch wieder hin."

„Hm", wundert sich der Mittelscheitel, „dann bist du ja gar kein richtiger Flüchtling."

Ich bin verwirrt. Ich soll kein richtiger Flüchtling sein? Wir haben doch auch diesen Treck hinter uns wie all die anderen im Pferdewagen durch Eis und Schnee. Wir sind sogar von noch weiter her gekommen als der Ludwig aus Landsberg. Zwar ist unsere Heimat im Westen. Aber wissen wir denn heute, ob wir dort je wieder hinkommen?

„Du da mit den zwei Heimatorten", reißt mich der Lehrer aus meinen Gedanken. „Sieh dir mal deine Schrift an. Dein ‚W' in ‚Wilhelmshaven'. Meinst du, dass das richtig geschrieben ist?"

„Hab ich immer so geschrieben", antworte ich.

„Wie schreibt man ein richtiges ‚W'?", ruft er laut in die Klasse. Fast singend. Viele Hände heben sich. Manfred geht nach vorn und schreibt ein großes „W" auf die Tafel.

„Ist es so richtig?", fragt der Lehrer und schaut durch den Raum. „Ja", antwortet die Klasse vielstimmig. Manfred kehrt stolz an seinen Platz zurück. Scharf sieht mich die Hornbrille an. „Erkennst du den Unterschied der beiden ‚W'?" Ich nicke schweigend.

„Dein ‚W' ist nämlich noch die alte Sütterlinschrift", klärt er mich auf. „Die wurde doch schon 1941 abgelöst. Manfred hat ein richtiges, schönes lateinisches ‚W' gemacht."

„Ja", stottere ich. „Aber mein Lehrer Kuhlmann auf der Admiral-Scheer-Schule …"

„Wo ist denn die?"

„In Wilhelmshaven."

„Und?"

„Der sagte, dass Adolf Hitler …"

„Ich möchte den Namen hier nicht hören."

„Dass der Führer …" Hier mache ich eine Pause, weil ich nicht weiß, wie er auf „Führer" reagieren wird.

„Weiter!"

„Dass der Führer höchstpersönlich befohlen habe, die lateinische Schrift zu lernen. Aber müssen wir …" Ich stocke.

„Sag's schon!"

„Müssen wir denn heute noch einem Befehl des Führers folgen?"

Der Mittelscheitel sieht mich verblüfft an. Er verdreht die Augen und kriegt einen Schluckauf. Kichern im Hintergrund.

„Das ist mir zu blöd", sagt er und wendet sich einem anderen Schüler zu. Mich hat er schnell vergessen. Endlich erlöst mich das Klingelzeichen. Lärmend rennt alles auseinander. Der Mittelscheitel verschwindet. In akkurater Haltung schwebt er zur Tür hinaus. Als ich noch über mein „W" nachdenke, spricht mich Karl, der ehemalige Werwolf, an: „Das war aber böse von ihm, zu sagen, dass du kein richtiger Flüchtling bist. Aber du hast es ihm ganz schön heimgezahlt. Auch er hatte damals, als er uns die lateinische Schrift beibrachte, gesagt, dass sie von Adolf

Hitler befohlen sei. Und was der Führer anordne, sei immer richtig. Daran will er jetzt nicht mehr erinnert werden."

„Ja", sage ich. „Bei dem bin ich weder ein richtiger Flüchtling noch kann ich richtig schreiben."

„Mach dir nichts draus", tröstet mich Karl. „Ich kenne ihn ja schon ein paar Jahre. Der war immer schon schlimm."

„Er schien sehr überrascht, dich hier zu sehen", sage ich.

„Vielleicht war's ihm auch peinlich. Schließlich hat er uns noch im April zum Werwolf geraten. Und ich Blödmann bin darauf reingefallen. Die vier Monate Knast bei der GPU habe ich ihm zu verdanken."

„Eigentlich gehören Pauker wie diese selber ins GPU-Gefängnis", sage ich. „Und die noch gefangenen Werwölfe sollten die Russen ganz schnell freilassen."

Karls eingefallene Augen sehen mich zustimmend an.

***

„Ihr habt mir einen ganz schönen Scheiß eingebrockt."

Dietrich und ich sehen Günter überrascht an. Wir stehen vor der Autowerkstatt seines Vaters.

„Vater ist stinksauer auf mich. Schöne Freunde hätte ich."

„Was ist denn los?", frage ich.

„Ihr habt doch neulich von eurem gestohlenen Tabak meinem Vater etwas gegeben. Der fand ihn ganz hervorragend. Deshalb hat er den Tabak auch dem Herrn Baron von Wenschkewitz empfohlen."

„Ja", sagt Dietrich. „Mit dem haben wir auch schon einen Handel gemacht. Das ist ja dieser Gutsbesitzer aus dem Baltikum, der mit anderen Flüchtlingen im Fremdarbeiterlager wohnt. Er macht Übersetzungen für Major Teltakow, dem russischen Kommandanten."

„Ihr wisst also, dass es ein sehr wichtiger Mann ist", fährt Günter fort. „Und ausgerechnet ihn habt ihr mit eurem Tabak betrogen. Der hatte nämlich nicht die Qualität, die ihr meinem Vater gegeben habt. Der war ungenießbar."

Wir versuchen beide, ein möglichst erstauntes Gesicht zu machen.

„Kommt mal mit", sagt Günter dann. „Vater soll euch die Geschichte mal selber erzählen."

Als wir in die Werkstatt eintreten, liegt der alte Drewitz unter einem schwarzen Mercedes 170 V. Ölverschmiert kriecht er unter der Limousine hervor und wischt sich stöhnend den Schweiß von der Stirn.

„Auf euch hab ich schon gewartet", ächzt er. „Den Baron habt ihr ja ganz schön reingelegt."

Schnaubend blickt er uns an mit seinem Schraubenschlüssel in der Hand.

„Der Herr Baron von Wenschkewitz", sagt Dietrich betont freundlich, „hat von uns eine extra feine Mischung bekommen."

„Scheiße in Tüten habt ihr dem gegeben", brüllt der alte Drewitz los. „Gestern Mittag war ich im Lager. Repariere das Getriebe eines LKW. Major Teltakow schaut zu. Da kommt plötzlich der Baron hinzu." Der alte Drewitz redet sich in Wut. Der Schraubenschlüssel schwingt hin und her.

„Und dann hat der Baron dem Major euren Tabak angeboten und den Soldaten auch. Mit Zeitungspapier haben sie ihre Papyrossi gedreht."

„Den guten Tabak", sage ich. Drewitz' Augen blitzen mich an.

„Der Major probierte, nahm einen tiefen Zug und schrie dann fürchterlich auf. ‚Leko' und ‚Jup ju matsch' rief er und fing an zu kotzen. Die brennende Papyros warf er ins Führerhaus. Ein Soldat hatte Mühe, das Feuer zu löschen. Und die ganze Zeit über jammerte der Baron, er könne nichts für den schlechten Tabak. Den hätte er von zwei Jungen, die ausgerechnet ich ihm empfohlen hätte."

Er hebt den Schraubenschlüssel, als ob er auf uns eindreschen will.

„Ich hatte alle Mühe", fährt er fort, „dem Teltakow zu erklären, dass ich unschuldig bin. Ich schwitzte Blut und Wasser, dass er mir den Reparaturauftrag entzieht. Denn Teltakow empfand den Tabak als Beleidigung der ganzen Roten Armee."

Vorsichtig sehe ich mich nach dem Ausgang um. Drewitz folgt meinem Blick.

„Hiergeblieben! Der Baron hat meiner Empfehlung so sehr vertraut, dass er euren Scheißdreck nicht mal probiert hat, bevor er ihn dem Major anbot."

„Der glaubte, 'nen ganz großen Reibach gemacht zu haben", bemerkt Dietrich zaghaft. „Der hat uns ja nur 'nen Fliegenschiss Speck gegeben. Darüber war er so aufgekratzt, dass er …"

„Jetzt reicht's!", poltert Drewitz. „Bringt dem Baron sofort den guten Tabak, den ihr auch mir gegeben habt, und entschuldigt euch! Sonst setzt es was!"

Plötzlich wirkt er erschöpft. Er fährt sich müde über die Stirn. Der Schraubenschlüssel hängt schlaff in seiner Hand.

„Kein Wunder", brummt er, als er wieder unter den Mercedes kriecht, „dass ich Flüchtlinge manchmal ‚Pollacken' nenne. Gerhard Majewski wird staunen, wenn er hört, was seine Schützlinge angerichtet haben."

Eine Weile herrscht Stille, dann gehen wir mit Günter hinaus.

„Schade, dass ihr uns so enttäuscht habt", sagt er draußen. „Da wollte Vater mal was Gutes für euch tun und schon missbraucht ihr sein Vertrauen. Ihr gefährdet damit sogar seine Zusammenarbeit mit den Russen. Das Geld brauchen wir dringend."

„Wir werden uns bei deinem Vater entschuldigen."

„Und mich habt ihr auch vor Vater bloßgestellt. Ich habe ihm schließlich als Erster von eurem Tabak erzählt."

„Wir waren doch in einer Notlage", versucht Dietrich zu erklären.

„Notlage?"

„Wir hatten nicht mehr viel von dem Machorka, da haben wir ihn einfach gestreckt."

„Was habt ihr?" Günter sieht uns an, als ob wir einen Sack Tabak über ihm ausgeschüttet hätten.

„Das hätte ich euch nicht zugetraut", sagt er nach einer Pause. „Wahrscheinlich habt ihr selber so viel gequalmt, dass ihr den Baron betrügen musstet, weil euch der Stoff ausgegangen ist. Bringt ihm bloß bald echten Machorka. Mir graut davor, noch einmal in dieses Lager zu gehen mit seinen morschen Baracken im düsteren Wald."

Dietrich scheint meine Gedanken zu erraten.

„Warum musste uns der Baron nach der Tabakübergabe noch das neben seinem Lager befindliche Konzentrationslager für Frauen zeigen?", fragt er. „Hängte sich in den früher elektrisch geladenen Zaun, um vorzuführen, wie ein flüchtender Mensch darin umkommt. Machte das so anschaulich, als ob es ihm Vergnügen bereitete."

Ich wurde bei dieser Szene an unseren Güterbahnhof erinnert, wo ich einmal gesehen hatte, wie die Frauen in ihren langen, gestreiften Jacken von den Aufseherinnen mit ihren Hunden angetrieben wurden.

„Und wie er durch die Entlausungsstation stolzierte", fährt Dietrich fort. „Erhaben über den Schmutz der Häftlinge lästerte, denen er am liebsten selber die Haare …"

„Hör auf!", unterbricht Günter. „Dieser baltische Baron ist ein Sadist."

„Wir gehen trotzdem gleich heute hin", sagt Dietrich. „Sonst kriegt dein Vater noch mehr Ärger mit dem Teltakow."

„Womit habt ihr eigentlich den Tabak gestreckt?", fragt Günter.

„Mit den Blättern der Kastanie aus unserer alten Straße im Russenviertel. Aus der goldenen Ernte des Herbstes."

„Und mit der Garantie für Dünnschiss in den nächsten drei Tagen", ergänzt Dietrich.

Endlich lächelt Günter.

***

„Das war vielleicht ein Schleimer, dieser blöde Lateinlehrer, den ich eben gehabt habe", erzähle ich in der Pause auf dem Schulhof.

„Meinst du den Dr. Ullmann?", fragt Günter. Er trägt Notenblätter unterm Arm.

„Ja", antworte ich. „Wann war der ‚Gallische Krieg'?, hat er gefragt. Ich hatte keine Ahnung."

„Und was tat er dann?", will Dietrich wissen.

„Er versuchte, mir zu helfen. Ließ mich sogar raten. Irgendwann meinte er, es sei ja verständlich, wenn ich das nicht wüsste. Schließlich hätte ich fast ein Jahr kein Latein gehabt."

„Seltsamer Vogel", hüstelt Dietrich. „Meine Lateinpauker kriegten bei so was schnell einen Flattermann. Waren gleich mit der Ohrfeige zur Hand."

„Fast hätte er sich bei mir entschuldigt. Überhaupt gefragt zu haben."

„Angeber! Jetzt übertreibst du!"

„Es war wirklich so." Ich bin gekränkt, dass mir Dietrich nicht glaubt.

„Dieser Bursche ist wirklich anders als alle meine bisherigen Steißpauker. Bulla an der Admiral-Scheer-Schule hätte mir längst eine heruntergehauen. Der wurde noch übertroffen durch Emil, den Zeichenlehrer. Der schlug mit dem Stein seines goldenen Ringes zu, wenn er nicht gerade in sein Inneres schaute und säuselte: ‚Es malt durch mich'."

„Hat dir denn niemand gesagt", wundert sich Günter, „dass der Ullmann hier neu ist? Und sich erst noch bewähren soll."

„Der wirkt aber nicht wie ein Anfänger."

„Das ist er auch nicht. Der war bis Kriegsende in Potsdam. Da hat er geprügelt wie eure Lehrer."

„Und deshalb haben sie ihn dort rausgeworfen?"

„Nicht allein deswegen", antwortet Günter. „Er war auch dick drin in der Partei. Die wollen ihn dort nicht mehr sehen. Der fängt hier von unten an."

„Daher also ist er so scheißfreundlich."

Wir haben uns in Hitze geredet und merken nicht, dass jemand hinter uns tritt.

„Da seid ihr ja", begrüßt uns eine leise Stimme, kaum hörbar im Pausenlärm. Wir drehen uns um.

„Hallo, Onkel Gerhard", sagt Günter.

Majewski erzählt, dass er jetzt wieder Lehrer ist an unserer Schule. Wir gratulieren ihm herzlich.

„Bald werden wir uns öfter sehen", sagt er. „In der Klasse von Dietrich und Günter werde ich Deutsch und Geschichte geben."

„Vielleicht könnten Sie ja die jüngste Geschichte der Stadt drannehmen", regt Dietrich an. „Wir waren in den Lagern für Fremdarbeiter neben der Munitionsfabrik. Darüber steht bestimmt noch nichts im Geschichtsbuch." Der Vorschlag kommt für Majewski überraschend. Er macht ein nachdenkliches Gesicht.

„In der Munitionsfabrik habe ich selber acht Jahre arbeiten müssen", sagt er zögernd. „Es wird wohl noch eine Weile dauern, bis ich darüber im Unterricht sprechen kann."

Ob er Reinhardt gekannt hat, unseren ersten Hauswirt, der sich und seine Familie vor dem Einmarsch der Russen umbrachte? Er war ja bei der Reichsbahn zuständig gewesen für Transporte von Munition und Häftlingen. Majewski ist in sich gekehrt. Seine Lippen bewegen sich tonlos. Ich kann ihn jetzt nicht weiter nach Reinhardt fragen. Vielleicht bei einem anderen Mal. Da ertönt Gesang aus dem Schulgebäude. Welch eine fröhliche Melodie. Ich hab sie noch nie gehört. Majewskis Miene hellt sich auf. In seine Augen tritt ein wenig von dem Glanz, den ich zum ersten Mal wahrgenommen hatte, als er bei der Funkstation die Post zum Drachen hinaufschickte.

„Kommt mit in die Aula", sagt er und schreitet voran, den leeren Flur entlang. Durch die offene Tür sehen wir, dass sich die Klassen 11 und 12 auf der Bühne versammelt haben. Der Musiklehrer gibt den Takt an.

„Sie üben für die Feier zur Wiedereröffnung der Schule", erklärt Majewski.

Auf einen Wink des Musiklehrers treten wir ein. Freundlich schaut er auf die Klaviernoten unter Günters Arm. Wir setzen uns in die letzte Reihe. Mild flutet die Herbstsonne durch die hohen Fenster in den Raum und taucht die Jungen und Mädchen des Chores in ein warmes Licht. Rechts und links der Bühne sind weiße Säulen, die sich nach oben verjüngen. Darüber befindet sich das Relief mit den neun Musen und im Hintergrund der blaue Vorhang, auf dem goldene Embleme leuchten.

Zum ersten Mal bin ich wieder auf einer großen Schulfeier. Das letzte Mal war's noch auf der Admiral-Scheer-Schule, als der Rektor die Rede hielt und von der großen Zeit sprach, in der wir leben dürften, verbunden mit dem Dank an den Führer und dem Gelübde der Treue, die wir ihm auch künftig halten würden.

„Günter, komm zu uns", ruft der Musiklehrer. Als Günter vorn ist, weist er ihm den Platz am Flügel zu. Günter setzt sich und blättert in den Noten. Der Musiklehrer hebt den Taktstock. Günter greift in die Tasten und spielt ein paar Takte vorweg. Dann setzt der Chor ein:

„Wenn wir schreiten Seit an Seit
Und die alten Lieder singen,
Und die Wälder widerklingen,
Fühlen wir, es muss gelingen.
Mit uns zieht die neue Zeit."

Das weiche Licht, das sich durch die Fenster bricht, trägt die hoffnungsfrohe Melodie empor zur verzierten Stuckdecke, in deren Mitte zartgeformte Musen wandeln, mit weit ausgreifenden Bewegungen in wallenden Gewändern. Majewskis Kopf ist auf die Brust gesunken. Das milde Licht spiegelt sich auf seinem schmalen Nasenrücken. Er scheint gerührt.

Ist das ein Lied aus seiner alten sozialistischen Zeit? Denkt er an die verlorenen Jahre der Erniedrigung in der Munitionsfabrik? Oder träumt er von der künftigen neuen Gesellschaft, von der er sich so viel erhofft?

„Kennst du das Lied?", frage ich Dietrich leise.

„Tut mir leid", flüstert er hinter vorgehaltener Hand. „In der Hitlerjugend haben wir das jedenfalls nicht gesungen."

Aufbruch

„Der hat ja richtige Augen, Mund und Nase." Dieter hält einen Stutenkerl in der Hand. Soeben hat er ihn aus einem Schuh geholt, den er gestern Abend vor die Zimmertür gestellt hatte. Mama hatte für den Nikolausmorgen die kleinen Gebäckstücke mit dem letzten Mehl gebacken, das sie noch hatte. Jeder hat einen Stutenkerl bekommen, wie früher auch in Wilhelmshaven.

„Hier habe ich noch etwas zum Sünnerklaas."

Mama kommt aus dem Flur herein und legt mir einen Briefbogen neben den Frühstücksteller. Ihre Hand zittert. „Lies mal."

Ich starre auf das schäbige, graue Papier. Der Absender scheint eine Behörde zu sein. Irgendetwas von der Stadtverwaltung.

„… und teilen wir Ihnen mit", lese ich, „dass Ihr Antrag auf Übersiedlung in die britische Zone vom 11. Oktober 1945 hiermit genehmigt wird."

Zunächst verschlägt es mir die Sprache. Dann hole ich tief Luft.

„Halllooooohhhh!"

„Ist der verrückt geworden?"

„Wir fahren zurück nach Wilhelmshaven!"

Werners Sommersprossen hüpfen vor Freude über sein Gesicht.

Wir können es noch gar nicht fassen. Die Aufregung ist groß. Alle reden durcheinander. Wann geht es los? Wie lange wird die Fahrt dauern? Das müssen wir gleich Oma und Opa schreiben. Werden wir auch bei ihnen wohnen? Was werden unsere Freunde sagen? Was Frau Weimann?

Mama kann gar nicht alle Fragen auf einmal beantworten.

„Kommt Rainer auch mit?", fragt Richard.

„Und Michael?", löchert Dieter.

Richard und Dieter hatten Freunde am Birkenweg und in der Ulmenstraße gefunden. Zum ersten Mal richtige Spielfreunde in ihrem Alter. Denn im Russenviertel gab es ja nur Soldaten.

„Müssen wir denn wirklich von hier weg?", fragen sie daher traurig. Sie legen ihre Stutenkerle beiseite und sehen Mama mit großen Augen an.

„Ihr werdet auch in Wilhelmshaven Freunde haben", tröstet sie. „Das verspreche ich euch."

„Da sind viel mehr Kinder als hier", unterstützt Werner. „Die Stadt ist ja auch viel größer. Zwanzigmal größer. Sooooo grooooooß!"

Er breitet seine Arme weit aus.

„Und vielleicht kommt Vater dann auch irgendwann nach Wilhelmshaven zurück", hofft Mama.

Auf einmal erschrickt sie.

„Müsst ihr nicht schon längst in der Schule sein? Ihr kommt zu spät!", ermahnt sie Werner und mich.

„Aber es kommt jetzt doch gar nicht mehr drauf an", maulen Werner und ich.

Werner packt in aller Ruhe die Reste seines Stutenkerls in den Ranzen ein.

„Für die Pause."

„Und Zeugnisse kriegen wir hier sowieso nicht mehr", sage ich beim Hinausgehen.

***

„Mama, der Schlagbaum ist weg!"

Wir sind in der Kastanienallee, dort wo die Victoriastraße abzweigt und gehen an Markowskis Laden vorbei. Werner zeigt auf die Löcher im Kopfsteinpflaster. Darin haben sich einmal die Pfosten für den Schlagbaum befunden. Jetzt sind nur noch Reste von Kastanienblättern darin. Sie erinnern mich an jene, mit denen wir unseren Tabak für den baltischen Baron gestreckt hatten. Die Russen sind ausgezogen. Wir haben das schon vor ein paar Tagen gehört. Voller Neugier sind wir hergekommen, um unser altes Russenviertel noch einmal zu sehen, in dem wir so lange gewohnt haben.

Auch das GPU-Haus ist leer. Die Haustür steht offen. Das schwarze Kellerloch gähnt uns entgegen. Niemand schreit aus dem Haus. Im Vorgarten häufen sich Abfall und Müll. Ob die Werwölfe jetzt woanders gefangen gehalten werden oder entlassen sind wie Karl, den der Deutschlehrer auf dem Gewissen hat? Was mag aus Heinrich, Jürgen und Detlef geworden sein? Hier und da sehen wir Menschen, die ihre Wohnungen aufräumen. Die Russen haben allerhand Gerümpel hinterlassen. Im Haus des kleinen Kölber repariert ein Mann eine Wasserleitung. Vom kleinen Kölber keine Spur.

„Die Heinrichs sind ja schon eingezogen!"

In einem Zimmer brennt Licht. Wir schauen nach oben. Unsere Dachkammer scheint ausgestorben. Wir klingeln.

„Das ist aber eine Überraschung!"

Frau Heinrich schlägt die Hände überm Kopf zusammen, als sie uns an der Tür empfängt. Fast verliert sie ihre Zigarette.

„Kommen Sie rein", sagt sie. „Wir sind erst gestern eingezogen. Es ist noch alles durcheinander."

Drinnen treffen wir Frau Krause und Frau Lehmann.

Wie lange wir die nicht gesehen haben! Sie haben Blumen mitgebracht, als Glückwunsch zum Wiedereinzug von alten Nachbarn. Herr Heinrich ist auch da. Er scheint noch dicker geworden als bisher.

„Ihr wollt bestimmt wieder aufs Dach ziehen", begrüßt er uns scherzhaft.

„Dann müssten Sie erst einmal einen Ofen hinstellen", antwortet Mama. „Wir haben etwas Besseres vor. Wir fahren zurück nach Wilhelmshaven."

„In die englische Zone?", fragt Heinrich ungläubig. „Jetzt, wo es hier mithilfe des Sozialismus wieder aufwärts gehen wird?"

Heinrich pafft wie immer. Sein Tabak riecht aber feiner als unser Machorka. Na klar! Dort liegt eine Packung mit russischen Zigaretten. Die stammen sicherlich von den russischen Offiziersfreunden. Friedlich sitzen die Krause und Frau Lehmann nebeneinander auf dem Sofa. Vergessen scheinen ihre früheren Streitigkeiten, als wir noch in ihrem Hause wohnten und die Krause die Lehmannsche als "Proletarierweibsstück" bezeichnet und die Lehmann mit „Nazimaid" gekontert hatte. Als Frau Krause an ihrer Tasse mit Bohnenkaffee nippt, tuschelt Frau Lehmann: „Die Heinrichs haben gute Beziehungen zur russischen Kommandantur."

„Das schmeckt man", antwortet die Krause. Und lächelt genießerisch.

Heinrich setzt sich zu uns. Er spricht über seine schwierige Arbeit im Kraftwerk. Über die Russen, die großes Vertrauen in ihn setzen, die Stromversorgung zu verbessern. Und immer wieder über den Sozialismus, dem die Zukunft gehöre.

Frau Lehmann wird unruhig. Ich spüre, dass sie etwas loswerden will. Vielleicht ärgert es sie auch, dass der ehemalige Parteimann der Nazis so über den Sozialismus schwadroniert, ausgerechnet ihr gegenüber, der Altkommunistin.

„Aber neben der Zukunft", unterbricht sie ihn dann irgendwann harsch, „sollten wir die Vergangenheit nicht vergessen. Da gab es viele schlimme Dinge."

Heinrich ist überrascht. Die anderen schauen einander verlegen an.

„Aber der Führer hat doch auch Gutes getan", platzt Frau Krause in das Schweigen hinein. Treuherzig blickt sie mit ihren blauen Augen in die Runde. Sie spricht wie zur Zeit, als wir noch bei ihr im Hause wohnten.

„Leichen und Trümmer hat ihr Führer hinterlassen", empört sich da Frau Lehmann. „Wenn ich nur an meine eigene Familie denke, da habe ich zwei Söhne verloren und mein Mann ist immer noch vermisst. Da gab es nichts Gutes."

Frau Krause läuft rot an. Für einen Augenblick scheint es, als wolle sie erneut widersprechen. Aber dann hält sie den Mund.

„Leute, die damals Böses getan haben", beginnt Frau Lehmann erneut, „sind für mich Verbrecher. Sie müssen bestraft werden. Selbst wenn sie heute vom Sozialismus reden."

Damit meint sie sicherlich auch den vom Nazi zum Sozialisten gewandelten Heinrich, und ich verstehe, weshalb sie gerade ihm gegenüber das unter Genossen übliche „Du" nicht verwendet.

Sie hat sich aufgerichtet. Bohrend blicken ihre grauen Augen auf Heinrich. Spitz wie der Rammsporn eines Kriegsschiffes schiebt sich ihr Kinn nach vorn.

„Aber wir können doch die Vergangenheit nicht mehr ändern", flicht Heinrich ein. „Lassen wir sie doch auf sich beruhen. Wir müssen so vieles anpacken. Wir brauchen unsere ganze Kraft für den Wiederaufbau. Da können wir nur nach vorn sehen."

Nervös zündet er sich eine von seinen feinen russischen Zigaretten an.

„Erinnern Sie sich an das Jahr 1937?", fährt Frau Lehmann Heinrich direkt an. „Da wurde ein Lehrer am Gymnasium entlassen und in die Munitionsfabrik zwangsverpflichtet, weil er vor 1933 einer sozialistischen Organisation angehört hatte!"

„Das weiß ich doch heute nicht mehr, wann irgendein Lehrer von der Schule verwiesen wurde!", antwortet Heinrich betont barsch.

„Auch nicht, wenn er Gerhard Majewski heißt?"

Frau Lehmann ist aufgesprungen. Ihre Augen sind zu einem Spalt zusammengekniffen. Eine graue Haarsträhne ist ihr ins Gesicht gerutscht. Die letzten Worte hat sie nur noch gebrüllt.

„Und Sie, lieber Genosse Heinrich, haben Gerhard damals angeschwärzt, um sich bei den Nazis noch mehr einzuschmeicheln als zuvor."

Heinrich ist blass geworden, er hält seine Hände abwehrend gegen Frau Lehmann. Seine Zigarette fällt auf den Boden.

„Und nun glauben Sie, es wieder geschafft zu haben. Die Russen halten Sie im Kraftwerk für unentbehrlich. Aber dieses Mal machen Ihnen einige Genossen aus der Stadt und ich einen Strich durch die Rechnung."

„Mein Gott", erregt sich Frau Krause. „Der arme Majewski! Das ist doch so ein anständiger Mensch! Heute Morgen noch hab ich ihn mit seinem Dackel gesehen. So ein liebes Tier."

Mama und Frau Heinrich stampfen mit den Füßen und treten die dem Heinrich entglittene Zigarette aus.

„Sie haben ja noch andere schlimme Sachen gemacht", ereifert sich Frau Lehmann des Weiteren. „Davon will ich heute nicht reden. Aber den Fall Majewski haben Sie in aller Kürze in Ordnung zu bringen."

Wortlos nimmt sie ihren Mantel und geht zur Wohnungstür. Dort hält sie noch einmal inne.

„Eine Entschuldigung bei Gerhard ist das Mindeste, was die Genossen hier von Ihnen erwarten. Vielleicht interessieren sich ja auch Ihre russischen Freunde wieder für Ihre Vergangenheit. Hatten die nicht sogar mal auf Sie geschossen?"

Ein leichtes Klicken. Die Tür schließt sich hinter ihr.

Nanu! Frau Lehmann glaubt also auch, dass die Schwarzen Zwillinge damals den Anschlag auf Heinrich verübt hatten, zu der Zeit also, in der die Russen ihn für das Kraftwerk nicht brauchten.

Heinrich sitzt bleich und eingefallen am Tisch. Sein Blick ist starr auf die Wand vor ihm gerichtet. Langsam streicht seine Hand über die rechte Schädelseite, wo unterm dichten Haar die Schusswunde ist. Auf einmal ist mir dieser Mann zuwider. Ich bin froh, dass Mama aufbricht.

***

Jetzt fahren wir schon zwei Tage in diesem ungeheizten Viehwagen.

Gestern Abend kamen wir über eine Elbbrücke. Hier muss es wohl gewesen sein, wohin im Mai die letzten Soldaten der zwölften Armee des Generals Wenck wollten, als sie durch unsere kleine Stadt zogen, mit Tausenden von Flüchtlingen zu den Amerikanern. Ob sie es geschafft haben? Langsam und unermüdlich schnaubt die Lok mit dem langen Zug nach Westen. Als wir hinter Sangerhausen die Tür öffnen, taucht der verschneite Harz auf, lang ausgestreckte Höhenzüge im Sonnenlicht unter klarem Himmel. Die frostige Zugluft lässt uns die Tür schnell wieder schließen.

Zwei Nächte haben wir in diesem eiskalten Viehwagen verbracht zwischen eingedrückten Pappkartons, aufgerissenen Koffern, Tornistern, alten Strohmatten und Kinderwagen. Durch Ritzen hereinwehender Schnee löst sich auf dem Boden in Schmutzwasser auf. Dieter hat eine Grippe bekommen und bibbert, eingehüllt in Wolldecken. Er hat Fieber. Nach einer dritten, saukalten Nacht auf einem kleinen Bahnhof an der Zonengrenze kommen sie dann, die offenen Lastwagen, die uns frühmorgens im Schlingerkurs durch das verschneite Eichsfeld fahren. Wir lösen uns aus der eisigen Erstarrung, als die ersten englischen Soldaten am Schlagbaum erscheinen.

„Propus tietje menja, dscha schiwus desje!", ruft Werner hinunter. Er hat sein Russisch nicht verlernt.

„Come along. Go ahead!"

Als sich die Schranke hebt, fällt ein Eiszapfen auf die Straße.

„Friedland" steht auf dem Schild über einem Büro. Wir warten geduldig in einer langen Menschenschlange. Endlich erhalten wir gegen Mittag einen Raum zugewiesen, der gefüllt ist mit Menschen und doppelstöckigen Betten. Dieter fällt zähneklappernd in eine der unteren Kojen. Wir nehmen auch das Bett darüber in Beschlag und sinken ermattet in den Schlaf.

Nach der Erbsensuppe am Abend erinnere ich mich an ein Päckchen, das mir Günter noch am Bahnhof zugesteckt hatte. Auch Erika, Dietrich und der kleine Kölber waren dabei gewesen und hatten geheimnisvoll gelächelt. Günter hatte es sehr spannend gemacht.

„Erst aufmachen, wenn du in der englischen Zone bist", hatte er zum Abschied gesagt. Und dann hatten sie noch lange gewinkt.

„Was hast du denn da?", fragt Richard, als ich das Päckchen aus einem der Koffer hole. In diesem Augenblick reißt Werner die Hände hoch.

„Vati!", ruft er. „Vati!"

Ein hagerer Mann mit zerschlissener Wehrmachtsuniform bleibt neben dem Kanonenofen vor der nächsten Bettreihe stehen, schaut herüber aus bärtigem, verschmutztem Gesicht. Leicht gebeugt steht er dort mit hochgeschlagenem Mantelkragen und der herabgezogenen Mütze. So hatten wir Vater zuletzt in Pobiedziska gesehen. Ganz sachte schüttelt er jetzt den Kopf. Und schiebt sich mit müden Schultern in einer Gruppe von heimkehrenden Kriegsgefangenen weiter.

„Vielleicht ist er ja schon in Wilhelmshaven", sagt Mama traurig. „Und wartet bei Oma und Opa auf uns."

Was mag nur in Günters Päckchen drin sein? Ich nestele daran herum. Er hat es gut verschnürt. Als ich es endlich aufkriege, halte ich einen kleinen, länglichen Gegenstand in der Hand.

„Oooooh!"

Selbst in dem matten Notlicht der Baracke leuchtet die goldene Feder des Füllhalters wie aus einer anderen Welt.

„So ein Geschenk möchte ich auch mal kriegen."

„Ist das richtiges Gold?"

„Da ist ja noch ein Zettel drin!"

Ich erkenne Günters feine Handschrift auf dem Papier und lese vor:

„Lieber Edo,

dieser Mont Blanc erinnert dich an den Morgen, an dem du die Milch holtest. Damals zwangen dich Rudi und Bernd, diesen Füller im Laden von Frau Lorenz zu klauen. Sie nannten dich einen Pollacken. Es tut mir heute noch leid, dass ich tatenlos danebenstand. Jetzt soll der Füller dir gehören. Mit Vaters Hilfe habe ich ihn von Rudi besorgt. Bei Frau Lorenz vermisst ihn niemand. Der Besitzer sei längst im Westen, dort, wo ihr jetzt seid.

Es war eine schöne Zeit mit euch. Komm gut heim mit Mama und deinen Brüdern und lass mal von dir hören. Günter."

„Das ist ja eine rührende Geschichte", sagt Mama. „Warum hast du nie davon erzählt?"

„Muss ich wohl vergessen haben."

Ich sehe Mama an, dass sie mir das nicht glaubt.

Inmitten des Raumes klettert eine Frau auf einen Stuhl. Sie trägt eine Armbinde vom Roten Kreuz und zündet drei Kerzen an einem Kranz unterhalb der Decke an.

„Zum dritten Advent", sagt sie. Für einen Augenblick schimmert der Schein der Kerzen in ihrem Haar.

Am nächsten Morgen steigen wir in einen Zug leerer Güterwagen, in dem sich schon einige Leute aus dem Lager befinden. Die meisten wollen über Hannover ins Ruhrgebiet.

Der Zug hat so viele Halts, dass wir erst spät am Abend die Außenbezirke von Hannover erreichen. „Wülfel", schreit ein einbeiniger Soldat neben mir. Er will wie wir in Hannover aussteigen. Doch der Zug fährt nicht zum Hauptbahnhof, wie wir angenommen hatten.

Langsam zieht er durch die westlichen Stadtteile, vorbei an den Silhouetten ausgebrannter Häuser. Gerippe an Gerippe hebt sich gegen den fahlen Schein des Mondes ab. Der Zug fährt weiter. Immer weiter.

Der Einbeinige ist verzweifelt. Seit Wochen ist er auf dem Weg aus der Kriegsgefangenschaft. Heute wollte er endlich bei

Frau und Kindern in Hannover sein. Auch wir hatten uns schon fast im Zug vom Hauptbahnhof nach Wilhelmshaven gewähnt.

Mitternacht ist längst vorüber. Da hält der Zug auf freier Strecke. Zur einen Seite sehen wir ein verschneites Feld, zur anderen einen düsteren Tannenwald. Ich springe hinaus und stapfe durch den Schnee zur Spitze des Zuges.

„Nach Hannover?", rufe ich dem Heizer zu, als er aus dem Dampf der Lokomotive hervorkommt.

„Längst vorbei", antwortet er. „Ihr müsst zurück zum Bahnhof Seelze. Immer die Schienen lang. Dahinten im Nebel. Wo das Licht ist. Da kriegt ihr irgendwann 'nen Zug nach Hannover. Wir fahren nach Essen."

Er verschwindet wieder in dem Gezische des Dampfes.

„Scheiße." Ich laufe zu unserem Wagen.

„Kommt raus! Der Zug fährt nicht nach Hannover!"

Mühsam klettert Mama herab. Richard und Dieter reichen die Mitfahrenden uns vorsichtig herunter. Werner schwingt sich sportlich hinaus.

„Unsere Koffer, bitte!", rufe ich hinauf.

Da ertönt ein Pfiff. Ein Rucken geht durch die Wagenreihe. Die Lokomotive stößt ein tiefes Fauchen aus.

„Unsere Koffer!", schreie ich in den Lärm.

Werner und ich laufen neben dem anfahrenden Zug her.

„Koffferrrr rrrrrauuusssss!"

Endlich. Einen Koffer schieben sie mir in die Hände. Werner fängt einen anderen auf. Ein weiterer landet auf den Bahnschwellen.

Da ertönen gellende Schreie aus dem rumpelnden Zug. „Lasst mich raus! Ich muss nach Hannover. Ich …"

Das ist der Einbeinige. Sie halten ihn fest. Der springt sonst.

Die Stimme erstirbt im Zischen, Donnern und Poltern des Zuges. Schnaubend dröhnt er davon. Das rote Licht des letzten Wagens schrumpft auf einen winzigen Punkt zusammen. Erlöscht. Stille.

Wir stehen am Gleisrand und schauen immer noch dem entschwundenen Zug nach. „Die Schweine haben unseren letzten Koffer nicht rausgeschmissen", keuche ich. „Mit dem Machorka für Opa. Und ‚Winnetou‘, ‚Old Surehand‘ und dem ‚Schatz im Silbersee‘. Alle aus Mirows Leihbücherei."

„Aber den Koffer mit den drei Broten haben wir", prustet Werner.

Bald sind wir mit dem Gepäck bei Mama, Richard und Dieter. Der fahle Mond steht hoch über dem Wald. Vom verschneiten Feld weht uns ein kalter Wind ins Gesicht. Dieter läuft der Schnupfen aus der Nase.

„Wir müssen weiter", sagt Mama.

Müde geht sie voran, mit Richard und Dieter an der Hand, immer die Schienen vor Augen. Zwei silberne Bänder, sie weisen den Weg hin zu dem blinkernden Licht dort hinten, zu der kleinen Bahnstation im Nebel. Werner und ich folgen, schleifen das Gepäck durch den knirschenden Schnee.

„Jetzt haben wir es nicht mehr weit", höre ich Mama irgendwann sagen.

Drei Jahre später

Heute, in Wilhelmshaven, kommen mir jene Geschehnisse in der kleinen Stadt in Brandenburg wie die Erinnerung an eine ferne Zeit vor, obwohl sie erst drei Jahre zurückliegen. Als wir damals von dort zu Oma und Opa kamen und mit ihnen noch fast ein Jahr in einer Zwei-Zimmer-Wohnung hausten, waren wir ja schon darin geübt, auf engstem Raum zu leben. Es ging also auch bei den Großeltern. Sie waren froh, dass sie ihr Heim behalten hatten, nachdem im Krieg die meisten Häuser von Bomben zerstört worden waren.

Wir waren ohnehin mehr draußen als drinnen: in Opas kleinem Garten mit dem großen Birnbaum, in seiner Tüftelwerkstatt oder bei seinen Kaninchen, mit denen Richard und Dieter kleine Jagden veranstalteten.

„Toll, dass ihr wieder hier seid", begrüßten uns die Freunde aus unserer alten Straße. In meiner Schule, die jetzt in einer ehemaligen Kaserne untergebracht war, war es nicht anders. Werner erging es ebenso. Wir fühlten uns wieder zu Hause.

Dazu trug auch bei, dass wir so gut wie nie englische Besatzungssoldaten sahen. Nur gelegentlich erschien eine Uniform vor dem Haus. Margot aus dem ersten Stock wurde dann von einem englischen Soldaten für eine Nacht im Siebethsburger Hof abgeholt. „Dort feiern sie Orgien", pflegte Oma jedes Mal zu sagen. Und blickte dem Mädchen strafend nach.

Die Lebensmittelrationen waren knapp. Aber Opa half öfter in einem Fischladen aus und brachte schon mal Heringe, Schellfisch oder Kabeljau mit. Fisch war begehrt, und so fuhr Mama gelegentlich über Land und tauschte beim Bauern Eier und Speck dagegen ein.

Zum Lesen holten wir uns Bücher aus der Stadtbibliothek, wenn auch nicht alles spannend war, was sie dort hatten. Leider schaltete man in der dunklen Jahreszeit abends für mehrere Stunden den Strom ab. Die ganze Stadt war dann stockfinster und die Bücher blieben verschlossen. Das war dann die Zeit, in der Opa von seinen früheren Schiffsfahrten nach Ostasien oder ins Schwarze Meer erzählte.

Einmal berichtete er auch davon, wie ihn die Nazis aus der Kriegsmarinewerft entlassen hatten, weil ihnen seine politische Vergangenheit nicht passte. Dann kam er ins Fabulieren und hatte politische Träume, von denen ich glaubte, sie auch schon von unserem sozialistischen Freund, Gerhard Majewski, dem Boten mit der „Täglichen Rundschau" und zuletzt Lehrer an unserer Schule, gehört zu haben. Es verging fast ein Jahr bei den Großeltern, bis endlich der Tag kam, auf den wir immer gewartet hatten. An einem dunklen Novembertag war es dann so weit, dass wir tatsächlich unseren Vater wiedersahen. Er hatte ganz zaghaft an die Tür geklopft. Dann war er endlich unter uns.

Wie waren wir erschrocken, als er uns seine zitternde Hand entgegenstreckte und uns dann in den Arm nahm, gebeugt, mit eingefallenen Augen und in seiner schmutzigen, viel zu weiten Uniform. Erst Tage danach berichtete er über die Zeit seiner Gefangenschaft in Russland und über seine mühselige Heimkehr, die ihn auch über Friedland geführt hatte. Noch einige Wochen nach seiner Rückkehr wohnten wir in der nun noch enger gewordenen Wohnung bei den Großeltern. Dann konnten wir endlich in eine eigene bescheidene Heimstätte am Stadtrand einziehen.

Heute nun, etwa drei Jahre, seitdem wir wieder in Wilhelmshaven sind, betreibt Vater eine kleine Leihbücherei. Die Bücher hat er für wenig Geld antiquarisch gekauft, einige wurden ihm geschenkt und den Lesern legt er auf, jeweils ein Buch als Einstand zu spendieren. So konnten wir unsere Regale, die Vater, Werner und ich selbst bastelten, wenigstens einigermaßen füllen. Es ist zwar nur ein winziges Geschäft, aber Vater meint, wir kämen damit einigermaßen über die Runden.

Nachmittags, wenn die Schule vorbei ist, helfe ich ihm manchmal beim Bedienen der Kunden. Die Leser sind nicht anspruchsvoll. Liebesromane, Krimis und Wildwest gehen am besten. Immer wieder werde ich auch nach Karl May gefragt. Bei den ersten Malen bin ich richtig zusammengezuckt. Eine böse Erinnerung kam jedes Mal in mir hoch. Ich sah wieder Herrn Mirow vor mir in seiner Leihbücherei am Ende der Adolf-Hitler-Straße in der kleinen Stadt in Brandenburg. Ihn, der mir keinen Karl

May geben wollte, weil ich dort fremd sei. Aber so ging es mir nur zuerst.

Wenn mir heute die kleine Stadt in den Sinn kommt, dann denke ich zuerst an die Jungen und Mädchen, die mir dort zu Freunden geworden sind. An Dietrich, Günter, dessen Schwester Erika und den kleinen Kölber. Günter lud mich in seinem letzten Brief dazu ein, sie alle mal zu besuchen.

Ich werde das bestimmt tun.

Eduard Dohmeier, geboren 1931 in Wilhelmshaven ist verheiratet und Vater eines Sohnes. Er lebt in Osnabrück. Nach dem Studium der Wirtschaftswissenschaften arbeitete er im Marketing eines internationalen Unternehmens. Im Ruhestand fand er die Zeit, sich mit Themen des „Dritten Reichs" zu befassen, das er als Jugendlicher noch kennengelernt hatte.